U0924411

管理者要有的成本思维

范晓东◎著

中国铁道出版社有限公司
CHINA RAILWAY PUBLISHING HOUSE CO., LTD.

图书在版编目（CIP）数据

管理者要有的成本思维 / 范晓东著 . —北京：中国铁道出版社有限公司，2022.8

ISBN 978-7-113-29085-6

Ⅰ. ①管… Ⅱ. ①范… Ⅲ. ①企业管理-成本管理-教材 Ⅳ. ① F275.3

中国版本图书馆 CIP 数据核字（2022）第 067955 号

书　　名： 管理者要有的成本思维
GUANLIZHE YAO YOU DE CHENGBEN SIWEI
作　　者： 范晓东

责任编辑： 王淑艳　　**编辑部电话：**（010）51873022　　**电子邮箱：** 554890432@qq.com
封面设计： 末末美书
责任校对： 安海燕
责任印制： 赵星辰

出版发行： 中国铁道出版社有限公司（100054，北京市西城区右安门西街 8 号）
网　　址： http://www.tdpress.com
印　　刷： 中煤（北京）印务有限公司
版　　次： 2022 年 8 月第 1 版　2022 年 8 月第 1 次印刷
开　　本： 787 mm×1 092 mm　1/16　**印张：** 20.75　**字数：** 425 千
书　　号： ISBN 978-7-113-29085-6
定　　价： 98.00 元

前言

成本思维是抽象的,《管理者要有的成本思维》的与众不同之处在于：它是一本用 205 个新鲜案例讲述、109 张原创图形演示的书；利用这些案例和图形，它将抽象的成本思维直观地展现出来。

每一个图形的演示，每一个案例的讲述，都有润物细无声般的点滴思维；而将这些点滴思维汇聚起来，就形成涓涓细流，终成思维的江河湖海。

读者阅读后或许有所启发，或许意见相左……无论是哪种，都能体现这本书的意义。

成本思维在企业管理中应用很广，是企业成本管理的基础。管理者形成趋同的成本思维以后，容易达成共识。先有行动，再有思维，很多后来认为正确的思维，皆为行动实践后得出的结论。因为屡次试错才会有成功的经验总结，这些经验可以作为管理者决策的参考。

第 1 章，按图 I–1 中箭头所指环节开始呈现。

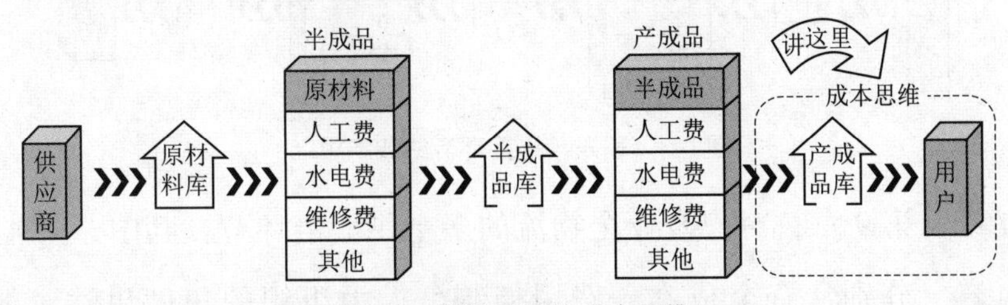

图 I–1　销售环节的成本思维

图 I–1 是我运用了近 30 个案例，直观展示这一环节所特有的、与众不同的成本思维。

这些成本思维对很多管理者来说，或许没有上升到理论的层次，但实际上早已潜移默化地融入其工作日常中了。

第 2 章，按图 I–2 中箭头所指环节开始呈现。

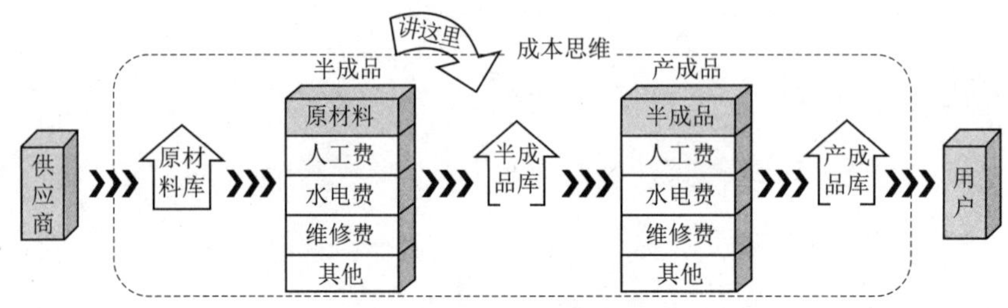

图 I–2　生产环节的成本思维

我通过列举 40 个左右的案例，描述这一环节所涉及的成本思维，这个环节会出现前后工序生产链之间的接力、排堵和协调等问题。俗话说：人心散了，队伍就不好带。如工序多了，成本就不好管。哪些成本思维可以指导生产链的工序管理并使之“形散而神不散”呢？正是本章所要讲述的。

第 3 章所在的位置，如图 I–3 所示。研发与采购环节的成本思维，与销售和生产环节自然有所不同，其中采购环节不仅是简单的货比三家，管理者还应有诸如分摊成本、共享收益的思维：与供应商一起搞研发、借助供应商的名气和使供应商让利，等等。这里同样以大量图形和案例，将成本思维直观地指给您看。

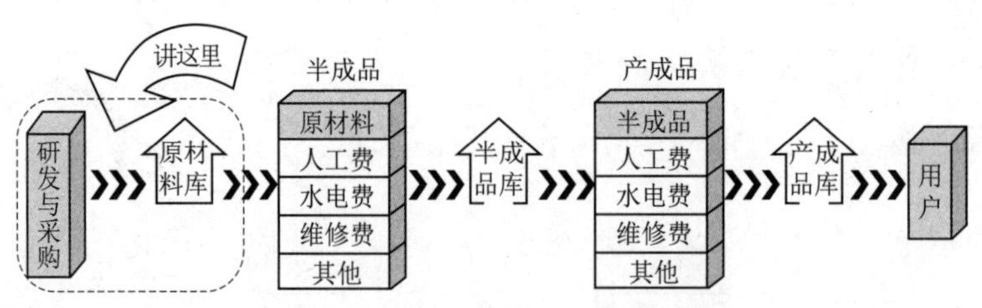

图 I–3　研发与采购环节的成本思维

第 4 章 ~ 第 9 章，对应企业全物流的多个供应链环节。其中，第 4 章 ~ 第 6 章的内容，分别从资金成本、费用控制、人力组织的角度讲述，如图 I–4 所示。

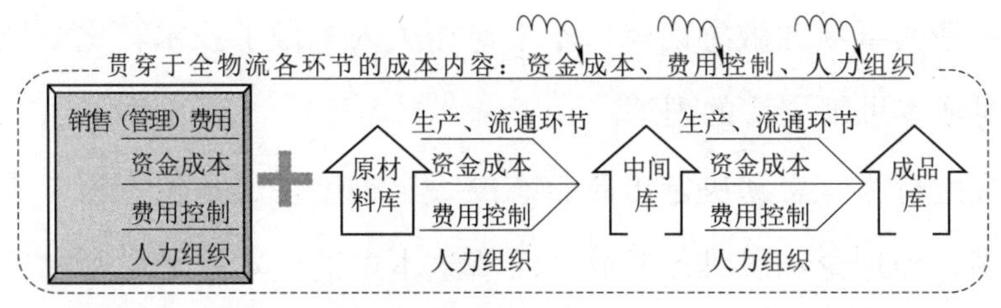

图 I-4　资金成本、费用控制、人力组织

这些内容都有一个共性，就是贯穿于全物流的各个环节。本书针对这些内容，另辟蹊径地提出一些创新的成本思维，例如：资金是企业的生命，成本是企业的寿命；成本搞不好不要命，资金搞不好会要命。本书列举大量案例说明：若能做到合理占用资金或许是企业优势的一种体现。

费用控制涉及“报销革命”，是业务数字化改革与转型最容易的切入口；而业务数字化是解决费用控制不确定性的有效手段之一。

人力组织需要精简优化的时候似乎有很多坑要填、雷要挖、事要平。因为人的事情最难处理，处理得好可以形成长效机制让你舒服；处理不好则可能形成递延成本[①]使你难受。处理此类事情是有借鉴和参考的，本书将告诉你这些借鉴和参考。

第 7 章提出这样的思维：避税是违法的，而且节税筹划很可能是“醉翁之意不在酒”。倘若企业偷税、漏税，国家一定会追究责任的。因此，真正的税收筹划在业务架构设计时就开始了；而税务成本思维的关键并不是少交税，而是在税收优惠政策上的应享尽享和不交冤枉税。

第 8 章介绍成本管理与企业战略层面的成本竞争力是如何相关的。

第 9 章介绍利用业务数字化系统解决成本不确定性的实践案例。

本书列举超过 205 相关案例、109 张原创图形，旨在说明：管理者拥有成熟的成本思维，更有益于塑造企业的成本体质，增强企业的成本底气，使管理者对成本安排从容应对，最终实现价值增值。

① 递延成本：现在的决策措施可能会留下后遗症，造成未来成本增加，可能得不偿失。

为规避涉密事项和敏感话题，本书对相关内容做了技术转化处理，但不会影响读者对成本思维主旨的理解。

思维决定行为，思路决定出路，态度决定高度。成本包万物，成本理论和思维是很多财经理论和思维的基础。希望这本书的成本思维原则和思路可以让管理者在成本管理上找到适合自己的决策参考、落地途径。

本书既适合企业各级管理者、财务 BP 随时翻阅，又可充实各 MBA 商学院、管理学院、职业化培训机构等在一线实战方面的案例教学。

范晓东

写在前面的话

《管理者要有的成本思维》思路框架清晰明了，即如果没有用户订单，很多成本思维就无从谈起。所以，讲述顺序从有很大不确定性的用户端开始，并提出成本思维的起点始于目标价格、在用户端埋下降低成本的种子等新思维。企业确定目标价格以后，再测算目标利润，最后倒逼出目标成本，有了目标成本，才能从内部消化它、吸收它。

以上整个框架过程，有很多管理手段的专用名词，可能不太容易理解。本书的与众不同之处在于：将这些专用名词在全景地图中的具体阶段、详细位置直观地指给您看，有助于读者更好地理解。

我把整个框架过程打开讲一讲，其中，目标价格的确定阶段，阐述成本思维的关键在于对用户需求的识别和舍得花钱让用户满意（CRM①）的意识。再超前一些的企业甚至可以参与用户的前端研发介入（EVI②），抑或成为其战略合作伙伴。这里的成本创新思维是想办法与用户形成高转换成本，生米煮成熟饭，使彼此不易甩掉对方。

用户需求识别的本质就是销售人员的成本管理，靠的是销售人员的仁、义、

① CRM：用户管理。

② EVI：供应商早期介入（Early Vender Involvement），是技术营销的一种。

礼、智、信以及报告、商量、联系等团队协作锁定和挖掘用户订单份额。这里出现的管理手段专用名词有：舍得成本、绑架用户形成高转换成本、提高用户黏性、CRM、EVI 等，这些都是为了最终搞定用户、确定目标价格和订单份额用的。

确定目标价格后，才能进行盈亏平衡点（本量利）分析。销售人员需要做出几套目标利润的方案供管理者选择并拍板，之后便有了目标成本。

有了目标成本以后，内部管理才能开始发力，因为要把这个目标成本在企业内部咽下去，消化掉。所以内部才有了一套与之匹配的成本消化环节：

编制预算→分解任务→落实责任→跟踪控制→考核评价。

这些消化环节就是完成目标成本的消化系统。我发现这个消化系统可以把很多的成本思维串起来。

生产环节是典型的成本消化环节，我将生产环节形容为成本越滚越多、雪球越滚越大的控制环节。这个环节正是因为工序多，成本才不好管。例如，在这个成本雪球越滚越大的过程中，不管什么东西只要一滚动，就不容易说清楚，落实不了责任，容易赖账、容易失控。

要控制住成本雪球的大小与滚动速度，使它不至于失控，就要用到很多管理控制手段，包括对采购的控制。此时在全景地图的滚雪球阶段又会出现一堆名词，例如：

✓ 采购成本分级；

✓ 精益成本管控；

✓ 联合库存管理实现动态及时备货；

✓ 低库存经济生产下的动态安全库存管理以及如何实现 JIT[①] 生产，等等。

在这个消化系统中，如果产生瓶颈而导致梗阻将会严重影响供应链效率，最终影响成本。这时动态管理的解决方法中，在这个位置会出现新的名词，例如：

✓ 供应链成本（瓶颈）管理；

---

① JIT：Just in time，即准时制生产，又称作无库存生产方式，是供应链管理中的一种生产方式。

✓ PDCA 闭环管理等。

PDCA 闭环管理通过财务分析、实时监控等动态管控方法，可以揭露和改善瓶颈环节的问题并加以长效优化。上述这些管理手段或方法都需要很多成本数据的支撑，企业如果有信息化、数字化的加持，可以更好地实现动态管控，这里将列举很多案例。

以上是企业从销售→生产链→采购的成本思维顺序及大致全景地图。接下来，我们把全景地图进行扩展，从整个市场供应链的角度看成本思维。因为成本（资金、税负）压力的转嫁能力和消化能力，不仅取决于企业自身，还依赖上下游供应链企业。

点滴思维

企业成本消化能力强的体现，其实不只是自身内部控制降低成本，还在于能否把很多成本包袱和风险甩掉，这种方式我们叫作非核心主业合理外包。非核心主业合理外包可以解决高组织成本、低专业化等问题。

本书列举的小米公司案例就说明原来需要自身成本消化的成本，现在不需要自己消化了，可以让供应链的其他合作伙伴帮助消化，从而减轻自身的成本消化负担。

鸠占鹊巢的创新成本思维告诉管理者：成本消化能力强的表现之一就是能够做到鸠占鹊巢，即占用上下游供应链合作伙伴的资源。这里分别从资金、存货成本两个方面看：

（1）关于资金成本的消化能力，很多案例都有一个有趣而共性的现象：有的企业母公司把子公司的资金抽走，造成子公司发育不良；而母公司又把钱败光，最终导致整体消化不良。

例如，美国仙童半导体公司就是由于其母公司把子公司的钱抽走并败光，导致公司没落的。又如华晨集团的资金来源于华晨宝马，华晨宝马发展很好，但资金被华晨集团抽走后，造成华晨宝马发育不良；华晨集团的其他品牌又卖得不好，这大概是华晨集团破产的主要原因。

很多企业认识到集团内资金成本消化系统的局限性，开始千方百计地想办法：无偿占用上下游企业的钱，进行无偿融资。

例如，中国几家大型的家电企业都有巨额的预收账款，实际上就是在大量占用上下游合作伙伴的钱。他们又把占用的资金弄成自己的资金池，注册一个财务公司，把资金池里的钱，挪到财务公司去开展金融业务；或者把这些钱转手借给自己的合作伙伴，又赚一笔利息。所以慢慢地，我们发现生产产品只是一个表面现象，真正的赚钱演变成通过金融业务使钱生钱，通过打造家电产品生态圈让钱生钱。这其实就代表他们有强大的资金成本消化能力。

现在很多电商平台也都在干类似的事情，某宝、某金服，都在用资金池使钱生钱。出现的一个现象是：很多企业发展到一定程度，都想通过"资金池+财务公司+金融业务"的模式运营。

（2）控制库存成本实现财务业绩的消化能力。

有的企业通过采用薄利多销的方法减少库存；有的企业通过联系几家关系密切的下游经销商，进行库存的合理调节。这些案例告诉我们通过控制库存成本可以影响利润。

成本的消化能力还体现在税负的控制和费用的控制上。

（1）税负的控制，其中也有一个税负消化能力的问题。

例如，企业销项税发票太多，如何在合理合规的情况下下多一些进项税发票。有人说：成立上游企业，不就解决这个问题了吗？但如果你不是大企业，不是上市公司，这种消化能力，是很难把握尺度的，增值税发票虚开问题把握不好可能要坐牢。因此，我认为企业税负的消化能力重点应放在提高管理和产品核心竞争力上，放在开拓市场和内控上，而不是税筹或转嫁（配以诸多案例说明）。

（2）费用控制关键在于解决其不确定性问题，其实还是解决人的不确定性问题，这在相关章节会以案例说明。

此外，为了更好地实现成本消化能力，企业可能进行供应链革命，即：供应链的横向一体化和纵向一体化的兼并收购，目的也是实现成本（资金、税负）的可控和增强消化能力（某航空公司、汽车制造公司案例等）。本书通过对成本竞争力和业务数字化思维的解读，试图进一步拓展管理者的成本思维。

我们试图为管理者提供处理如下问题的决策支持：

（1）假设您受命开办新企业或新工程，您会如何筹划、安排、配置诸如投资成本等各项成本。

（2）假设您受命日常经营一家企业或项目，您会如何考虑以下问题？

✓ 如何协调各环节的供应链成本；

✓ 如何安排舍得成本的投入刻度；

✓ 如何设计提高用户的高转换成本，即绑架成本刻度；

✓ 如何配置各项成本、精算运营成本、占用上下游合作伙伴的资源……

（3）假设市场不景气，需要优化整合甚至清理改善一个经营不善企业的成本（精简人员、精简机构、精简费用），你会如何开展工作。

以上就是本书的全景地图概述。

思维决定行为，管理者了解这些成本思维，将有助于企业成本管理的有关决策和成本安排。人类的资源普遍是有限的，企业同样要受资源约束，于是就有了成本管理。薛兆丰在其《经济学通识》一书中曾写道："以纯朴的眼光看，人类至少面临四项普遍约束：①东西不够；②生命有限；③互相依赖；④需要协调。"

管理者的成本思维，也是围绕这些约束而衍生的。

特别感谢陈国庆、陈英、佟成生、朱颖群、余坚、金哲敏、姜宝铃、马丽、朱松伟在本书编写过程中给予的帮助。

范晓东

本书作者介绍

范晓东，高级会计师、经济研究员，中国财务管理协会专家库成员，中欧国际工商学院、上海国家会计学院受邀讲师。曾任某公司财务总监、国企高管。在两家世界500强企业做过财务和一线销售工作。从钢铁企业到造船企业，从基层一线驻厂到总部成本管理，从一线财务到一线销售，专注大企业成本管理改善工作实操16年，在跨行业和跨职务的成本核算、供应链成本、战略成本、精益成本等管理实操上积累了丰富的实践经验。现专注于财务知识产品的生产及变现、培训与讲座，举办“管理者要有的成本思维”“成本核算与分析专题系列”“精益成本管理”“数字化改革治理费控不确定性”“战略供应链成本管理在企业成本控制中的应用”等课程近百场。著有《500强企业成本核算实务》。

作者交流微信公众号：财友饭饭（或微信查找 acc-academy）。

目　录

第 1 章　销售环节的成本思维

第 2 章 生产环节的成本思维

第 3 章 研发与采购环节的成本思维

第 4 章　资金成本思维

第 5 章　费用控制思维

第 6 章 人力组织成本思维

第 7 章 税务成本思维

第 8 章　成本竞争力思维

第 9 章　成本数字化思维

第 1 章

销售环节的成本思维

本章导图

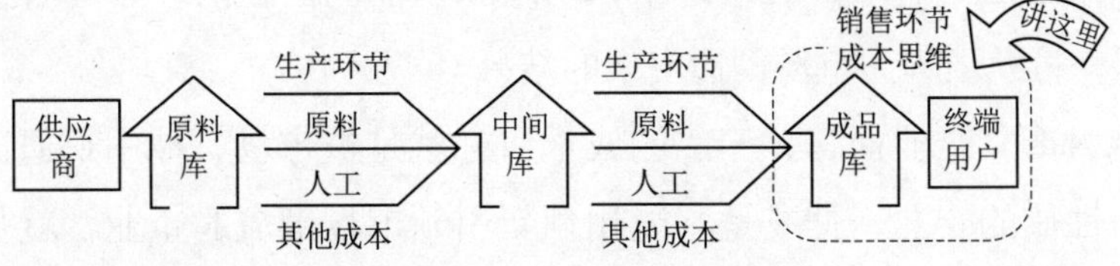

大企业的成本思维是可以借鉴的，某 500 强企业提出“设计成本，而不是节约成本”的思维。成本设计体现在从终端的用户开始，经历研发和采购环节、生产环节等全物流成本管理过程。

所以在终端用户端，也就是销售环节要开始设计成本。

用户端的成本设计，可以理解为用户需求识别的设计，目的是挖掘用户潜在的订单份额。

有了订单，很多成本思维才有用武之地。

没有订单，很多成本思维就将无从谈起。

花在用户身上的成本，可以理解为有舍才有得的成本，这个环节是典型增本才能增效情形的多发环节。

本章我们围绕“本章导图”箭头所指虚线内针对终端用户要有的成本思维的内容展开。

►► 1.1 被逼出来的成本

企业时常遭遇各种不确定性因素的影响（如市场不景气、营商环境恶劣、经济危机、疫情等），这时候需要拼的可能恰恰就是成本实力。

对于一个困难环境下的企业成本决策者来说，成本无小事，不可不察。

管理者可能随时随地或多或少都会碰到这些问题：

✓ 成本资源需要分配的到底有多少，需要约束的成本到底有多少？

✓ 投入产出情况经济不经济，合算不合算？

✓ 成本、效益指标应该控制在一个什么样的水平……

管理者有时可能被迫地思考这些问题，例如被市场所迫，被用户所迫。

市场好的时候，大家都其乐融融，成本问题大概不会成为主要问题，有些管理者也因为多一事不如少一事，而不过多深究成本问题。但是一旦市场出现不利变化，外部市场潜力有限，无奈之下，眼睛就只能向内挖潜，管理者这时才会重视成本问题，可以理解为市场倒逼出来的结果。

对于绝大部分企业而言，产品的成本目标就是被市场、被用户逼出来的。如果不是垄断性质的企业，抑或是不能用创新引领市场潮流的企业，就基本可以归类为属于那“绝大部分”的企业。

1.1.1 成本折腾的缘起

传统的经营思维公式如下：

价格 – 成本 = 利润

即先有成本，再有价格，最后是利润，这个被称为以产定销。后来思维不一样了，公式变了，如图 1–1 所示。

这个思维是先有目标价格，根据目标价格，结合公司的战略规划，测算一个公司的目标利润。价格有了，目标利润有了，最后才有目标成本。目标成本是企业的成本愿景，是内部需要分解的任务。这个目标是要考核的，是市场倒逼的结果。

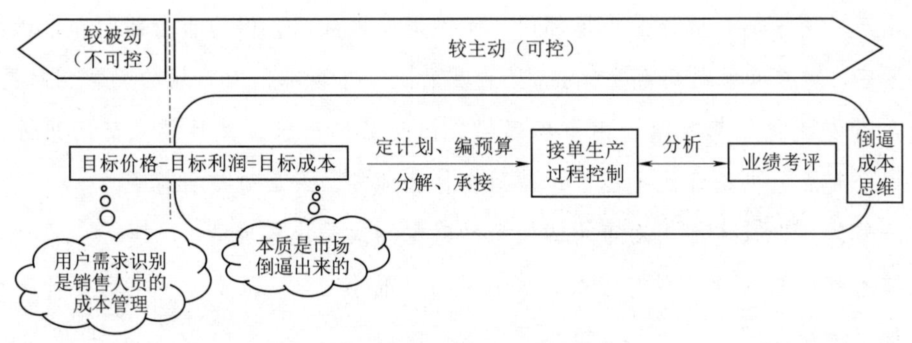

图 1-1　成本是用户、市场逼出来的

目标价格既是客户、市场给的，又是议价（价格谈判）的结果。企业有了这个前提作为起点，才能谈成本，否则就无从谈起。未来发生的一系列成本皆与此目标价格息息相关。因此，目标价格的确定才是真正意义上成本管理的起点。

价值工程[①]和目标价格息息相关，价值工程的重要目的之一在于减少确定目标价格时存在的不确定性，从而锁定目标成本。

【例 1-1】 某电气公司案例

有一家制造电气设备的上市公司，对于目标成本的决策有一个转变的过程。过去这家电气公司经营得并不好，连年亏损。后来靠技术创新和发明创造，设计出了一款新产品，在当时一下子使企业扭亏为盈。之后公司继续鼓励大家进行技术创新和发明创造，但是结果却并不理想。他们把创新的产品投放市场以后，产品并不适销对路——产品投放市场之日，就是亏本之时，不像过去那样受市场欢迎了。

问题到底出在哪里呢？

这家公司后来经过分析发现是新产品开发流程出了问题。过去新产品开发流程顺序是先由技术部门提出产品的需求，决定要开发什么产品，然后公司组织论证，最后由总经理办公会决策。经过这样一个流程，新产品开发出来投放市场以后，结果没人要。

后来，这家电气公司就进行了内部改革。在开发新产品的时候，把顺序给改了，

① 价值工程：提高产品价值的创造性活动，于 1947 年由美国通用电气公司设计工程师麦尔斯（Miles）在研究和选择原材料代用品时提出。

即提出产品需求的，应该是市场部门，而不是技术部门。因为市场部门和市场结合得最紧密，知道市场到底需要什么，不需要什么。市场部门对市场的嗅觉相对灵敏，新产品开发流程的起点改为由市场部门提出产品的需求，然后技术部门跟进，围绕着这个起点，再论证能不能干，差距在什么地方，最后确定目标成本。

一般来说，技术部门对市场的概念和感觉相对是比较弱的。

技术部门更喜欢“我有什么，我就可以给你什么。”而不是“市场要什么？我去满足市场需求。”

一般来说，从事技术工作的人，市场思维比较弱，不愿意主动跑市场。原因很简单：我有技术，有饭碗能吃饭，凭什么去跑市场？

这也是为什么现在很多公司组成市场领导小组，把各个部门的人整合起来，一起面对市场的原因之一。

所以当时的内部改革对这家电气公司来说，也算是个颠覆性的思维变革了。结果，这家电气公司的产品变得适销对路了。

点滴思维

管理者要有市场思维，能用创新设计的产品引领市场的企业（如苹果公司）毕竟不多，加之又不是垄断型企业的产品，故大部分企业的产品还是需要顺应市场的。对这些企业来说，从市场需求出发，才是起点。

1.1.2 管理者要有倒逼成本意识

当市场不景气的时候，管理者就逐步形成倒逼成本的意识，开始不得不重视成本。我曾工作过的世界500强企业在应对市场不景气时，均会提出倒逼成本的管控思路。正是因为这个时候干什么都不赚钱，外部潜力有限，对外部市场没有办法，眼睛就只能向内看，也就是要在企业成本上做文章。

我发现很多企业能够进行倒逼成本管理的原因，就是领导开始重视这个问题了。战略执行在世界500强国企里面多数是自上而下进行的，一定是权威的人拍板，才可以有效避免互相扯皮和赖账的现象。所谓高层拍板，基层执行。

因此，很多工作如果领导不重视，就很难开展。当领导重视以后，决策安排就容易执行下去。

例如，市场不景气的时候，企业利润大幅下降，精简机构、精简人员是很多企业会干的事情，这些都是市场倒逼的结果。这些企业的内部重大改革都是领导重视以后才能执行的。

【例 1-2】世界 500 强企业市场倒逼成本实例

某 500 强企业在其《倒逼成本管控实施方案（试行稿）》中这样写道：

"成本管控是以当期市场价格条件下的目标利润为起点，以成本标准为基础，结合降本增效潜力点，以倒推方式确定各工序目标成本，通过现场成本改善活动和消耗值信息系统平台等管理工具的应用实现成本优化，并以弹性方式进行成本评价的标准成本管控模式。

目标成本管控强调成本的加速下降，公司在追求目标成本下降的过程中，通过全员、全面、全流程的系统倒逼，发掘成本改善点并加以固化，形成长效机制，为标准成本优化和产品经营提供支撑，确保整体竞争力的持续提升。"

点滴思维

重视要体现在制度上。领导重视并形成制度文件后，更有利于统一思想和贯彻执行。另外，也可看出以市场价格（目标价格）作为成本考虑的起点，已成为很多大企业的成本思维共识。

以前躺着都赚钱的时候，企业成本管得很粗，也能过得下去。当市场不景气时，原来的方法已经玩不下去了，因此必须进行战略调整。很多管理者就开始向内精打细算控制成本，即对内部成本开始精细化管理。因为内部管理一细化，很多问题就容易暴露出来。

例如，内部管理细化体现为落实各级管理者的成本目标、成本责任、考核指标，这样一来，以前说不清的，现在都要求说清楚；一要求说清楚，就发现不对劲了：以前存在漏洞的成本问题，以及不太方便说清楚的问题[①]，就原形毕露了。

【例 1-3】集团费用清理与改善项目组案例

为应对市场不景气，作为集团费用清理与改善项目组成员，我在多年以前曾

① 例如一些企业形成小金库，进行秘密消费。

经受命地毯式地摸查集团下属百余家子公司的费用底细，历时半年时间。当时我发现有些子公司的老总似乎缺乏财务敏感度。为什么这么说呢？

某年为应对金融危机，集团总部很早就已经发文，严控“四项重点可控费用”，即严格控制业务招待费、办公费、差旅费、公务用车费的发生。

我在其中一家子公司摸底调查时，看到其业务招待费明细账里面的礼品费金额很大，问其财务人员具体情况，他们也说不清楚。

后来，我们顺藤摸瓜，追根寻源，最终在保险箱里发现100多万元的超市购物卡。经询原因，子公司解释说是开拓用户的，但说不清楚具体给谁和具体事项缘由。

我们把情况如实反馈、汇报给集团费用清理与改善项目组。因违反集团相关规定，这家公司的总经理被诫勉谈话。

我们感觉市场景气的时候，有的子公司经理跟客户关系相处得很好，逢年过节经常要拜访一些重要客户，亦或是隆重举办客户年会，联络感情。当市场不景气，集团有关严控政策出台等大环境一变，管理者没有能够及时转变思路，缺乏财务敏感度。

其实这家公司效益一直不错，之前一年利润在大幅增长。我们还发现这家公司的公款用作私人消费，其他大额不明支出等违规事项。

点滴思维

这个案例告诉我们，有的成本管控得太粗则容易隐瞒问题，造成失控；倒逼成本后，管控变得细化、透明化，就容易暴露问题。此外，管理者需要掌握和紧跟上级相关政策的变化，顺势而为，这些都是财务敏感度的体现。

1.1.3 总有解决的办法

成本改善有时候是被逼出来的。倒逼成本很多情况下是被环境所迫，倒逼这些老板或管理者想方设法作出改变。

【例1-4】 疫情防控期间兴起新营销模式

受到新冠肺炎疫情的影响，去实体店购买商品的用户大幅减少，造成很多产品滞销。

为应对疫情带来的系统风险影响，降低渠道成本和存货成本，很多厂家放弃了传统的营销模式。渠道上，改为直播带货、线上媒体营销等方式；价格上，给予一定幅度的折扣优惠；产品上，很多产品对设计也进行了改进。例如，在包装上进行了适应运输快递的设计改进。

品牌营销体系的三个基本要素是产品、渠道和价格，这三个基本要素都会随着市场和用户的影响，倒逼其成本改善。

点滴思维

管理者应对市场变化时要及时切换思路。

管理者在使用倒逼成本的策划时要有成本精算这根筋。

在成本策划中，无论是对人，对组织，对资源分配，成本是把双刃剑。在进行成本增减的策划时，用力不足，则达不到期望的效果；用力过猛，则会适得其反，矫枉过正。

在成本策划效果的盈与亏、利与弊之间，一定是有一个平衡点的。所以管理者在确定这个平衡点的时候，对成本底细进行一手调研、摸底与精算尤其重要。

【例 1-5】 家庭装修的多选匹配方案

有过家里装修经历的人应该有这样的体会，如果装修的费用花多了，经济能力受不了；如果装修费用花少了，担心施工方偷工减料；如果从其他地方找平衡，就可能使得成本风险递延①。

装修费的多与少之间应该有一个平衡点，既满足不偷工减料，又满足成本的经济性。

因此，装修公司经常会提供甲（贵的）、乙（中等）、丙（便宜的）等多个方案供用户选择，对应的材料档次、风格都会不一样。作为用户，可以在性能与价格之间找平衡；可以选择领先、超前的，也可以选择既不领先也不落后的。

企业购买商品或服务也是同样的道理，钱给多了，成本上有压力；钱给少了，

① 成本风险递延：现在注重成本少花钱导致质量隐患，未来会花费更多的钱弥补。

商品档次低或服务缺乏积极性，会使成本风险递延。这之间也有一个平衡点，使得既能接受保质保量的商品或服务，又能满足理性成本的要求。

作为销售方的管理者，需要在保证质量的前提下对用户进行分级。例如，提供给用户的选择可有高、中、低三种成本方案，以满足不同客户群体的需求。

作为购买方的管理者，也需要找出质量和成本的平衡点，需要用到成本精算的有关理论和技巧。采购成本的精算需要确定前提，这个前提一般是有领导的明确指示，否则执行起来容易无所适从。

作为采购方需要明确采购决策的前提，例如，采购决策的时候，一般总会有几个选项：采购高档次、中档次还是低档次？当然，高档次上面还有豪华档次配置。选择哪种档次先要明确，就像做预算要明确预算前提一样，这样才能让操作层有据可依。

点滴思维

管理者为了可操作性的考虑，一般会给出明确的成本发生前提，这个成本发生前提确定的方式包括明确成本档次、明确采购价格范围或者明确成本上限额度等。

1.2 用户需求识别的成本意识

目标价格的确定，是后续一系列成本控制的前提，如图 1–2 所示。

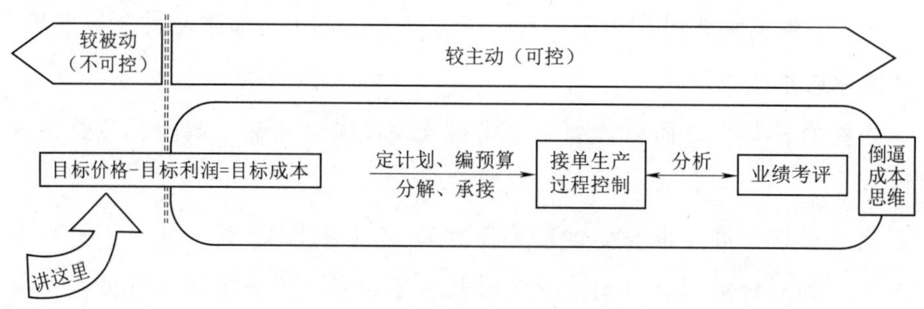

图 1–2 确定目标价格

目标价格的确定就是让用户接受定价，而找到匹配的用户，或找到与用户需求相同的契合点或切入点，就需要进行用户需求识别，这是销售环节成本管理的关键，这也是为什么用户需求识别是销售人员的成本管理。

1.2.1　实现双赢

生产企业对用户进行需求识别，可以让用户购买合适的产品，而不是性能过剩的产品，从而避免用户不必要的成本浪费，增加用户的成材率；同时，也可以降低生产企业自身的成本。

【例 1-6】 用户售后服务案例

我曾经在宝山钢铁股份有限公司（以下简称宝钢）做客户售后服务工作，用户购买宝钢的钢材产品后产生抱怨（质量异议）。具体情况是用户使用我们的产品后，在加工过程中总是出现冲压开裂现象，成材率低，造成质量成本的损失。冲压开裂，是由于钢材产品在软硬、强度、变形程度等方面的误差导致加工变形过程中出现裂缝，成为废品、次品。

于是作为客户服务代表，我们一行人专程赶往用户位于深圳的加工厂，实地进行一线现场服务，查找冲压开裂的原因。我们发现用户生产线加工工艺，对于钢材产品原料的变形程度要求高，需要使用容易变形的低强度钢材产品，但是用户却购买了不易变形的高强度钢材产品，而这种高强度钢材（不易变形）的价格又比低强度钢材（容易变形）产品贵。简单说就是用户购买了不必要的、性能过剩的、价格又贵的产品。

根据用户最终产品的性能要求，我们认定用户应该购买低强度（易变性）的钢材产品。而这种低强度的钢材产品对于宝钢来说，容易生产，成材率也高，综合毛利比用户原来买的高强度钢产品高。

于是，产品转换以后，既降低了用户的采购成本和质量成本，增加其成材率，同时又增加了宝钢的销售利润。

点滴思维

这个案例说明用户需求识别带来的效果，即用户需求识别是可以真正实现双赢的。

1.2.2　挖掘商机

企业进行用户需求识别，了解用户最迫切、最亟需解决的问题，并帮助其提出解决方案，是可以挖掘潜在商机的。

【例 1-7】 解决用户及时备料的问题

一家国内用户一直进口某国外供应商的产品作为其生产的原材料，但受海运运输周期较长的影响，交货期是两个月时间，造成国内用户生产经常因为备料不及时而受影响。

一家国内的供应商在通过不同途径了解这一情况以后，认为这是一个商业机会。

经过需求识别，这家国内的供应商认为用户现在亟需解决的问题是及时备料，从而不影响其生产。而自己的优势在于离用户距离较近，交货期可以做到两周时间。尽管自身产品质量不如国外供应商，但质量也过关，抱着尝试的心态，于是，想方设法接触到这家国内的用户。

经过商谈，国内用户认为当务之急，是解决原材料不能及时到位的问题，而两周交货期刚好可以保证其及时备料，生产不中断。

经过试用，国内用户也认可了这家国内供应商的产品质量。

结果是国内用户将一块很大的原材料订单份额切换给了这家国内供应商。

点滴思维

对用户进行精准的需求识别，可以挖掘潜在的商机和潜在的用户需求。

1.2.3 识别成本

用户需求识别到底识别什么？很重要的一点就是要识别用户的成本，识别用户所愿意支付的对价，这就涉及企业的定价策略问题。

经济学层面的定价策略，核心思想就是市场上并不是每个人都愿意出同样的价钱去买同一件商品，我们称之为用户的战略分级[①]。

---

① 属于营销战略，分级可以更明确了解客户需求，做到精确营销，优化服务客户的人力资源，降低同质化营销的人力成本，提高成交量。

【例 1-8】 衣服贵了反而好卖？有时候衣服为何定价 50 元就是卖不掉，而定价 500 元反而就好卖了呢？这和用户的战略分级是有关系的。因为有的人愿意享受这样一个购物环境和服务，愿意支付较高对价。

现实情况是：有的人对价格敏感，有的人对价格不敏感。

销售方会碰到某些顾客买东西不问价格只问有无，当然也会碰到某些顾客总是讨价还价。关键在于我们能不能对于价格不敏感的人给予比较高的价格，而对价格敏感的人则适当给予低价。

要做到这一点就需要对用户的情况进行了解，也就是搞清楚用户到底是财大气粗的，还是省吃俭用的。怎么搞清楚呢？方法多样，不一而足。例如：一线考察、通过交流察言观色、企查查搜集企业信息、第三方求证、征信系统查验信息，等等。

点滴思维

摸清用户底细有利于采取准确的营销策略。

为什么要强调用户需求识别呢？原因就是可以降本增效，创造价值。比起被动控制生产环节的成本（侧重于“节流”），用户需求识别则更侧重于“开源”。

用户需求识别，重点是识别成本，这主要是销售人员要干的事情。

有时候销售人员可能觉得没有底气，就带着技术人员一起去进行用户需求识别，我们给这种做法取了一个新的名字叫作技术营销。

我感到销售人员成本意识的体现和发挥，重点就集中在用户需求识别上。用户需求识别工作就是销售人员的成本管理工作。

1.2.4　价格谈判试探成本

成本一般是保密的，属于企业秘密，不太可能对外公开。议价（价格谈判）的过程，双方可以从侧面试探对方的成本承受力。

价格商谈不仅是双方互相妥协的过程，也是双方“成本博弈”的过程，或者说是试探成本承受力的过程。

【例 1-9】 弱化成本去推销贵的产品

营销学里有一个典型的问题，就是如果你的产品价格比较高，应该如何向用户推销这个产品。

例如，实际推销产品的过程中，很多销售人员不敢见经销商，他们往往还没有向经销商介绍完产品，就因为价格较高而被赶了出来。他们主要就是没有弱化成本，放大利得；没有说服对方拿到这个产品以后，未来可实现的价格与成本的差额是多少。

销售人员在摸底调查时，关键要了解成本底细，应该大致掌握这个产品的最终价差情况。

有的销售人员一上来就向经销商报价，一听经销商说："这么贵，卖不出去！"马上陷入僵局，不知道该怎么往下说了。

其实按照以上的关键点思路，可以尝试这么说："价格贵不影响我们做生意，只要您仍然可以获得一定的价差，还是可以卖出去的。"

你还可以用对比的方法："你瞧人家某某老板，也有一些价格较高的产品，不也卖得很好吗？我们关注的是销量，你关注的是价差。我用你的渠道，你用我的产品，大家共同赚钱嘛！"

点滴思维

弱化成本、放大利得是一种推销技巧。

很多营销学中"即便价格高也成功销售"的案例，基本都在做着弱化成本、放大利得的事情，这其实就是一种"成本博弈"。继续列举案例：

【例 1-10】 价格贵但可"双赢"

宝钢的耐指纹钢材[①]产品价格较高，有的用户不愿意接受这样的价格。于是，销售人员跟用户作出这样的解释：

首先，耐指纹钢材价格贵固然是一个方面，但用户可能更关心钢材加工成零件后所带来的价值，增加的价值可以弥补价格差。

其次，价格低可能给用户带来低价材料的质量风险，如果加工成零件良品率

① 耐指纹钢材：不同于不锈钢产品的不易变形，耐指纹钢容易加工变形同时能防止生锈，多用于高端生产家电产品。

不高的话，一算细账，反而不经济。

再次，宝钢产品也可能无形中增加用户的信誉，毕竟宝钢品牌是个保证。

最后，耐指纹钢材产品替代用户原来使用的原材料，有助于用户的产品迭代升级，使其生产出高附加值的产品。产品自然也会产生不一样的价格和成本差价，这块差价可以与用户议价（价格谈判），用户若独享这块差价可能不合理，应该考虑大家双赢。

点滴思维

高成本能带来更高的附加值，销售人员应弱化高成本，放大附加值，这也算是一种成本博弈。

1.2.5　满意 + 小惊喜

在目标价格确定的时候，还需要考虑定价的策略问题。定价的结果如果可以让用户除了满意外，再加些小惊喜，就是较理想的价格，我们称之为竞争性价格。

这里，竞争性价格的营销学定义就是让用户满意之后再带些小惊喜的价格。竞争性价格是以市场价格为起点的，另外需要综合考虑用户的个性化需求。

这些个性化需求对成本以及定价都有影响。在双方议价（价格谈判）的时候，个性化需求会作为商谈的筹码之一。

什么叫竞争性价格？能让用户感到“满意 + 小惊喜”的销售价格才是竞争性价格。“满意 + 小惊喜”的实质，也是一种双方成本的博弈。

《营销学》告诉我们，产品价格的确定，并不是定得越低用户越满意，而是选择能让用户感到“满意 + 小惊喜”的价格。以前有些企业购买国外的设备，只买贵的，不买对的，后来发现，最贵的不一定是最好的，最好的不一定是最合适的。购买的产品并未享受合适的价格，也没有感受到什么惊喜。

【例 1-11】 特斯拉在中国

特斯拉汽车公司（以下简称特斯拉）的上海工厂建成以后，所生产的电动汽车曾经历几次降价的过程，不断给等等看再买的用户带来惊喜。

例如，有一次特斯拉的 SUV 车型 Model Y 的新款车，补贴后售价约 27 万元，比入门版的 Model Y 下降 7 万元，且性能并未发生较大变化。

一般来说，汽车降价以后，基于确保目标利润的考虑，会进行局部成本优化。例如，某些零件高配变低配，真皮换织布等。

Model Y 的降价则更加良心，降价后的配置基本未发生变化。

特斯拉秉承“软件定义汽车”的核心理念。有一位朋友购买降价以后的特斯拉汽车，被告知降价后的车载软件操作系统将使用较低版本的软件系统，购买以后却惊喜地发现，降价以后汽车的车载操作系统还给予用户免费升级到最新版本的优惠。

点滴思维

特斯拉在中国使用不断降价且能继续给用户带来惊喜的销售策略，这种“满意 + 小惊喜”的定价策略，国内的电动汽车生产厂商需要认真思考与应对。

1.3 埋下降低成本的种子

企业针对销售人员的成本管理其实并不是降低销售费用（如广告费、差旅费、业务招待费等），而是倒逼销售人员去做用户需求识别和挖掘订单份额等工作，这些工作恰恰正是销售人员（或技术人员）的成本管理工作。

1.3.1 增效就是降本，规模摊薄成本

对于销售环节来说增效就是降本。增效大部分来源于用户的订单，因此确保订单份额是关键。订单份额的确定需要和用户打交道、和用户沟通。企业有了订单，产量才能得到保证，才能产生规模摊薄成本[①]的效果。

你和用户打交道时埋下什么样的“种子”，将来就会收获什么样的“果实”。

如果用户不满意，把你换掉，则会额外产生切换成本和交易成本[②]。

① 规模摊薄成本：固定成本和单位成本会随着产销量上升，对企业带来规模效应等有利影响。

② 交易成本：见科斯和威廉姆森《新制度经济学》，两人分别获得 1991 年和 2009 年度诺贝尔经济学奖。

如果用户满意，需求识别准确，潜在需求则有可能被有效挖掘，从而得到额外的订单份额，实现规模摊薄成本。

【例1-12】 产能过剩可以摊薄成本

作为经济个体的企业一般是遵循“以销定产”的原则，但也并非绝对。有时候也会根据企业战略需要或国家整体调控而加大产能，出现产能过剩的现象。

这就联系到经济学中常说的产能过剩。企业的大规模流水线生产模式，很容易实现产能过剩。企业想要获得更多市场，就必须推出价格更低的产品。而产能过剩可以平摊每一个产品的成本到很低的水平，这样才能够打价格战，才能够占领市场。

这种现象容易出现在一些没有太强资源约束以及技术约束的行业。比如，服装行业就是一种纯粹竞争的状态。很多电商平台能够买到那么便宜的衣服，就是产能过剩摊薄成本的结果。

产能过剩有两种：一种是制度性过剩；一种是结构性过剩。制度性过剩多出现于很难单纯交给市场的行业，例如电力、粮食、化工和能源产业。结构性过剩多出现于一些低端产业，例如服装业、钢铁业等。结构性过剩涉及产能优化，例如造一吨汽车外壳用的钢材原料和造一吨建筑用的钢材原料，价值完全不一样。

点滴思维

经济个体的企业和整个产业都存在规模摊薄成本的规律。企业靠挖掘用户订单份额或企业战略实现规模降本；产业则更多依靠市场经济和政府调控的结合实现规模降本。本书仅围绕如何挖掘用户订单份额展开规模降本。

1.3.2　花心思的成本

对销售人员来说，对用户“花心思的时间和精力”也是一种成本。销售人员需要思考如何与用户混熟、建立感情。方法其实也很简单，智慧的古人已经告诉我们答案，就是对客户要做到仁和义，目的是得到订单份额或是额外订单份额。

销售人员不是跟产品或者跟用户公司打交道，而是跟用户中具体的每一个人打交道，这时候恰恰需要有一颗爱心，去做雪中送炭的事情，善于发现用户的

“冷”。如何做到善于发现用户的“冷”呢？就需要培养一种当用户有困难就主动帮一把的意识。这可能会增加自身的成本压力，但在销售环节来说，应该是属于合理必要支出，属于舍得成本[①]的范围。

【例 1-13】 有人情味的舍得成本

销售代表无意中打听到一个重要客户的女儿在北京读书，于是就帮客户带了一些女儿爱吃的卤牛肉给她。

作为一位父亲，刚好有人要去北京，这位客户顺便给他的爱女带一些东西是很自然的事情。

当销售代表将卤牛肉给他的女儿，并打电话告诉客户她的女儿和同学一起狼吞虎咽地分食卤牛肉的情景，父亲一定会觉得有趣和开心，销售代表与客户互信的关系一下子就建立起来了。

人与人之间的关系有时很奇怪，因为一件很小的事情，彼此之间可能就会产生好感。

当销售代表与客户谈生意的时候，客户只是把其当作一个普通的供应商看待。如果销售代表想成为这个客户的长期合作伙伴，就必须建立有效联系，也就是说：推销产品先推销自己，让自己先被用户所接受，建立互信关系，成为客户的好朋友，有利于未来订单份额的确定。更厉害的是当销售代表能成为客户家庭的朋友时，他想要赢得的订单就容易得到。即使得不到订单，客户也会提前告诉销售代表。

点滴思维

花费心思，投入精力，这些有人情味的成本投入可以让销售变得有温度。

培养雪中送炭的意识，其实不是从用户开始，而是从养成习惯开始的，从你身边的人开始的。因为到了要用的时候你可能装不出来，需要形成帮助用户的潜意识。

实际上用户也在观察你对其他人的态度，这决定了用户对你的评价。养成习惯以后，你可能不经意地做了一件帮助客户的事情，对客户来说就是雪中送炭。

① 舍得成本：有舍才有得的成本意识。

【例 1–14】 雪中送炭的客户服务

我在宝钢股份营销中心做家电用钢产品售后服务工作期间，曾亲历一次对客户的雪中送炭。

这是一家位于广州的用户，主营业务是生产家电产品。客户反映其生产线的热处理工艺设备特别耗电，并且产品产量总是提不上去，于是无奈之下，求助于作为原材料供应商的宝钢。客户还怀疑会不会有这样的可能，就是由于宝钢产品的质量问题，导致用户生产线异常的。

刚好我们营销中心有热处理方面的专家，于是迅速组成用户服务小组，专程赶往广州处理用户诉求。当时我们在用户超过 50℃的生产线上钻机组进行排查，经过一整个下午，后来发现是用户自身生产线热处理工序的时效控制和温度控制系统出现了问题，经更换相关零件并升级部件以后，产量恢复正常水平。

其实并不是宝钢产品原料的问题，而是用户自身的生产原因。但宝钢依旧毫无怨言、义不容辞地帮其解决困难。

这里，宝钢所付出的成本（如人力成本、销售费用等）即属于舍得成本。

在之后的很多年里，这家家电产品企业一直是宝钢产品的忠实用户，这就是营销学中提到的用户黏性，后来这家企业成为宝钢的战略用户[①]。

点滴思维

自己吃点亏，舍得成本让用户舒服，能够增加其忠实度和获得较稳定的订单份额。对用户多做雪中送炭的事情，是为了给用户留下好印象。好印象可以理解为埋下好的成本“种子”，未来减少切换成本与沟通成本，最终目的就是要得到用户的订单份额，得到目标价格。

与用户打交道自然存在不确定性，这种不确定性的原因是信息不对称，而信息不对称又会带来较高的交易成本。

怎样让这种不确定性确定呢，怎样减少交易成本呢？需要有一套和用户打交道的原则。

---

① 战略用户：宝钢对于产品采购规模达到一定数量级以后用户的分级称谓，另外两种为潜在用户和普通用户。

这里对销售人员的要求就比较高了，即对复合型员工的要求。销售人员不仅要懂营销，还要懂技术；不仅要懂产品，还要懂成本。

销售人员也要知道成本底细，原因在于价格制订主要有三种模式：成本加成定价、协议定价以及按照市场价格定价。用不用成本定价是企业可以选择的，但无论采用哪种定价模式，均需要有成本作为参考，需要知道成本底细。

销售人员知道成本底细，也是基于用户可能会讨价还价的考虑。《营销学》告诉我们："讨价还价，是人的自我满足过程"，但是总要有个底线[①]，要知道讨价还价的底线是多少，也需要知道自身产品的成本底细。

【例 1-15】 销售人员的真实写照

销售工作其实是有难度的，不好做的原因主要体现在寻找"目标用户"上面。一个好的销售人员，大概是这样的状态：不是在用户的办公室里，就是在去用户办公室的路上。

为用户付出的时间和精力，如果最终没有得到补偿，就会成为沉没成本。

点滴思维

功夫不负有心人，基本上一个好的销售人员所发生的沉没成本、交易成本，终会从其用户身上获得一定的补偿。

刚才我们说只有用户需求识别做好了，目标价格才好确定；目标价格确定了，目标成本才好确定。

销售人员怎样埋下一颗好的成本"种子"呢？这需要和用户建立感情与有效联系。

【例 1-16】 三级现场

有本书叫作《现场力》，推荐大家可以看看，讲的是日本丰田汽车公司。书中说营销人员有三级现场：初级现场是用户的采购部；中级现场是用户的车间；高级现场是用户的研发中心。

---

① 底线：指企业产品盈亏平衡点的成本。

这里面，如果营销人员能够经常到用户的研发中心去，说明你的产品需要根据用户的要求进行同步调整，而能做到这一步就可以理解为双方具有战略合作的地位，基本属于上下工序关系，这时，用户对你的产品依赖度会大大提高。

三级现场的核心思想，其实就是要和客户的每一个人打交道，要和用户的关键人员建立有效联系。有句话叫：有人的地方就有江湖，因此需要建立感情，买卖是爱。

这样做的目的其实就是进行用户需求识别，确定目标价格。

点滴思维

三级现场的核心是以用户为中心，和用户捆绑在一起，帮助用户降成本，其结果就是自身的降本增效。

这里面最难做的就是和用户相关部门的关键人员建立有效联系，有时候可能需要“念兹在兹，必有回响”的执着和一些技巧。

【例 1–17】 选择合适的时间、地点进行销售

一位销售代表想要确保订单份额，就去找客户采购代表沟通，但了解到只有客户的采购经理才能对采购作出决定，需要说服采购经理。然而销售代表很难接近采购经理，而且采购经理时间有限，不能给销售代表很多的时间。即使见到采购经理，他（她）也许会把销售代表推到其他主管部门。

这位销售代表苦思冥想，不得其法，于是常常在用户楼下的咖啡馆坐等，看看有没有机会。一个月过去了，他偶然发现客户的采购经理和一位来访客人在咖啡馆喝咖啡，无意中听到采购经理明天要坐飞机去某地某单位出差，又从侧面掌握了其行程和时间安排。

于是，这位销售代表特地在采购经理外地出差时，寻找时机沟通。因这个时候，采购经理就不像在其公司时那么忙了。销售代表就可以好好利用这些时间向客户展示产品，并有机会请客户去自己的公司考察和参观，或者请自己公司的老总来拜访客户等，从而更好地深入了解、寻找和挖掘合作机会。这与销售代表一个人在客户的公司向客户介绍产品的效果完全不同。

点滴思维

适时销售需要花费一定的精力（交易成本），在了解客户的行程后，销售代表

寻找机会沟通，反而可以减少交易成本（少用时间和费用），并且能达到事半功倍的效果。

1.3.3 不用告诉用户所有的事情

与用户充分沟通可以降低成本，因此在与用户的沟通过程中，答应用户的事情一定要做到；如果做不到，则需要提前给用户打招呼，或者告诉用户能做到什么程度。不能跟用户撒谎，撒谎意味着埋下“高成本的种子”。撒一次谎，则后面需要不停地编新的谎言去弥补，最后结果可能还是被用户换了，丧失订单份额。因此，销售人员可以不把所有知道的事情都告诉用户，但要保证告诉用户的每一句话都是对的。

1.3.4 营销协同降低交易成本

企业的营销组织面对用户的时候，组织体系的力量是非常强大的，销售人员需要利用好这样的资源，具体要怎么做有三个建议：

首先，上层领导信息来源比较多元，因此掌握的信息也比较全面。很多情形下，当营销人员对很多问题还很迷惑时，领导可能已经有了解决问题的结论或方案。因此，与领导充分沟通就显得很必要。例如，营销人员就算是邮件，也要抄送给领导一份。

其次，跟用户的沟通就是一个商量的过程，发邮件不如打电话，打电话不如面对面交流，只有面对面才能培养感情。有事没事都要去用户那里坐坐，特别是没事的时候，也要去用户处坐坐，例如一周两次。其实感情就是这样面对面建立起来的。

最后，是紧密联系。每一位营销人员背后都有一个庞大的团队作为支撑，要充分利用并把团队的力量发挥出来，不浪费资源。

当一线营销人员面对用户的时候只是一个窗口，背后可能有团队的 15 个人在做支援。怎样让身后的 15 个人为一个人服务呢？这就需要一线营销人员尊重团队里的每一个人，及时和他们共享信息。

一个人的能力是有限的，但企业体系的能力是很强大的。

感悟：上述营销协同并利用好团队的力量、对用户有爱心和用户需求识别等思维，其实都是价值工程的组成部分。这些价值工程的目的，就是减少目标价格的不确定性，从而让企业可以更好地锁定目标成本。

1.3.5　销售信息化降成本

像财务、人力资源等岗位的信息化可以节省人力一样，营销环节也存在信息化替代人工岗位的情形，直接看案例：

【例 1-18】 信息化解决效率问题

某钢铁企业信息化的威力主要体现在两点：一是实现动态的目标控制；二是精简人员。目标控制将在第 2 章详细说明。那么，精简人员是什么意思呢？

以钢铁企业销售部门为例，在其销售信息化系统上线投用之前，销售岗位的工作内容包括：产品销售、用户分析、市场分析、产销管理、市场开拓、技术营销、渠道管理、品牌管理、用户服务等。自从钢铁企业开发的“一体化销售系统”上线投用以后，这些就发生了改变，因为它拥有系统数据仓库的大数据分析功能。以前很多销售岗位的业务，系统就能处理，这样很多岗位就显得多余，企业便精简了营销业务的岗位和人员。例如：

✓ 产品销售岗位直接使用一体化销售系统的云商模块，系统替代人工，于是精简了人员；

✓ 用户分析、市场分析业务由一体化销售系统的“数据仓库分析模块”承担，从而精简了业务岗位；

✓ 产销管理岗位直接使用一体化销售系统的“数据仓库产销协同模块”，系统替代人工，从而精简了人员；

……

当然，有些营销工作岗位没有精简，反而增加了人员配置，例如：市场开拓、技术营销、用户服务工作。针对这些岗位，钢铁企业认为用户关系管理至关重要，用户更希望和真人面对面打交道，而不是和冰冷的电脑打交道，只有面对面才能建立感情。

点滴思维

销售环节的信息化建设是为了提高内部管理效率，强化外部用户满意度，同时能够倒逼销售环节降成本。

1.4 目标利润与盈亏平衡点

前面讲了目标价格，确定好目标价格，就有了前提。接下来，需要结合公司的战略目标，测算几个利润方案，最终由管理层拍板确定目标利润，如图 1-3 所示。

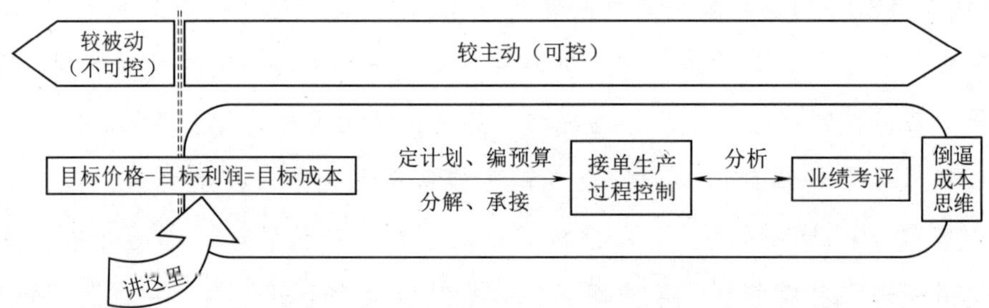

图 1-3 测算目标利润方案供管理者选择

这里经常会用到盈亏平衡分析[①]中变动成本[②]和边际贡献的概念。

1.4.1 管理者要有变动成本概念

利润方案是怎么做的呢？就是基于量本利的分析。量本利的分析，其实就是盈利能力的分析。

有的企业观念可能相对落后，还在用毛利进行分析，毛利就是企业的营业利润。有些管理者认为营业利润能够弥补企业的期间费用（销售费用、管理费用等），就算是盈亏平衡了。这种盈亏分析的方式是有欠缺的，很简单，用毛利算出来的盈亏平衡点产量不准确。

我们知道，产量与变动成本相关，毛利分析把固定成本也算了进去，数据就

① 盈亏平衡分析，又称本量利分析。

② 变动成本：简单地说就是随产量的变化而同时变化的成本。

会失真。怎么解决这个问题呢？这时就要用到边际贡献的概念。边际贡献，就是价格（指销售额）减去变动成本。

价格（指销售额）是随销售量（即产量中发货部分）变动而同步变动的，变动成本也是随产量变动而同步变动的，这样就变动对应变动，把弹性系数大的凑在一起。

根据公式：价格 - 变动成本 = 边际贡献，算出来的结果叫作边际贡献。也正因为变动对应变动，因此撇去了固定成本的影响。而固定成本是不随产量变化而同步变化的，弹性系数小。这时候，利润 = 边际贡献 - 固定成本。

我们也知道在财务管理当中，算经营杠杆时就要用到边际贡献的概念，即：经营杠杆 = 边际贡献 ÷（边际贡献 - 固定成本）。

什么是变动成本？就是跟产量呈同步变动关系的成本。比如原材料，就是典型的变动成本。什么是固定成本？就是不容易随产量变动而同步变动的成本。例如，折旧费、修理费等。与“毛利 = 期间费用[①]”相类似，当“边际贡献 = 固定成本”时，则实现不亏也不赚，盈亏平衡。与“毛利 > 期间费用”就有利润类似，当“边际贡献 > 固定成本”时，就有了利润。

思考：同样是利润，用毛利可以算出，用边际贡献也可以算出，即：利润 = 毛利 - 期间费用 = 边际贡献 - 固定成本。但可以和产量、销售量挂钩，并更具实际指导意义和决策意义的是“利润 = 边际贡献 - 固定成本”，而不是“利润 = 毛利 - 期间费用”。

【例 1-19】 图解盈亏平衡点，秒懂本量利

我们将产品的成本项目构成，分成变动成本和固定成本两大类。变动成本有原材料、辅助材料、水电费等，这些都和产量形成同步变动关系。固定成本有折旧费、修理费、租赁费等，这些都和产量无变动关系。

① 期间费用：指管理费用、销售费用和财务费用。原来这些费用都混在生产成本中，为说清楚具体发生情况，就将管理费用、销售费用和财务费用从生产成本中单独分离出来，作为期间费用单独列示。

当然，还有些项目属于半变动成本、半固定成本。例如：生产线上工人的人工费属于变动成本；而生产线管理者的人工费则属于固定成本。对于半变动成本、半固定成本，如有条件最好还是分开列示比较好。

一旦知道变动成本，就打通了测算目标利润的“任督二脉”，这是一个关键的环节。

由于价格是已知的，当知道变动成本，则根据边际贡献的公式：价格 – 变动成本 = 边际贡献，于是就知道边际贡献了。

由于总成本是已知的，有了变动成本，则：总成本 – 变动成本 = 固定成本，于是就知道固定成本了。

边际贡献有了，固定成本有了，就可以知道盈亏平衡点对应的产量是多少，如图 1–4 所示。

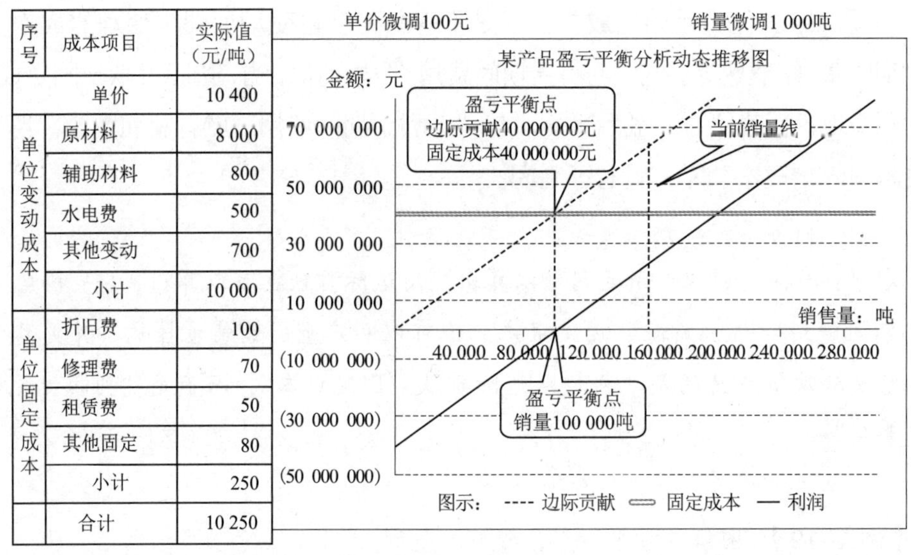

序号	成本项目	实际值（元/吨）
	单价	10 400
单位变动成本	原材料	8 000
	辅助材料	800
	水电费	500
	其他变动	700
	小计	10 000
单位固定成本	折旧费	100
	修理费	70
	租赁费	50
	其他固定	80
	小计	250
	合计	10 250

图 1–4　利用量本利分析单价与销量关系

图 1-4 中，边际贡献是穿过原点的斜虚线，是随产量增加而正比例增加的。

单位边际贡献 = 单价（10 400 元 / 吨）– 单位变动成本（10 000 元 / 吨）=400（元 / 吨）

边际贡献 =400（元 / 吨）× 销售量

而当边际贡献这根斜虚线与固定成本这根双实线相交时，即：

边际贡献（40 000 000 元）= 固定成本（40 000 000 元）=400（元 / 吨）× 销售量

此时则实现盈亏平衡，不亏也不赚，销售量 =100 000 吨。

点滴思维

管理者要有变动成本的概念，因为单价和变动成本有助于管理者理解盈亏平衡时的销量，即当管理者知道不亏不赚时的销售量，心里就大致有数了。

接下来，再结合公司的发展规划，测算几个目标利润的口径。例如：乐观情况下的目标利润和产量；一般情况下的目标利润和产量；不乐观情况下的目标利润和产量分别是多少。最终由领导拍板决定公司的目标利润。

这样一来，目标价格有了，目标利润和目标产量也拍板定了下来，那么目标成本就可以被锁定。

至此，只是解决了外部市场性的问题。由于外部市场性对应的市场和用户存在较大的不确定性，最后能定下目标成本，还是挺不容易的。

再接下来就是解决内部计划性的问题了，也就是内部还要消化这个目标成本，需要进一步对目标成本进行编制、分解、跟踪、控制、核算、分析、考核，这里又出现了企业内部另一种形式的不确定性。

1.4.2 EBIT 放大了利润

EBIT 是指息税前利润，即没有算利息成本或利息收入，同时没有缴纳企业所得税时的企业利润。

没有缴纳所得税的企业利润比较好理解，叫作税前利润；缴纳了企业所得税后的企业利润，叫作净利润。

为什么要算息税前利润呢？因为有的管理者认为利息与真刀实枪干出来的经营业绩要分开列示。换句话说，不能让利息掩盖或埋没了管理者干出来的成绩。

【例 1-20】 EBIT 放大了管理者的经营贡献

举个简单的例子，企业如果大量进行负债融资（银行借款或发行债券）的话，可能会出现企业赚了 90 万元的利润，但利息要付 100 万元，赚的钱（息税前利润 EBIT=90 万元）还不够企业支付利息 100 万元，导致企业亏损 10 万元。企业辛苦一年其实是在为银行打工，如图 1-5 所示。然而，90 万元的利润确是管理者实打实“撸起袖子加油干”出来的经营成果。企业赚了 90 万元的利润，但利息要付

100 万元，实际亏损 10 万元。有的企业为了不掩盖实际干出来的经营成果 90 万元，凸显管理者的绩效业绩，于是就使用息税前利润 EBIT 的口径，即：不考虑支付的利息成本 100 万元，这样就将实际干出来的利润数值以 EBIT=90 万元的形式自然还原，也就是放大了利润，还原了实际经营成果数据。

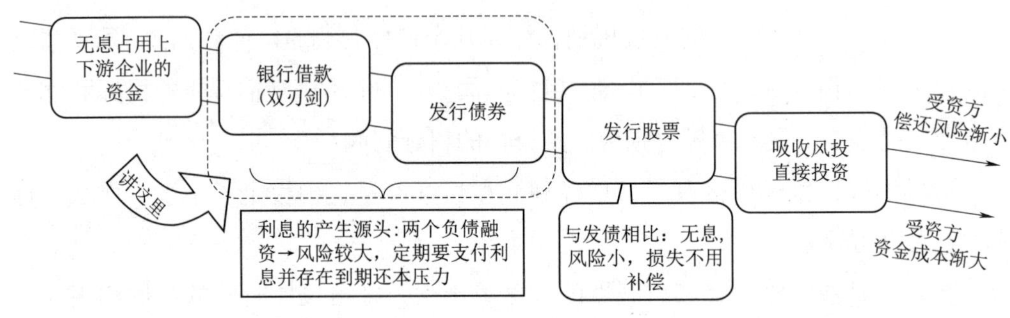

图 1-5　利息产生的源头

管理者的经营业绩是 90 万元而不是 –10 万元，数值越大，似乎就意味着管理者的工作绩效业绩就越好。

评价业绩时，要综合考虑，即不能只看亏损 10 万元这个结果。因为亏损 10 万元没有把问题一分为二，即成绩要肯定，缺点也要指明：90 万元利润确实是管理者干出来的，100 万元利息成本也是由于管理者资金管理方面的财务风险没有把控好。

点滴思维

尽管利息成本也是经营成果的体现，但想要辩证分析经营成果和管理者业绩，则需要将剔除利息成本后的实际经营成果和利息成本分开看，这时就需要用到 EBIT 的概念了。

1.5　舍得成本

无论是目标价格的谈判与锁定，还是目标利润的测算与敲定，抑或是目标成本的贯彻与完成，这一路走来都不容易，因为都会有不确定性，不确定性体现在要和人打交道。我一直认为这一路过来都需要复合型员工才能干好。

因此，跟人打交道，可能要了解一些“人的本性”，需要有一些智慧的成本思维。

1.5.1　成本不要对着用户降

图 1–6 表明，在确定目标成本的时候，管理者要有智慧的成本思维。有的管理者一看到成本，第一反应好像就是降成本。成本思维的出发点应是“以用户为中心”思考问题，否则，一味控制成本就容易犯形而上学的错误。

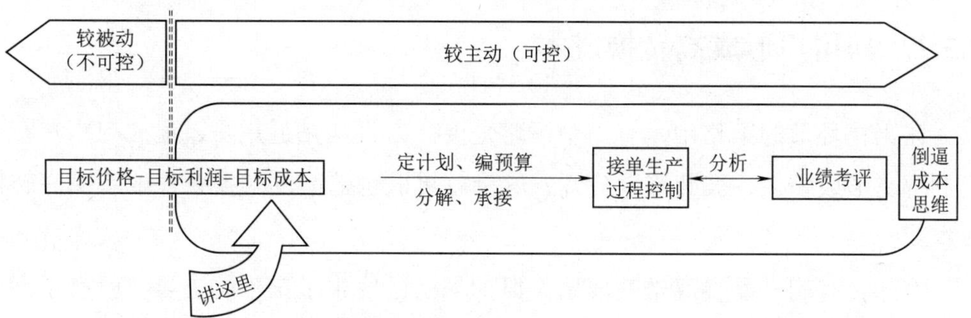

图 1–6　在用户身上付出的时间和精力的成本（舍得成本）也在目标成本里

【例 1–21】 成本不要对着用户降

本田技研工业株式会社（以下简称本田）是一家日本汽车制造商，选用中国某钢厂生产的钢材产品作为其生产汽车外壳的原材料。有一次，本田汽车厂的经理考察供应商，就到这家钢厂参观产品生产线。当时他看到很多操作车间的墙上贴着一条标语：少剪一刀可以降低成本 ×× 元。

因为钢材产品的生产工艺就像用擀面杖擀面一样，中间质量比较稳定，而头尾缺陷相对比较多，所以为了保证用户的产品质量，需要剪掉头尾缺陷部位。

看到这条标语以后，本田的经理说：你们的钢厂并没有以用户为中心。

为什么这么说？

后来开会的时候，本田的经理就解释：因为产品切头切尾，是将缺陷部位切掉，留给用户质量好的产品。而钢厂“少剪一刀”，自己的成本是降了，但把缺陷留给了用户。用户也并不傻，一旦发现就会找钢厂处理质量异议，甚至退货，最终损失的还是钢厂。你们算一算，这是降成本吗？所以说钢厂没有以用户为中心。

本田来参观中国工厂，其实也同时在看企业怎样要求自己的员工。

他说：我有过比较，同样是钢厂，日本的新日铁钢厂车间里面也贴标语，但贴的标语是鼓励员工鼓足干劲、好好干活；而中国某些钢厂贴的标语是降成本。

点滴思维

这个案例说明，在某些情况下，降成本不能对着用户降，用户并不傻，会将成本反弹回来。

1.5.2 与用户形成高转换成本

在销售环节的策略中，有一个策略是要想方设法贴近用户，促成与用户在一起捆绑，形成黏性，彼此难以分开，这样就可以创造高的转换条件或者叫高转换成本。

例如，有的夫妻说离婚就离婚，但如果是已经生了孩子的夫妻，就有了高成本的转换条件。从这一点上看，管理者要想办法和用户联结成高转换成本这样的联系，把生米煮成熟饭。当用户发现其生产离不开你的时候，说明你已经与用户形成高转换成本。

【例 1-22】 与用户形成高转换成本

销售商有时需要主动追着去贴近用户，主动和用户建立联系。宝钢作为汽车厂的钢材原料供应商，就与用户形成了高转换成本。一般企业可能没有这样的实力和魄力。

宝钢在全国各大汽车用户周边方圆 3 公里范围内，自己投建一家汽车板的剪切、加工、配送中心，然后根据用户生产汽车的需要，提供前端工序的剪切、加工支援。

原来的剪切、加工和配送工序，需要汽车厂自己投建，属于汽车厂的前端工序。

宝钢这样一做，就解决了用户的前端工序，实现与用户的捆绑，给汽车厂节省了大量的成本。而且汽车厂最需要什么样的产品，宝钢也是最了解的。

简单说就是："大哥，你干这件事麻烦。你一门心思干大事，像剪切、配送工作是小事，小弟专业，成本由小弟担，钱由小弟来出，不用大哥费心。"

汽车厂作为大哥，作为用户当然会很开心，心里想："如果我自己花钱投建一个剪切、加工、配送中心，耗费时间和精力多不合算。小弟可以的，虽然东西贵点，但想想还是合算，就买你的了！"

点滴思维

这个案例说明，通过解决用户前端工序的麻烦，与用户形成捆绑，从而形成高转换成本。你中有我，我中有你，谁都离不开谁，从而更好地确保订单份额。

1.5.3　帮助用户降成本

营销环节有一个新的概念：EVI。如果管理者想要更好实现和用户捆绑在一起，需要学会 EVI。

EVI 就是供应商早期介入（Early Vender Involvement，简称 EVI），EVI 实际上是美国业务外包的雏形。EVI 其实是技术营销的一种，目的就是依靠销售商自己的技术人员、销售人员去确保用户成本下降，质量上升。

这样的成本意识就相对比较超前，出发点是我能为用户做什么，核心其实是以用户产品为主线，不是以自身产品为主线。

但同时这个要求比较高，手伸得比较长。因为销售商需要去了解用户的产品，也就是了解用户从设计到量产的全过程工艺，哪些与销售商的材料有关系，以挖掘深入合作的机会，这依靠的是对用户的理解和把握。

EVI 还要求销售商知道用户都把活儿外包给谁做了，关键部门的核心人员，还有责任人是谁。这些都有必要了解清楚。这样“手就伸得更长了”，这是技术营销的任务之一。

前面讲过营销人员的三级现场，其中，高级现场就在用户研发中心，中级现场在用户车间，初级现场在用户采购部。如果营销人员能够总是跑到用户的高级现场也就是用户的研发中心，说明技术营销做到位了。

EVI 的实质是给用户雪中送炭，培养感情后让用户记住你，从而获得用户承诺的订单份额；EVI 的本质就是双赢，增本增效。管理者需要有帮助用户降成本的成本意识。

1.5.4　付出精力先培养感情

舍得成本的意思是舍得付出成本代价才有机会得到收益。企业先付出成本，把潜在客户领进门，面对面创造一个培养感情的机会，至于销售产品和服务应该是培养感情之后的事情，只有这样才能提高成功率。这样的例子比比皆是。

【例 1-23】 奇虎 360 公司案例

奇虎 360 科技有限公司（以下简称奇虎 360 公司）对用户的营销策略中，经常采用免费策略，公司秉承的营销理念是免费为王，终有回报。

免费策略的本质是有舍才有得的智慧成本态度。

奇虎 360 公司免费提供用户使用浏览器软件、杀毒软件、游戏软件、压缩软件以及各种手机 App 软件等。

“免费为王”的营销策略，实际上是一种吸粉的方法。

企业通过免费策略先汇集巨量的铁杆粉丝和受众客户群，聚集人气，圈定目标客户群体后，通过其他方式赚钱，比如网络广告等互联网营销模式赚钱。

奇虎 360 公司历年的年报显示，其收入构成中 60% 以上的收入来源于网络广告等收入，免费的结果反而使其最终赚到了钱。

点滴思维

在早期巨头格局尚未形成时，企业以免费形式抢占市场份额，是一种有效策略，这时的管理者需要形成有舍有得的成本思维。

成功的营销大都需要合适的营销场合，并且只有深入了解后，才有机会成功销售，这些都需要耗费时间和精力等成本。

【例 1-24】 健身俱乐部案例

大家应该注意到，如果健身俱乐部直接在大街上兜售成千上万元的健身会员卡，一定是最笨的办法，效果很差，一般是没有人买的。

所以你会发现现在基本上换成发放给每个人免费体验一天的健身券，先把客户招呼入店，通过一对一的体验与服务，就有了一个以情感人的空间和机会，这就是所谓润物细无声式的情感营销。

体验者在获得满意体验，并且看到健身教练不遗余力全身心辅导的情景，就会感到如果白白体验，将心存一丝丝愧疚，此时对其推销健身会员卡，就会有很大成功概率。

这就叫作“免费为王”的策略，在合适的场合实现有效营销，其本质是有舍才有得的智慧成本思维。

点滴思维

先领进门深入了解，建立感情后才有机会成功销售。

当用户对你心存感激的时候，实施营销就容易成功，能做到这一点实属高明的销售，继续列举案例：

【例1-25】 以情感人的销售

以情感人的销售情形，最典型的案例就是导游。

例如，导游前两天很卖力地接导，也没有额外向“驴友们”提收费要求。一车的人都觉得这个导游很不错，不仅专业，而且风趣，都被其卖力和真诚所感动，有的驴友甚至都有点不好意思了。

最后一天，当旅游行程快要结束的时候，导游很诚恳地说：“我呢，大家也看到了，这两天陪同大家也比较辛苦，但是确实没啥收入，我也要过日子，对吧？这里顺便带个货，大家都是有爱心的人，希望大家捧捧场。”

这个时候，有的游客就会觉得如果不买，内心是过意不去的。

再举一个例子，一位孕妇在住院期间，她的姐姐前来照顾。这位姐姐也非常热心地顺手照顾了邻床的孕妇，大家都认为这人太好了，邻床孕妇的家人们也非常感激。这位姐姐刚好是保险公司推销员，在邻床孕妇快出院时，借机推销婴儿成长型保险产品。因最初留下的极好印象，邻床孕妇的家人们购买了她的多份保险理财产品。

点滴思维

付出情感精力容易销售成功，换取收益。

——这些，其实都是智慧的“有舍才有得”成本思维。

1.5.5 成本计较的是利润有没有增加

舍得成本还体现在管理者敢于投入的意识。

周桦在《褚时健传》一书中有一段关于成本态度的描述：

褚时健一直强调成本意识。在新平糖厂期间，他曾经成功降低工厂的榨糖成本，使糖厂的盈利能力一步步提升。即便是少年时在家酿酒，他也曾经想尽办法让同样数量的苞谷酿出更多的好酒。

成本控制，最终指向的是利润。褚时健显然不是为了节约成本而节约成本，他的宗旨始终只有一个：为企业赢得利润。无论是购买顶级设备还是第一车间对烟田和烟农的投入，褚时健的做法都是奔着最终的利润而去。一个必然的对等关系是，高投入才有可能得到高回报。如褚时健自己所说，他心里是有数的。不是所有的商业行为都能够做到高投入，褚时健面临的卷烟生产，是一个靠规模生产和生产总量产生高额利润的行业，要实现丰厚的利润回报，就必须加大成本投入。

在对烟农进行大量补助期间，烟厂的不少中层管理干部很不理解，觉得补助过高，成本增加太多。褚时健给他们算了一笔账：国家收购烟叶一般是 9 元 / 公斤的平均价，但玉溪卷烟厂加上补助的收购价基本到了 16 元 / 公斤，特殊的高质量烟叶还能卖到 20 元 / 公斤。不过，到年终，玉溪卷烟厂的烟平均能卖到 220 元 / 公斤，而别的生产厂家平均也就 40 元 / 公斤。“我付出一分成本，利润增加两分三分，哪个划得来？我计较的是利润有没有增加。”

针对这段文字，我的读后感是：成本计较的是利润有没有增加的观点，其实就是一个投入产出比的经济性衡量。而我认为这种衡量在低附加值产品上的评价难度更大。

而有的时候，过多计较成本或许可能丧失机会。澳大利亚女作家奥兰朵在其《对财富说是》一书中说：“我就是去做，不担心结果；如果不成功，我就接受结果。”

富有勇气和开拓意识的管理者会选择先干了再算，而不是先算了再干。想得太多而迟疑不决者，成本内耗可能是最小的，但机会成本或许是最大的。

与“无知者无畏”不同的是，迟疑不决而丧失机会的管理者或许像杨绛先生说的：“你的问题在于，书读得太少，而想得太多。”

成本计较的是利润有没有增加，还体现在对成本和利润的精算上面，直接举例如下☛：

【例 1–26】 液晶屏的切割降成本

液晶显示器屏幕的玻璃基板要经过切割，才能成为显示产品所需要的尺寸。

如果玻璃大基板切割的产品尺寸越小（≤106.67厘米），边角余料就会剩余越多，浪费就越大，因此对基板的切割尺寸有经济切割的惯例，一般切割尺寸越大（＞106.67厘米）越经济。

随着电动汽车市场占有率的逐步增加使其对中控屏幕的需求量越来越大，加之疫情后居家办公对显示器的需求量也越来越大，市场对诸如32寸以下尺寸的显示器需求大幅度提升，导致32寸以下尺寸显示器价格、利润都在增加；而且利润的增加完全可以弥补切割不经济带来的成本增加，因此多生产切割不经济的液晶屏幕反而更有利。

当然并不是只简单比较液晶屏幕，而是要综合精算。例如，还要考虑显示控制芯片价格的变化影响。

点滴思维

生产加工的不经济也要让位于市场需求引发利润的经济性，这也是投入产出比的经济性体现。

1.6 产品生命周期的成本策略

逻辑思维[①]中有句话："这几年我们身边有一个现象，越是高速发展的好公司，管理就越糟糕。为什么？因为变化太快了。动不动就扩业务、进新人、改规矩、动结构。想管理改善都没机会，变化太快了，这些管理反而会降低企业的效率。这些公司可以说是在丢盔卸甲中飞快增长走向胜利的。在快速变化的时代，很多因果关系都是这样被颠倒过来的"。

对这句话我略有同感。我理解这句话的言外之意就是：当企业变化太快的时候，去控制成本有时反而会降低企业的效率，变得束手束脚。

1.6.1 发展阶段不同，成本策略不同

针对企业不同的发展阶段，成本策略是有所不同的。针对产品来说也是一样

① 逻辑思维，知名知识商人的网络知识付费变现引流内容。

的道理，在产品生命周期[①]的不同阶段，成本也要区别对待。发展阶段不同，成本策略不同。《营销学》告诉我们：无论是价格，还是成本，第一个考虑的是产品生命周期的组合。

产品生命周期理论是企业管理中非常关键的一个理论。产品投放市场后，需要按照这个理论进行思考。

【例 1-27】 产品的生命周期

无论是汽车、手机，还是日化等产品，都符合产品生命周期理论。这些行业似乎只有不断地推出新品，才能够增加相同市场占有份额下的市场收益。因此，这些企业都会设计一个产品淘汰机制，也就是不断淘汰旧产品，然后再用技术和广告刺激消费者，进而卖出新产品，如图 1-7 所示，以手机为例，其产品生命周期就是这样一个典型曲线。

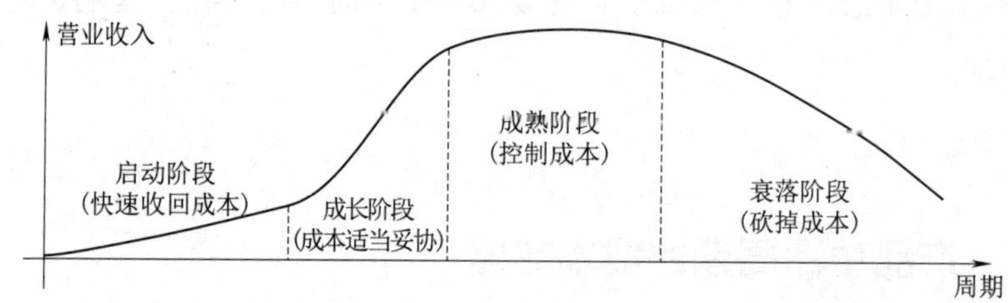

图 1-7　不同产品生命周期的成本控制

手机刚投放市场的启动阶段，曲线开始，此时因为促销成本多，销售费用就允许高一些。

价格策略方面，此时每部手机定价 6 000 元，尽量在投放市场的阶段，就能把相关研发费用、销售费用等全部弥补完。这个很好理解，高成本就用高价格快速弥补。

经济学里有个专用名词，叫作快速撇脂[②]，是指快速收回成本的意思。因此在涉及大量成本投入等待市场弥补的产品启动阶段，促销的成本多一些是应该的，这

---

① 产品生命周期理论最先是由弗农（Raymond Vernon）于 1966 年提出。

② 快速撇脂：经济学概念，即：将产品以最高的价格卖给市场中最有钱的客户以弥补成本，等这一部分客户买的差不多了，再减价卖给中档客户，最后以低价甩卖占领市场处理旧型号产品。

时候倾力控制成本没有意义，有时反而会适得其反。

在图 1-7 中，启动阶段经过一段时间后，曲线就到了下一个阶段：成长阶段。这时再投放第二个新产品，并同时降低第一个产品的价格，例如每部手机减价到 3 000 元。

曲线再往后是成熟阶段，这个阶段竞争对手开始多了，同质化竞争变得激烈。如果依然维持高价格，则高促销的效果会减弱。在尚有边际贡献的前提下，根据“利润 = 边际贡献 – 固定成本”的定价策略可以考虑允许边际贡献弥补固定成本，即只要利润＞0 即可，但不一定弥补变动成本。例如，每部手机可以考虑继续降价卖，定价 2 000 元。这时，即使利润缩水，依旧可以维持销售。

曲线的末尾是衰退阶段（尾货阶段），可以考虑继续降价卖，不再生产，消化存货，减少库存成本，例如每部手机卖 500 元。

根据公式“边际贡献 = 价格 – 变动成本”，当产品不再生产以后，尾货阶段的定价即使弥补不了固定成本，即“边际贡献＜固定成本”时的价格也是可以接受的，因为这个阶段的控制重点就是减少库存成本。

产品生命周期的不同阶段“适合”不同的消费群体：最开始买手机的用户可以尝鲜使用功能领先的产品，但是代价比较大，这个阶段的目标客户群体，是那些喜欢紧跟潮流、对价格不敏感的客户，容易接受启动阶段每部手机 6 000 元的价格；有的人喜欢过一段时间花 3 000 元钱买，既不落后，也不领先，这时性价比就高；在 2 000 元甚至 500 元的时候买，是尾货，此时价格低，也有对应的消费群体，例如对价格非常敏感的人群。

点滴思维

不同的产品生命周期可以对应不同的成本策略。

1.6.2　尾货盲盒

尾货促销方式中，有一种叫作“尾货盲盒”的销售模式。

【例 1-28】 年底尾货盲盒促销模式

以服装行业为例，服装行业解决库存积压的方式除了采用线下平台（奥特莱斯等)、线上平台(唯品会、爱库存、贝仓等),还有采用尾货盲盒的促销方式。

在某知名二手电商平台上搜索“衣服盲盒”一词,就可找到大量销售鞋服“盲盒”的商家。“盲盒”均价在60元以下,可随机购买多件大品牌服装。

虽然价格实惠,但盲盒内的鞋服、箱包,大多数是品牌实体店里的库存、换季尾货,有的甚至是“双十一”“双十二”活动之后,一些买家退货、换货,不适宜再次销售的正品商品。

点滴思维

盲盒促销方式消化尾货,比较被动。减少库存最好的方法还是按用户需求识别精准生产。

在大数据和算法日渐成熟的今天,产销协同C2M模式[①]被视为很多产业去库存的有效方式。因为只有基于对前端用户消费数据的洞察,反向驱动供应链,围绕用户需求实现精准、高效的供给,才能从根本上解决库存之困。

---

① C2M是英文Customer-to-Manufacturer(用户直连制造)的缩写,是一种新型的工业互联网电子商务的商业模式,又被称为“短路经济”。

第 2 章

生产环节的成本思维

本章导图

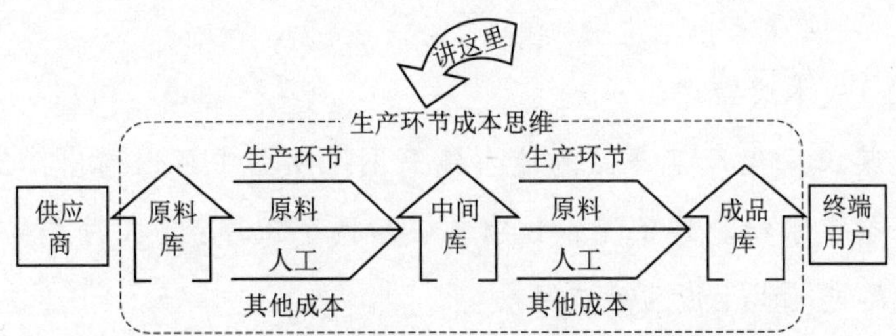

生产环节的成本发生过程有其复杂性，不易解释。本章另辟蹊径，采用日常生活中可见的动态画面、身边事物、案例作为生产环节成本解密的密码。

▶▶ 2.1 存货的折腾

生产环节产生生产成本。这个生产成本到底是什么？我理解生产成本的实质，就是存货成本的折腾过程。

存货的折腾过程有两个形象直观的思维，可以作为成本解密的密码，让管理者秒懂：一是像滚雪球一样的存货折腾，有生产线的企业大致可以这样理解，例如食品、化工、钢铁等产品生产企业；二是像搭积木一样的存货折腾，工程项目类的企业大致可以这样理解，例如造船业、建筑业等需要拼装的企业。

2.1.1 滚雪球的成本思维

我们知道原材料、半成品、产成品都是存货。生产成本就是这些存货成本折腾的过程。怎么理解这句话？看看企业生产环节整个工序链的生产过程。

【例 2–1】 成本滚雪球

图 2–1 是某工厂生产某产品的流水线简图。从图中可以看出，工厂为了生产产品，需要一条流水线。这条流水线有前、后两个工序：前工序先要生产半成品；后工序把半成品进一步生产为产成品。

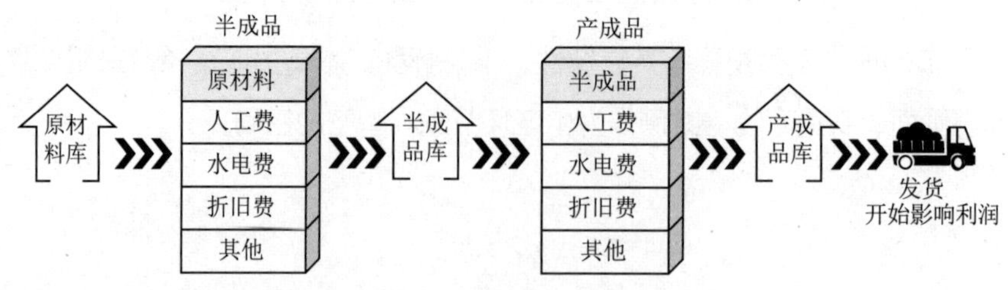

图 2–1 成本的雪球越滚越大

这个流水线前后工序间，存货如何折腾呢？

将生产产品的原材料采购回来先入库。图 2–1 中仓库的图标，就表示存货。这时，采购原材料所花费的成本，就藏在仓库里，藏在存货里，留下了痕迹。接下来，流水线开始生产，假设先生产半成品。生产半成品的这道前工序，先要从仓库领用原材料，如图 2–2 中虚线内箭头所指。

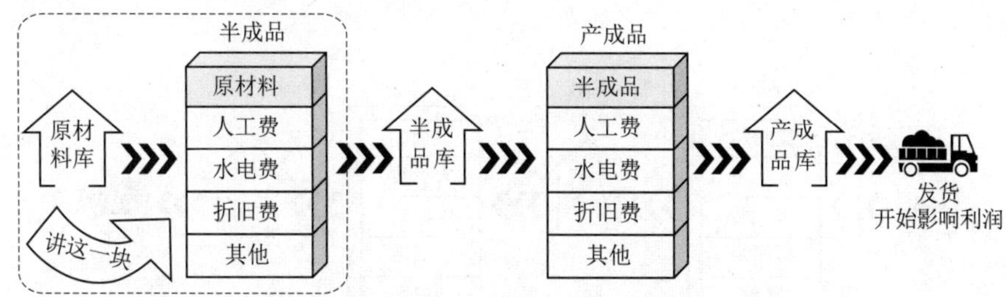

图 2–2　生产半成品开始领用各部门的一串成本

此时，生产成本的雪球开始滚动，越滚越大是由于：生产半成品并非只产生原材料的成本，另外还产生了人工费、水电费、折旧费等一串成本，这样才能把半成品生产出来。因此，为了生产半成品，附着在半成品上所发生的成本雪球越滚越大。

生产出来半成品以后，散落在各个部门的成本如下：采购部门的原材料；人力资源部门的人工费；动力部门的水电费；设备部门的折旧费等，都一一对应地被集中在半成品上。这时，就会有一个分久必合的动作：入库。简单地说就是各部门的成本分久必合附加于半成品入库，如图 2–3 所示。

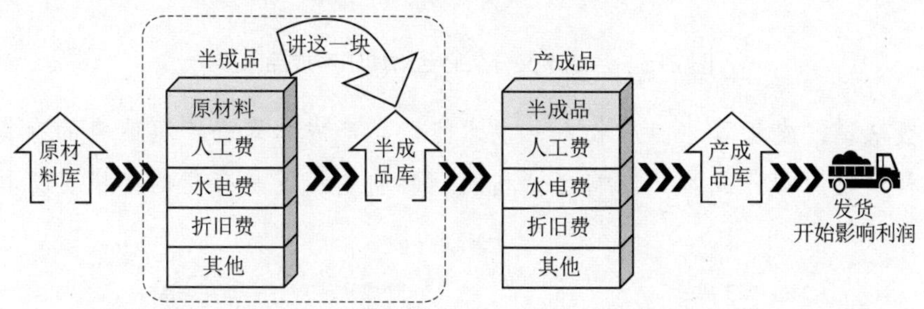

图 2–3　各部门成本附加于半成品入库

为什么要入库呢？很简单，要用于计算库存成本。

同样的道理，生产产成品的时候，先要从仓库领料，即：领用半成品。我们叫作合久必分，意思就是从仓库分出来，如图 2–4 所示，从库存领用半成品就有点合久必分的意味，然后继续用于生产。

半成品作为产成品的原材料，领用的过程就好像这个半成品被产成品给吸收了一样。

接下来，生产产成品的过程，除了半成品这个原料以外，还包括各部门产生的一串费用：人工费、水电费、折旧费等，这样才能把产成品给生产出来。

这时，成本的雪球越滚越大了。

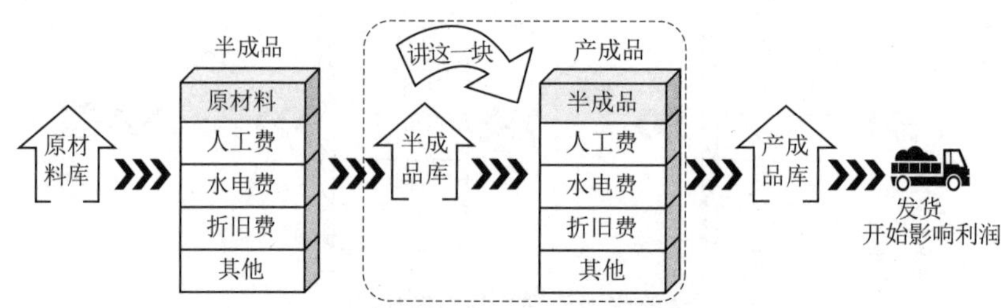

图 2-4 从库存领用就像合久必分继续生产

最后，散落在各个部门或环节的成本就形成最终产品的总成本，又分久必合地附加于产成品入库变成了存货，如图 2–5 所示。这里的存货，就开始等待发货给用户了。

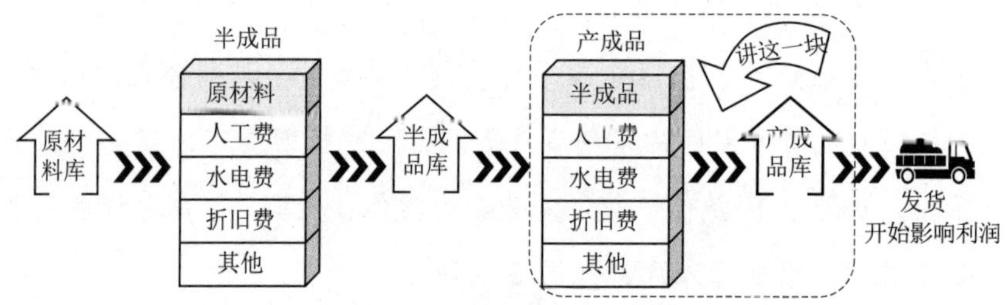

图 2-5 各成本又分久必合附加于产成品入库

一般来说，发货了才能有收入，也才能把生产成本即资产负债表的存货资产，转化为利润表的营业成本，影响会计利润。影响利润就是存货的终极目标和归宿，如图 2–6 所示。

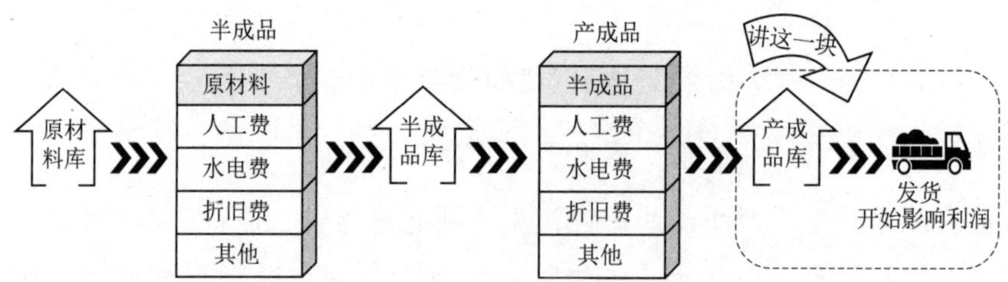

图 2-6 存货质量体现在变成利润的质量

财务管理中有一个财务指标叫作存货周转率（次数），讲的就是存货变为营业成本的速度。因为这个速度直接影响转化为利润的质量，因此属于财务质量状况分析。

点滴思维

管理者要把抽象的存货成本变为动态直观的认识。

以上用图示的方法给您演示存货成本是如何像雪球一样越滚越大的过程，而雪球滚动的速度又决定存货周转率的大小，继续列举案例：

【例 2-2】 存货周转率

我曾经去一家子公司看到他们的财务数据，一个收入的数字就把我看迷糊了。这家子公司前 5 个月把全年的生产任务都完成了，一季度的全年收入完成率就达 75%，后面不知道该怎么处理了。

后来发现，不是生产出现了问题，而是市场变化太快致使目标出现了偏差，即：由于用户的终端产品市场销售火爆，对这家子公司的原料需求大增，导致其加班加点赶工生产，产品一生产出来马上就被拉走。用户甚至整夜排队等候产品，存货周转速度很快。

受此影响，存货周转率指标和预算比，大幅增加。

于是这家子公司根据市场变化，赶紧做中期调整。经过重新测算，预计全年的收入将较原收入预算翻番。

点滴思维

存货周转率大意味着产品转化利润的速度快，财务质量状况就好。

以上就是存货折腾的过程，也是目标成本的关键控制环节，就是向着影响利润目标前进的过程。在这个成本雪球越滚越大的过程中，你会发现不只要保证上下工序存货的滚动衔接及时，还要控制诸如人工费、水电费、折旧费等工序的成本项目。

具体来说，存货滚动的衔接就是存货的收、发、存管理，涉及精益成本控制问题，即确保库存不要积压但也不能断供。此外还要控制的，就是一个一个成本项目。例如：

人工费——涉及如何提升组织效率、人员精简的问题；

水电费——涉及如何节能降耗、安全保供的问题；

折旧费——涉及如何充分利用设备机能、防止设备闲置。这里还会引申出设备维护重于设备维修的成本思维。

而且不仅要控制这些成本，还要控制前工序半成品，后工序产成品环节的成本。

这部分内容，对应供应链成本管控的内容，我们叫作 JIT 适时管理的精益化库存成本控制管理，即“存货在该出现的时候出现，不该出现的时候不另花钱”，从而降低成本。

如图 2–7 所示，这张存货折腾（滚雪球）的全景地图，就把很多零散的成本思维串连起来。例如，存货的成本思维、标准成本和作业成本思维、供应链成本的思维、精益成本的思维、成本项目及费用控制的成本思维、战略成本思维、全面预算思维等，都可以统一到这张图中展现。生产环节的存货折腾全景地图可以打通认知界限，串起成本思维。

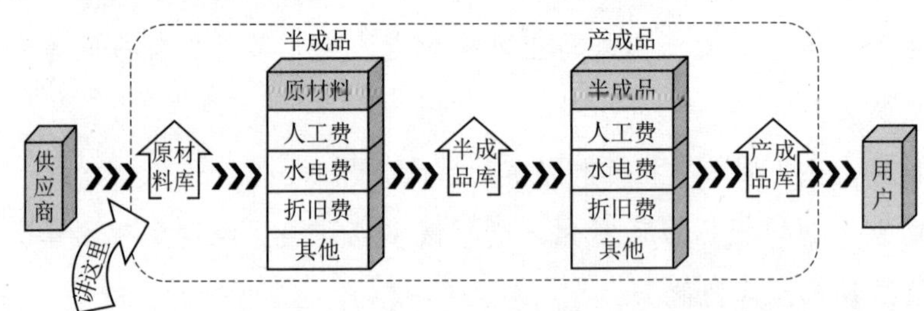

图 2–7　生产环节的全景地图打通认知界限，串起成本思维

可见这样一个存货的折腾过程，就是这些成本思维的应用场景和作用对象。

为什么存货成本牵连如此广？因为存货成本，就是生产成本的结果。

存货的折腾就是一个滚雪球的动态过程，不管什么东西一滚动就容易说不清楚，于是出现很多管理手段。在这个生产环节中，管理者经常用到生产制造类企业出现频率较高的管理手段名词。如：

✓ 供应链成本管理；

✓ 目标成本管理；

✓ 标准成本管理；

✓ 作业成本管理；

✓ 阿米巴经营（缩小核算单元）；

✓ 精益成本管理；

✓ 战略成本管理等。

这些名词经常出现在全景地图生产环节过程中，如图 2-8 所示。

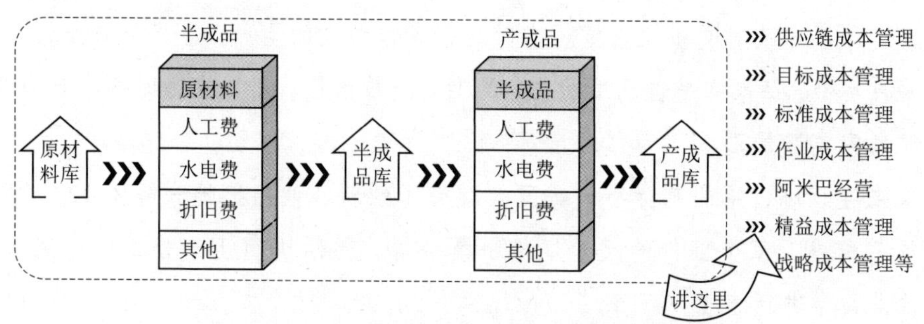

图 2-8　成本滚雪球串起成本思维和管理手段名词

2.1.2　搭积木的成本思维

除了像滚雪球一样的存货折腾，还有一种就是像搭积木一样的存货折腾。

同样是折腾，只是换了一种存货成本的折腾方法。

同样是成本越来越大：一种是成本越滚越大，另一种是成本越搭越大。下文我们也会讲到“滚搭组合”。这种像搭积木一样的存货成本折腾，有两种情况：一种情况是有标准的成本。叫作标准成本；另一种情况是没有标准的成本。叫作非标成本。其中有标准的成本，最典型的就是汽车制造厂。

汽车制造厂属于常年周而复始、按部就班地生产相似的零件，最终进行组装，这样时间久了就容易形成标准，因此适用标准成本法。

标准成本的思维是：过去决定未来，也就是能够实现对未来的预测。原因很简单：变量少，确定性大，所以可以预测未来。例如，用产品的标准成本，可以模拟出未来哪个产品最赚钱，根据事先模拟安排先生产哪种产品，支持营销决策。

【例 2-3】 标准成本案例

标准成本在我国其实历史悠久，从秦朝就开始用标准成本了。秦的兵器就是标准化制作的成果。

美国和英国一共打过两仗：一是独立战争，二是 1812 年到 1814 年的第二次英美战争。

因为在第二次英美战争的时候，由于美国很难从欧洲买到枪，因此就鼓励社会力量去造枪。而政府的订单量又很大，招标的要求很高，要求一个工厂或者一个家庭一年要向政府交多少支枪。当时是家庭作坊式的生产，生产方式是订单放到一家一户去做，每家都是自己造所有的零件，产量很低。所以在当时的生产条件下，人们很难完成订单。

后来在政府订单的刺激下，美国人就有了创新。他们把枪分解成12个部件并设置统一标准，每个部件的尺寸规格一模一样，然后进行生产分工，一家只做一个部件，最后进行组装。

这就叫模块化、标准化生产，即使是一个新手造出来的产品也不错。这样一来，成本也简单了，因为每家只做一个部件，成本就更容易算清楚，这就是模式创新带来的成本改善，也是后来大规模标准化流水线生产的前身，例如后来的福特汽车流水线，就是典型标准化生产。标准成本制度，这时才开始流行。

所以，不难看出标准成本有个前提，就是产品比较稳定，这样历史数据才有参考价值。而变化大则不容易形成标准，历史数据就没有参考价值。

点滴思维

标准成本需要长期历史数据的支撑。

标准成本其实就是“应该成本”，企业产生的实际成本跟标准成本比，如果出现偏差，很大可能就是产生成本的过程出了问题。所以标准成本就是一种可以指导生产的成本。

另外一类企业是没有标准成本的企业，最典型的就是建筑业和造船业。这一类承接工程项目的企业，一般需要靠招投标等方式接单，成本的特点是根据用户的个性化设计需求去定制项目或产品的。这类工程项目或产品的成本发生具有独立性，一般是一事一议的，没有之前的历史成本、经验数据作为标准参照。

正是由于没有成本标准，所以变量较多，不确定性较大，预测未来有难度，故这类企业大多数都不会用标准成本法进行管理。

【例2-4】 造船企业案例

以造船行业为例，如图2-9所示，造船用组件的拼装就是存货在“搭积木”

的过程。

每个组件在不同的核算单元，将各自发生的原材料、人工费、水电费、折旧费等成本，全部附加在这个组件上面，形成组件成本。组件成本再被运往下一个组装车间，又发生一串原材料、人工费、水电费、折旧费等成本，形成新组件成本。以此类推，直到最后总装成为最终产品，如一艘货轮等。

总成本就是这个组装过程中各个组件成本，加上最终环节发生的一串成本。

大致来说造船企业生产一艘船，分为三个主要工序：放样成型、分批组装、整体组合成船工序。

造船的成本与钢铁产品的成本有相类似的地方，钢铁企业存在成本的层层分步结转，造船企业也存在成本的层层分批结转。

放样成型工序发生的一串成本，会结转成为后工序：分批组装工序的原料，另外还会产生一串成本，才能完成分批组装。

分批组装工序所有的成本，会结转成为后工序：整体组合成船工序的原料，另外还会产生一串成本，才能完成整体组合成船工序，如图 2–9 所示。

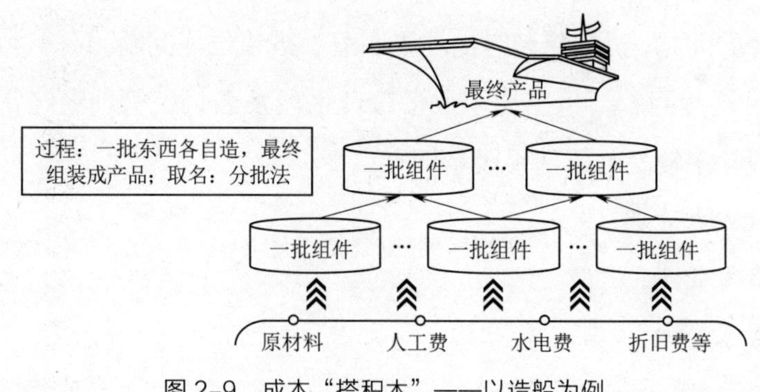

图 2-9　成本“搭积木”——以造船为例

同样，要分析造船成本升降的差异原因，就需要进行成本还原，这样才能解释导致成本波动的真正原因。

由于各组件一般为个性化、定制化设计，缺少标准成本的支撑，因此适合采用一事一议的目标成本法。而这个目标成本，就可以和第 1 章的“1.1 被逼出来的成本”串联起来，如图 2–10 所示。

即：先根据定制和设计要求谈好的价格，敲定自己期望的利润目标，才能倒推出目标成本（例如设计部门制订计划方案，企划部门制订目标预算）；目标成本再结合成本实绩，才有图中进行过程的分析和控制的机会。

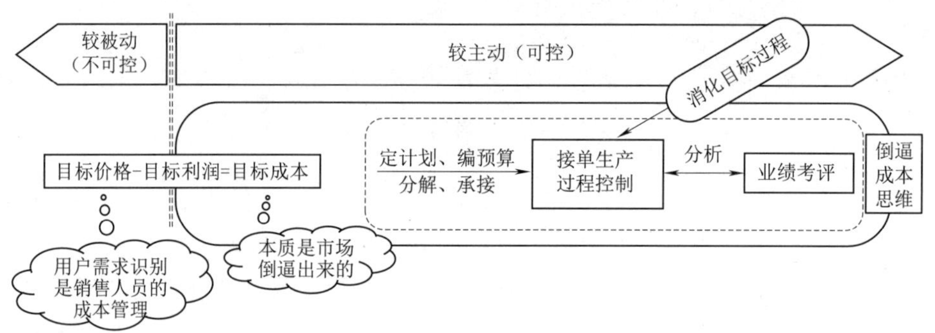

图 2-10　搭积木的成本堆砌是为用户设计或定制出来的

点滴思维

搭积木的成本堆砌，是被倒逼出来的成本堆砌，是为用户设计或定制的成本堆砌。

这个案例告诉我们，存货的折腾形式换成了搭积木的动态过程。不同于滚雪球，搭积木的存货成本目标和责任归属容易说清楚。

但搭积木也会出现很多问题，例如：缺一个组件也会影响整体工程进度，没有解决同步生产的问题；拼搭组装时出现不匹配、搭错位等问题。

为了解决这些问题，也出现了很多管理手段及名词，管理者经常听到生产制造类企业出现频率较高的管理手段名词有：

✓ 供应链成本管理；

✓ 目标成本管理；

✓ 作业成本管理；

✓ 阿米巴经营（缩小核算单元）；

✓ 精益成本管理；

✓ 战略成本管理等。

图 2-11 中，这些名词经常出现在全景地图的生产环节存货搭积木的过程中。

2.1.3　存货成本的“滚搭组合”

为了更清晰地展现存货折腾的成本思维，我们将列举企业实例用以揭开为什么生产成本的实质就是存货成本的神秘面纱。

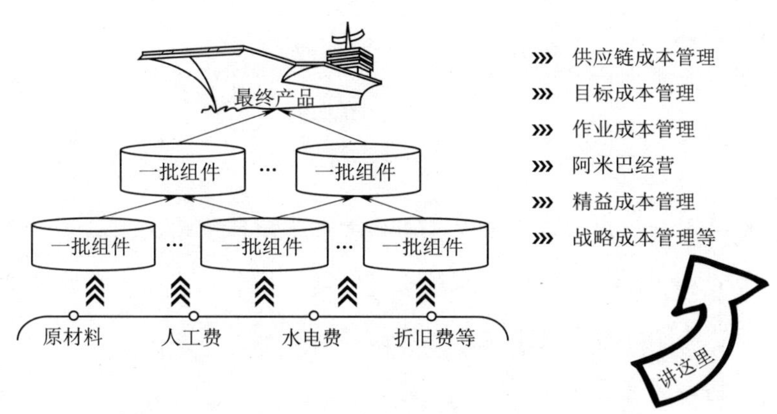

图2-11　成本搭积木串起成本思维和管理手段名词

【例2-5】 某500强钢铁企业案例

我原来在世界500强钢铁企业旗下的铁钢制造本部工作，岗位职责是计算各种钢铁产品的成本。

业务触发成本。作为财务人员，想真正理解成本核算，有必要了解产品相关的业务知识。我从业第一天问自己的问题是：钢铁是怎样炼成的？图2-12是我思考笔记的一部分。

根据图2-12，可以一步步提问：

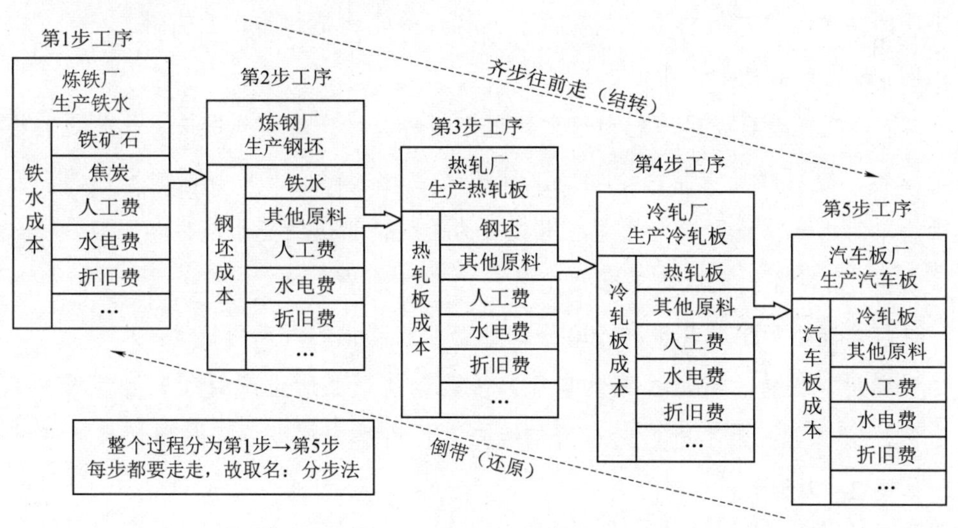

图2-12　钢铁是怎样炼成的（简图）

炼铁厂就是把氧化态的铁（如铁矿石）变成纯铁，所以炼铁反应是还原反应。问：还原剂是什么？

答：焦炭。

心得：所以先要生产焦炭。

问：焦炭从哪里来？

答：煤。

问：需要多少吨矿石，多少吨煤，才能变成1吨铁水？

答：需要大约1.6吨（60%左右铁含量）的矿石，加上0.4吨的煤，才能变成1吨铁水，即2吨原材料变成1吨铁水产品。

问：铁跟钢之间有什么不同？

答：碳含量不同。所以炼钢是什么反应？——就是把多余的碳给去掉。怎么去掉？——用氧，让碳氧化，因此炼钢是氧化反应。同时炼钢时要添加合金以决定产品的成分，获得不同的性能（变形能力、耐腐蚀、易焊接等）。

心得：所以炼钢需要添加一些合金。至此，主体产品存货质量不会有太大变化，开始后续的成材（类似擀面）历程。

问：钢炼好了，钢坯为什么要热轧？

答：因为只有加热到900℃以上，才能使铁的变形抗力大幅度降低。要把20 ~ 35厘米厚度的钢坯变成3 ~ 5毫米厚度，这么大幅度的变形量在冷轧厂是无法实现的，必须把它加热后才能完成。热轧厂热轧就是加热之后轧制。

问：最终产品是如何生产出来的？

答：热轧板还要经过冷轧和退火处理才能将最终产品生产出来。热轧之后接下去是冷轧，冷轧就是在常温下轧制。轧完之后的材料是不具备可加工性的，只能进行简单的折弯，还要退火处理。退火目的是获得相应的变形能力和强度。

心得：所以冷轧之后还要退火处理。

这样才能生产出冷轧板和500强钢铁企业最赚钱的汽车用钢板。

以通用、福特、特斯拉等汽车厂家采购钢铁企业所生产的汽车用钢板这个产品为例，钢铁企业为了生产汽车用钢板产品，所需工序及需要核算的成本项目简图，如图2-12所示。

第1步工序：炼铁厂需要铁矿石生产铁水，之后供应炼钢厂自用；

第2步工序：炼钢厂需要炼铁厂的铁水生产钢坯，之后供应给热轧厂自用；

第3步工序：热轧厂需要炼钢厂的钢坯生产热轧板，之后供应给冷轧厂用；

第4步工序：冷轧厂需要热轧厂的热轧板生产冷轧板，之后供应给汽车板厂用；

第 5 步工序：汽车板厂需要冷轧厂的冷轧板，最终轧制成汽车用钢板。

以上是工艺，接下来看存货成本的折腾过程。

采购部门采购的铁矿石，领用后会作为炼铁厂的原料，也就是生产铁水需要的铁矿石原料。除此之外，还会产生另外的一串成本，如人工费、水电费、折旧费等，才能生产出铁水。

炼铁厂生产铁水的所有成本，会折腾到炼钢厂的原料里，也就是成为生产钢坯所需要的铁水原料。除了这个成本，还会产生另外的一串成本，才能生产出钢坯。

炼钢厂生产钢坯产品的所有成本，会折腾到热轧厂的原料里，也就是成为生产热轧板所需要的钢坯原料。除了这个成本，还会产生另外的一串成本，才能生产出热轧板。

热轧厂生产热轧板产品的所有成本，会折腾到冷轧厂的原料里，作为生产冷轧板的原料。除了这个成本，还会产生另外的一串成本，才能生产出冷轧板。

冷轧厂生产冷轧板产品的所有成本，会折腾到汽车板厂的原料里，作为生产汽车用钢板的原料。除了这个成本，还会产生另外的一串成本，最终生产出汽车用钢板。

经过各个工序的一系列折腾后，就把铁矿石的成本，层层传递到最终产品：汽车用钢板的生产成本上。

那么问题来了，如果股东问：生产 1 吨汽车用钢板的单位成本里，铁矿石成本的占比大概是多少？也就是说：假设 1 吨汽车用钢板的单位成本是 5 000 元 / 吨，那么源头工序里，铁水里的铁矿石的成本占了多少钱？

这时候就需要成本的还原与再还原，还原好比"倒带"。我以前经常做还原成本报表，用于定价成本分析，就是这个道理。先算清楚公司那么多的各类钢铁产品里，通过折腾，最终 1 吨汽车用钢板产品的生产成本（单位成本）是多少。查到以后，再看这 1 吨汽车用钢板的单位成本里，领用冷轧板的单位成本是多少。接下来，查 1 吨冷轧板的单位成本里，领用热轧板的单位成本是多少；再查 1 吨热轧板的单位成本里，领用钢坯的单位成本是多少；再查 1 吨钢坯的单位成本里，领用铁水的单位成本是多少；最终，查到炼铁厂 1 吨铁水里，用了多少吨铁矿石，乘以铁矿石的单价，于是就算出铁矿石的单位成本，也就知道铁矿石在铁水里的成本占比了。

追溯到 1 吨铁水的生产成本里，铁矿石的占比是多少后，再依此类推，进行层层工序的占比计算，并通过各工序损耗数据折算，最后就得到1吨汽车用钢板的单位成本里，铁矿石的成本占比。

这就是产品的成本“倒带”，而且是多层前后工序间的层层成本还原，像《盗梦空间》里的层层梦境一样，多次还原才能回到原来的样子。

电影《盗梦空间》中，莱昂纳多·迪卡普里奥饰演一个经验老到的窃贼。在人们精神最为脆弱的时候，他植入思想，潜入别人的层层梦境中，再从层层梦境还原到现实，去窃取潜意识中有价值的信息和秘密。这一罕见技能让他成为危险的商业间谍，也让他成为一名国际逃犯……

企业的定价成本分析要求做还原成本报表，就是这个道理：锁定路径，防止层层折腾后的成本迷失。还原问题说清楚以后，任何成本都能够说得清清楚楚。

点滴思维

生产成本的实质就是存货成本的折腾。成本在越滚越大的折腾过程中就容易说不清楚，容易迷失方向，因此才需要还原成本。

成本的滚动是一种折腾的姿势，还有一种成本折腾的姿势是既有成本滚动，又有成本拼搭的“滚搭组合”。继续列举案例：

【例2-6】“滚搭组合”案例

接上例。后来，我受聘到另一家世界500强企业旗下的造船公司做成本核算工作，发现新的成本核算工作与原来的工作有所关联和呼应，感受到上下游供应链成本结转的顺延性。如图2-13，上游的钢铁企业生产出造船用钢产品，卖给下游的造船企业作为造船原料。造船企业的成本核算又像继续接力一样，上游的产品是下游的原料，上游的价格就是下游的原料成本。

于是，开始了新一轮成本的层层拼搭，最终让这个钢铁企业的轮船用钢产品变成造船企业的产品。在图2-13，上下游之间，你会发现钢铁厂和造船厂之间，成本出现断层，所谓“内部计划性，外部市场性”，因为上游的成本对下游是保密的，成本的“倒带还原”只有在本企业内部才能完成。而上游源头企业的成本，对于下游终端企业来说，好比《盗梦空间》里迷失在梦境里的主人公一样，无法倒带还原了。这也是为什么有的上、下游企业要被整合、重组、兼并的原因之一，就是要消除成本的“信息孤岛壁垒”和“断层”，让成本变透明，让信息变对称；当然整合重组后很多新问题也会随之出现。

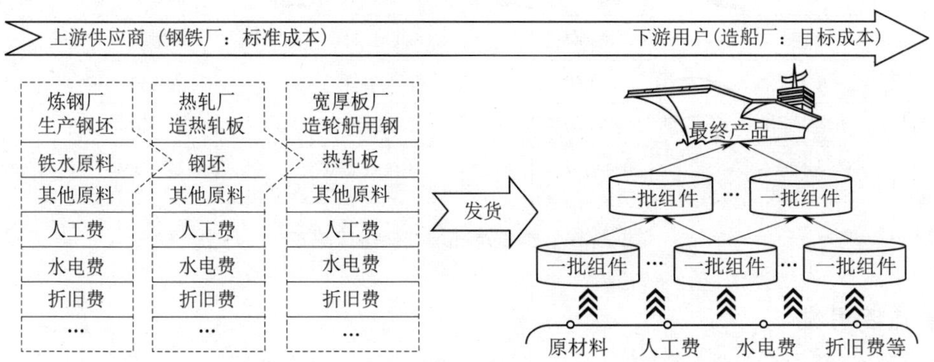

图 2-13　上下游企业成本从滚雪球变搭积木的滚搭组合

点滴思维

“滚搭组合”告诉我们存货成本越往后折腾，早期发生的成本就越不容易说清楚，即：上下游存货折腾增大存货成本的还原难度。

2.1.4　不断有新成本加入折腾阵营

雪球越滚越大和积木越搭越多，还体现为不断有新成本加入，成本也存在迭代升级，继续列举案例：

【例 2-7】 碳排放成本增加生产成本

钢铁厂生产成本包括铁矿石、其他原料、人工费、水电费、折旧费等，而实行碳排放后，钢铁产品的成本构成中，就会多一项成本：碳排放成本，如图 2-14 所指。

根据欧盟的标准，生产一吨粗钢约产生 1.785 吨的二氧化碳，欧盟的谈判价格大概为 73.97 欧元 / 吨。按此测算，碳排放成本约占粗钢（钢坯）成本的 20%。

新出现的碳排放成本，将大幅拉高钢铁产品的成本。钢铁厂就会将这部分成本，通过涨价，转嫁给终端用户。

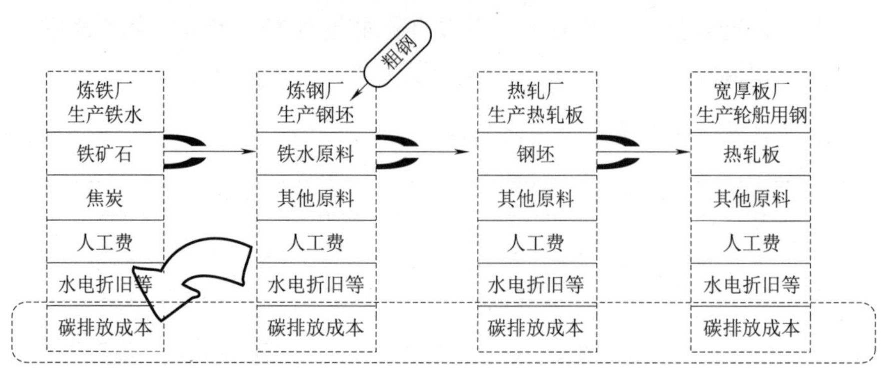

图 2-14　钢铁产品增加碳排放成本

点滴思维

现在很多成本项目如研发成本、安全生产准备成本、环保成本等都是过去没有，后来新增的。成本也存在迭代升级，管理者要了解未来新生成本的动向和影响。

2.2　眼花缭乱的成本法到底有什么作用

管理者会经常听说标准成本法、目标成本法、作业成本法等成本的计算方法。为什么会出现这么多不一样的叫法？这些成本法到底有什么作用？

这些成本法就是为了摸清成本底细得到第一手信息用的。因此，成本法就是成本摸底的方法，即：摸清成本底细的方法。

前面说生产环节产生的成本，无论是滚雪球，还是搭积木，只要工序多了，成本就不好管。为了说清楚存货的折腾过程，摸清成本的底细，管理者就需要用到合适的成本法。

有的企业领导者可能认为成本就像烂在锅里的肉，说不清楚。

这里，企业的一把手是否重视成本管理、是否想弄清楚成本底细就成为关键，它会直接影响企业的成本竞争力。一个企业的领导者如果重视成本管理，则有利于企业成本竞争力的塑造；如果不重视成本，成本管理就难以发挥作用。而摸清成本底细恰恰是成本管理和塑造企业成本竞争力必不可少的重要基础和组成要件。

2.2.1　摸清成本底细

我们已经知道各种成本法是为了摸清成本底细用的，那么到底是摸清谁的成本底细呢？就是摸清工序、产品和项目、组织的成本底细，见图 2-15。

这是干什么用呢？——最终让管理者得到准确信息并参考企业经营决策。

【例 2-8】 摸清成本底细的作用与十字形定位

成本法在全景地图中的位置，如图 2-15 所示。

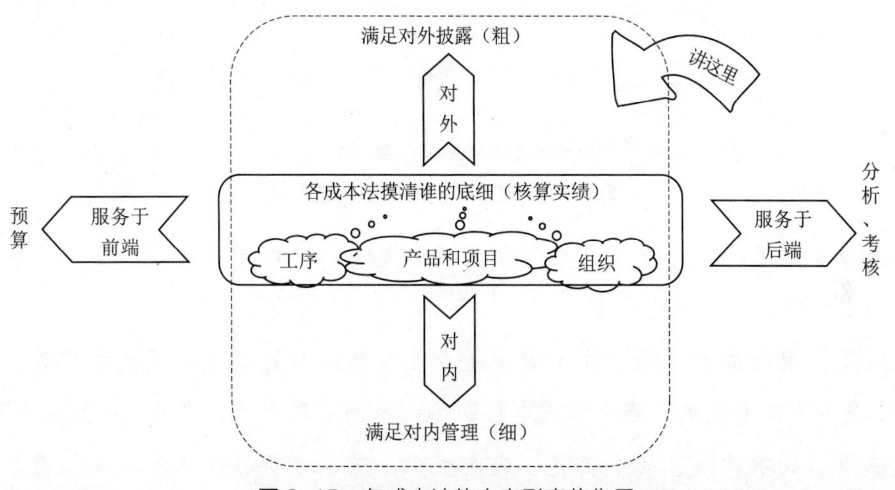

图 2-15　各成本法的十字形定位作用

摸清成本底细，可以实现对外兼顾满足报表披露的定位需求。一般摸清至工序成本中心层面即可满足，这个层面的数据要求相对来说比较低，计算粗略。

对内兼顾满足内部成本管理要求细化的定位需求，一般需要划小至明细产品、组织底细层面。内部细分化的摸清成本底细要求更高，因为是管理者决策用的。某种程度上企业可以自由发挥，细化到只要能够契合企业自身特色，因地制宜地说清楚产品明细成本情况、组织成本底细就行，如图 2-16 所示。摸清成本底细向前端延伸是成本计划的执行结果，是对成本控制结果的反映。

成本底细结果对企业预算的执行水平起着动态实时监督、反馈和控制作用；成本底细结果亦可揭示生产、技术和经营中取得的成绩和存在的问题，同时为生产经营决策、预测成本和利润提供客观依据；成本底细也同诸多重要的成本控制工作有着直接的关系。

摸清成本底细向后端延伸与考核评价链接，与个人薪酬挂钩，成本底细结果对绩效评价考核起着至关重要的作用。

如果企业成本评价考核与个人利益、个人绩效挂钩，效果尤佳，只有这样成本管理才能受到足够的重视，从而倒逼员工想方设法去优化改善。

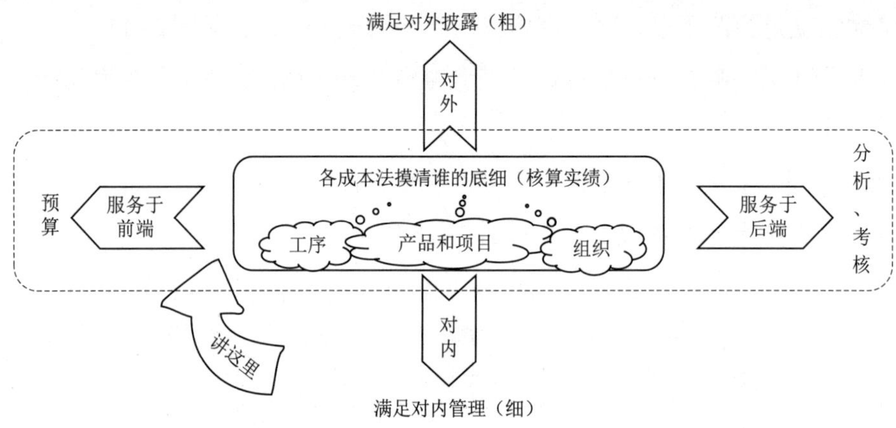

图 2-16　成本法的十字形定位作用

所以不难看出，摸清成本底细是前提和基础，是纽带和桥梁，在成本管理的十字形定位中，位于中心位置。

这里引申出成本管理。成本管理是企业生产经营过程中各项成本核算、成本分析、成本决策（成本战略）和成本控制等一系列管理行为的总称，包括成本预测、成本决策、成本计划、成本核算、成本控制、成本分析、成本考核等职能，是企业的战略管理工具。

点滴思维

摸清成本底细以后，很多成本管理工作才能开展，才有了抓手，而各成本法就是摸清成本底细用的。

成本管理中的成本对象也是林林总总，大致可归类为工序、产品和项目、组织机构等。继续列举案例：

【例 2-9】“摸清谁的成本底细”案例

摸清成本底细的对象，财务人员称之为：成本核算对象。成本核算对象，就是汇聚成本的中心，可以粗略理解为成本中心。

为了更好理解什么是成本核算对象，我们举一个生活中的例子。

小李是一位体贴用心的丈夫和父亲。

对太太关爱，小李认为不是“洗尽铅华，归于平淡”，而是像呵护眼睛一样呵护感情。每逢节日或长假，小李要么给太太送花，要么安排自驾游，要么做顿饭或去餐馆聚餐……

为孩子的投入，小李认为即使花费巨大，也不能不做。所以，两个孩子上初中时，小李就让他们上私立学校，双休日、节假日陪孩子去博物馆……

这里对于家庭成员的花费，以丈夫为中心、以太太为中心和以两个孩子为中心三种形式，就可以理解为三个工序成本中心。

什么叫工序成本中心呢？就是以工序为成本对象归集核算各种成本的中心。

这里出现两种成本类别：一是直接的成本；二是间接的成本。例如：两个孩子整体作为工序成本中心时，直接成本好比学费、报培训班费用等成本活动或作业活动的成本（只给孩子）；间接成本好比一家人自驾游（四人共用）等发生的成本。太太作为工序成本中心时，直接成本好比送花、买首饰等活动的成本（只送给太太）；间接成本好比一家人的聚餐支出（四人共用）等。

小李自己作为工序成本中心时，直接成本可能是小李自己或太太给小李买的衣服等成本（只自用）；间接成本同上述自驾游和聚餐等共用性活动的成本。

所谓成本分摊依据，就是把共用性成本分摊给成本对象的依据。成本分摊依据分为以下两种：

（1）摸清成本底细的对象为工序成本中心时，成本要分摊给主工序成本中心的分摊依据；

（2）摸清成本底细的对象为明细产品和工程项目时，成本从主工序成本中心再分摊给明细产品和工程项目对象，也就是第二次的分摊依据。

分摊依据只是针对共用性成本时才会涉及。一家人聚餐或者一家人自驾游都属于共用性的成本活动。如果有人闲着没事干问一个无聊的问题：聚餐费用或自驾游费用分摊给一家四口，那各自成员的成本分别是多少？怎么算？这时就要用到成本动因，即共用性成本按照合理依据分摊到各个工序成本中心。

分摊依据没有绝对的合理，只有相对的合理，即使不合理，也要有一个分摊依据。企业也是如此。例如，一家人聚餐的分摊依据，最接近合理的依据，可能是各成员的体重占比。

依据分摊依据，分摊完间接成本后，再结合已知的每个人发生的直接成本，这样每个家庭成员的实际花销成本（直接成本＋间接成本）报表就出来了。

结合企业来说，给员工薪酬这件事如果作为摸清成本底细对象时，员工一年的工资、奖金、社会保险、公积金等就是成本项目，摸清成本底细就是说清楚各项目各自用了多少钱。

同理，企业里一个工序、一个产品和项目、一个组织作为摸清成本底细的对象时，管理者想要知道这些对象到底用了什么钱，就需要用到标准成本法、目标成本法或作业成本法等。

点滴思维

摸清不同成本对象的成本底细，要用到不同的成本法。

成本摸底并非摸查得越细越好，根据管理需求，相匹配的才是合适的，企业需要找到匹配的成本摸底方法。继续列举案例：

【例 2-10】 摸清成本底细——因为需要，你才重要

研发费原来包含在生产成本、销管费用里。后来，管理者想要知道研发费是多少，加上税法又可以加计扣除，就要把研发费的来龙去脉说清楚，于是特意将研发费从原有的生产成本、销售费用、管理费用这些“大面团”中抠出来单独列示，以备管控。

安全生产费、环境保护费原来并未单独列示明细，后来国家发文要求企业重视这些费用，要求单独列示。于是企业就把它们从原有的生产成本、销售费用、管理费用这些“大面团”中抠出来单独列示，以备管控。

质量成本也是一样的道理，原来并未单独列示明细，后来管理者开始重视质量成本，为了说清楚来龙去脉，就把质量成本从原有的生产成本、销售费用、管理费用这些“大面团”中抠出来单独列示，摸清底细以备管控。类似的还有人工成本、维修费用等。

点滴思维

需要说清楚的成本，必事出有因。这个案例说明很多成本原本不要求说清楚，没有管控需求，一旦被要求说清楚抑或被管理者重视了，就会被单独列出来摸清底细以备管控。

2.2.2 各种成本法服务于前端预算

各种成本法，一般要先竖一个“靶子”，这个“靶子”就是预算，即比较的对象，

然后将摸清的成本底细实绩与这个预算进行比较，就会产生差异，如图 2-17 所示。各成本法服务于前端，就是服务于预算，即等待和预算挂钩用的。

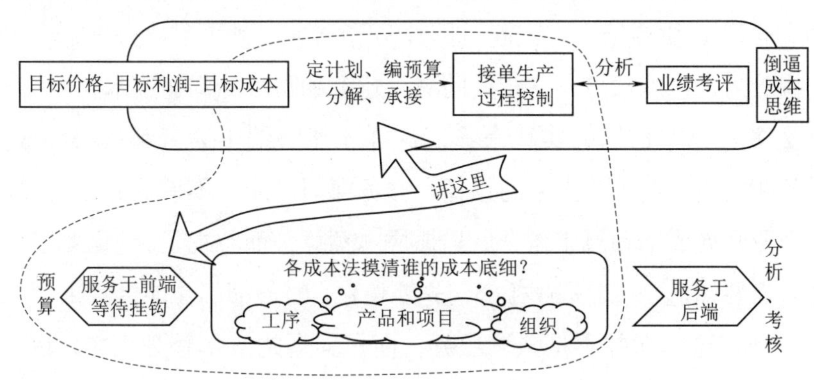

图 2-17　摸清底细后要服务于前端与预算挂钩才有意义

【例 2-11】 某发动机厂案例

某发动机厂的成本预算工作做得比较彻底。怎么个彻底法呢？这家发动机厂总部的财务部有 42 个人，其中成本预算中心就配置 26 个人。

成本预算中心的主任系财务出身；而常务副主任是首席工艺师调来担任，因为首席工艺师对成本预算的业务触发非常懂。

因为涉及成本的业务触发点[①]，很多涉及成本的问题，都要在实际情况下深入一线才能解决这些复杂困难的问题。所以这家发动机厂就制定了“第三原则”，即：除了每个部的部长、副部长以外，排在第三位置的，要么是第二副部长，要么是业务骨干，都调到总部财务部的成本预算中心工作。

因为这些人对业务非常熟悉，所以，这家发动机厂的成本预算与业务结合就非常紧密，制定的预算，大家都认账。

实际上，一般的企业可能还做不到这样，所以只能要求各个责任中心业务主体编制计划，编制预算。

点滴思维

预算的编制一般是先要有计划作为前提，因为计划就是业务量。业务人员先要告诉财务干什么活，财务才能知道用多少钱。换句话说，计划先要告知干什么活，

① 业务触发成本的事由，业务人员先要知道发生什么事，才能知道要用多少钱。

预算才能知道用多少钱，这两者紧密联系，缺一不可。

计划和预算必须要结合在一起，即业务和财务必须要结合在一起，最好是业务部门既编计划，也编预算，这样反而减少业务和财务的沟通成本。

从这么多年成本控制的实践来看，这样才能够编出大家都认账的成本预算。否则，财务部门闭门造车编出来的预算，业务部门可能因不承认而赖账。

很多企业开展成本预算工作，就只抓成本预算，而忽视了计划工作。

管理者需要知道，一定是业务部门先要量化，财务部门才能价值化，要编预算，一定要有计划。这里面并不是强调预算，而是强调的成本计划工作，因为这个计划工作太重要了。相比之下，财务工作比较简单：给业务量配个价格，出个预算就结束了。

这也是为什么有的企业只制定计划，没有预算的原因。干什么活都没有弄清楚，用什么钱和怎么去用钱就自然更不清楚，这是基本的道理。

业务计划如果本身出现偏差，则会造成后面预算、分解、控制执行等一系列环节出现偏差。因此，业务计划是标准成本法、目标成本法有效实施的基础。

【例 2-12】 项链与业务计划

《项链》是法国作家莫泊桑创作于1884年的短篇小说。

故事讲述了小公务员的妻子玛蒂尔德为参加一次晚会，向朋友借了一串钻石项链，炫耀自己的美丽。不料，项链在回家途中不慎丢失。她只得借钱买了新项链还给朋友。为了偿还债务，从此，夫妇俩度过了10年节衣缩食的生活。在这艰难的积攒过程中，玛蒂尔德的手变得粗糙了，容颜也衰老了。后来，她偶然得知她丢失的那条项链不过是一条价格低廉的人造钻石项链，而她赔偿的却是一挂真钻石项链。就这样玛蒂尔德白白辛苦了10年。

这个故事如果从成本角度看，计划与实际可谓出现了严重的偏差。

偏差产生的原因，要么是目标本身偏差（包括目标成为“移动靶”或“错误的固定靶”产生不必要的成本投入）；要么是实现目标的过程措施偏差，这些都将导致业务活动的结果与成本目标形成偏差。

玛蒂尔德设置了“还一条真钻石项链”的业务计划目标，围绕这个目标，投入精力和时间等交易成本，省吃俭用、节衣缩食。这个目标，属于本身偏差，即目标错误导致自身日常生活成本活动的偏离。

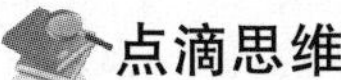点滴思维

业务计划目标出现偏差或许会产生冤枉成本（沉没成本），因此，业务计划的重要性凸显无疑。

2.2.3 分解和承接落实生产压力

如图 2-18 所指，生产成本的目标制定好以后，就要分解和承接这个目标。目标只有被分解和承接了，才能进行过程控制；相反，如果目标没有被分解和承接，则压力就得不到传递，责任就落实不了主体，过程控制就缺乏角色。

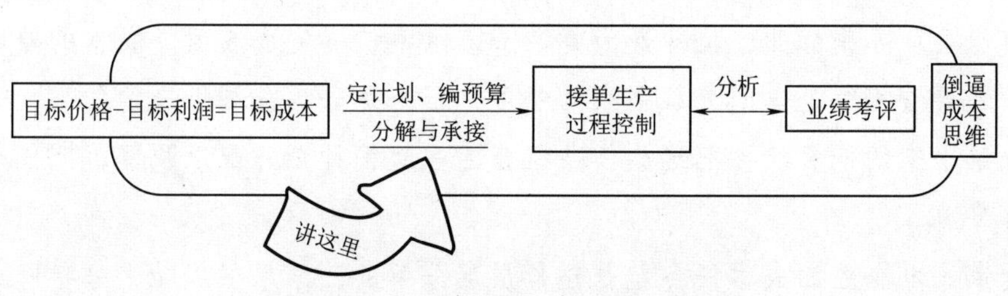

图 2-18　成本是用户、市场逼出来的

【例 2-13】 某家电企业案例

某家电企业的预算分解案例比较有借鉴意义。为什么要把预算分解和承接放在一起讲，简单地说就是预算只有被大家认账才能实现控制。这家企业定的预算主题就是目标成本下降。那么目标成本的预算怎么编制呢？

这家企业是把降成本的目标量化，把它变成销售收入的 3% ~ 5% 计算降成本的比例并作为降成本的总目标。其中，集团解决降成本总目标的 60%；分厂及以下部门解决剩下的 40%。

家电企业的集团为了解决这 60%，成立 6 个专题活动小组，每个专题活动小组都有目标、有奖励，分为：

✓ 价值工程专题活动小组；

✓ 国产替代专题活动小组；

✓ 税务优化专题活动小组；

✓ 资金优化专题活动小组；

✓ 有效产出优化专题活动小组；

✓ 提质增效专题活动小组。

集团层面的每个业务部门要承担上述 6 个活动小组中的 1 ~ 2 个小组的职责内容。——这是在集团层面。另外 40% 的工作目标被层层分解到分厂，随同各目标对应的奖励也分解到分厂。每个分厂接到任务以后要解决 5 个跟分厂有关的降成本专题活动；然后分厂再把集团分解下来的工作目标和这 5 个降本专题活动进行组合，变成计划并再配以预算。——这是集团到分厂层面。

那么，分厂到车间层面也是以此类推。每个车间也要接受 5 个专题活动任务，然后把分厂分配下来的工作目标和车间的 5 个专题活动进行组合，变成计划并再配以预算。

班组层面亦是如此，但却最为复杂。班组不仅要完成 5 项降成本的专题活动任务，还要看哪个是车间分解下来的任务，哪个是分厂分解下来的任务，哪个是集团分解下来的任务，再把这些任务组合在一起编计划并配以预算，完成每一条也都有奖励。

这家家电企业的成本任务就是这样层层分解的，结果很成功，每年降成本的占比均达到销售收入的 3% ~ 5%。

这个案例说明要想降低目标成本，任务分解与承接是必须要完成的一项工作。

什么叫作任务分解与承接呢？就是上级要求你干什么，你能不能干？能不能干好？都需要先有人把活接下来再说。如果没有部门承接任务，没有部门认同，那么只做预算，是没有价值的。

点滴思维

目标成本管理能够落地的关键是做好成本控制，而做好成本控制的关键就是对目标任务的承接是否到位。成本压力分解才能实现“千斤重担大家挑，人人肩上扛指标”。

2.2.4 精益生产成本控制

精益生产成本控制的重点关注问题之一，就是完成目标成本的偏差程度问题，即射中目标的精准度问题，事关质量成本。

目标成本我们称之为靶向定位。生产目标的确定一般是按照用户要求确定的。实际发生与用户要求的目标中间值偏离程度越小，精度就越高精度达到的程度越高，偏差自然就越小。换句话说就是实际发生离用户要求的上下限偏差要求越远，容纳的偏差数量就越多。而当容纳的偏差数量多到6个的时候，我们称之为6σ（六西格玛[①]）精度，意味着精度非常高，这时的质量成本自然就越低，如图2-19所示。

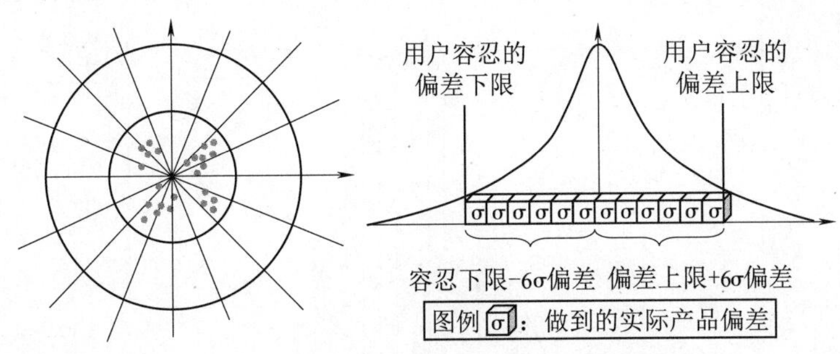

图2-19　落点分布与6σ（标准偏差）精度分析

【例2-14】 通过6σ精益化分析满足用户产品性能需求

某500强钢铁企业的生产线为满足用户对产品提出的不同个性化要求（假设轮船钢板的抗形变要求，战斗机外壳的轻薄防弹和高强度要求，特斯拉汽车车身外壳的高强度碰撞变形要求，等等），可能要不断调整这条生产线上的生产参数。

这些用户对产品的个性化要求，经过用户需求识别，钢铁企业发现用户对产品性能要求低的易生产，要求高的难生产。与成本相对应，易生产的成本相对低；难生产的成本相对高。生产线的总控室，根据制造部的排产计划，及时调整有关投料量、添加辅料数量和结构、控制速度、调节温度等参数。

这些影响成本高低的参数，需要通过统一调配的外部指令，靠人力干预去设定生产控制系统参数加以控制。这些影响成本高低的生产线调整因素，我们取了

① 6σ（六西格玛）：1986年由摩托罗拉公司比尔·斯密斯提出的管理精度概念，意指在生产把控，质量把控，成本把控中的一个对偏差精度进行量化的高要求目标。我借此概念对成本精益化管控进行描述。

一个新的名字：末梢成本触发点，而每一个末梢成本触发点指标，都有一个标准。

这些末梢成本触发点实绩发生以及生产出来产品的性能结果，通过 SAS 软件读取一定周期的实绩数据，与标准数据比较，从而进行 6σ 正态分布落点的偏差分析，并据此调整生产参数以更好满足用户的产品性能需求。

以抗拉性能为例，针对每一家用户的产品性能正态分布分析如图 2-20 所示。

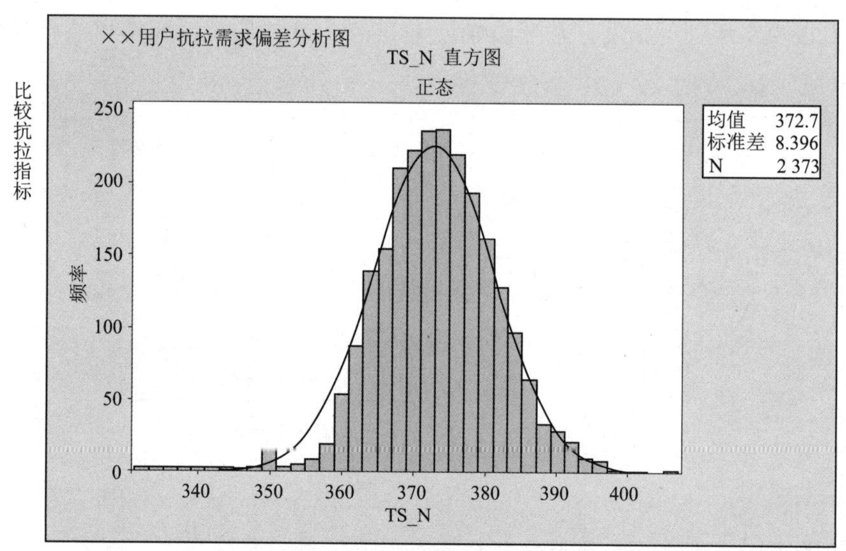

图 2-20　满足用户性能指标的 6σ 偏差分析

因为钢铁生产是流程长、生产周期短，生产相对稳定。一条流水线一年到头，周而复始地重复生产那几样难产或易产的产品，历史数据就有参考价值。因此，多年经验数据的积累，形成了容易达到用户性能要求的抗拉指标和硬度指标（性能标准）。

我们一直说要有生产经营这根弦。“琴弦”就是用户的需求，生产是以用户为导向，用户的需求就是生产的标准，就是“琴谱”。

图 2-20 列示的偏差分析图，有点像琴弦的波动。

为什么这么说？因为产品以用户需求为出发点，随着用户个性化需求变动，导致末梢成本触发点指标跟着波动；末梢成本触发点指标的波动，导致成本高低的波动。

成本就像是一个“跟班”，随着用户个性化产品生产目标的难易、投料的贵贱、技术含量的高低等变化而“变化”。

用户需求变化好比是琴谱的变化，生产亦会随之而变。按照琴谱弹奏得是否精准，体现在其落点范围的命中率上，随着“传音”效果自然会连锁引起成本实绩结果跟着“琴谱”变化而变化，如图 2–21 所示。

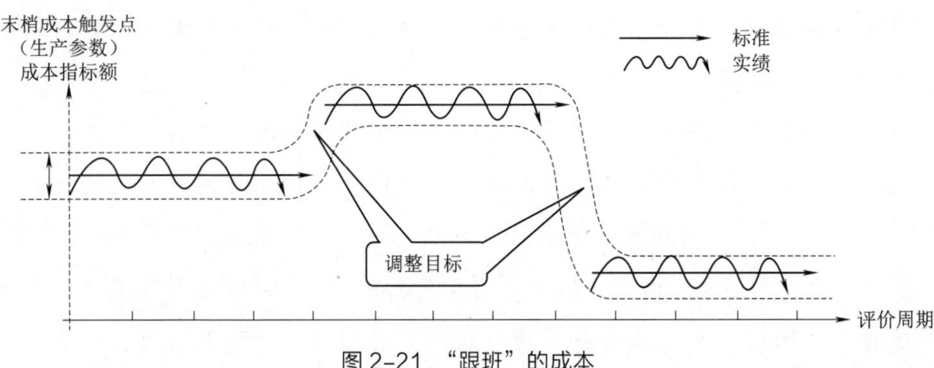

图 2–21　“跟班”的成本

2.2.5　扇贝跑了，但房子还在

这里讲成本控制环节。成本预算确定后，还要将成本预算层层分解、压力承接，直到有人愿意承担考核的责任，就到了成本控制环节。成本控制在全景地图中所处的位置及控制对象，如图 2–22 所指。对于有产品的企业来说，成本控制的主要对象是对存货成本折腾过程的控制。存货属性不同，折腾的程度也就不同。我们就以扇贝和房子作为存货来直观举例。

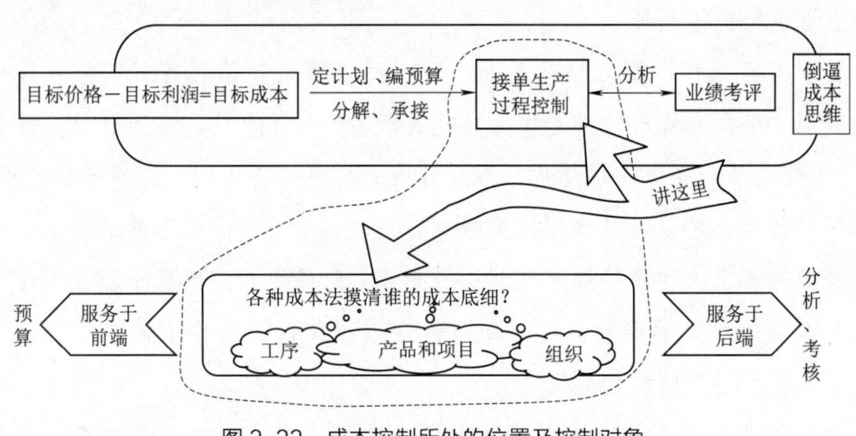

图 2–22　成本控制所处的位置及控制对象

【例 2–15】　獐子岛和恒大地产案例

獐子岛集团股份有限公司（以下简称獐子岛）成立于 1958 年，是以水产养殖为主的综合性海洋食品企业。扇贝是獐子岛的存货，根据作业成本法核算扇贝成本。

獐子岛从事诸如扇贝养殖等深海养殖，与养牛、羊、猪等畜产品有类似的属性，即培育周期都很长，需要几年时间才能出产品。因此，共用性成本需要靠计算分摊比例才能分摊至各年。

獐子岛的扇贝产品培育周期一般是三年一个养殖周期。在这三年中，如果遇到罕见寒流，扇贝就容易死掉，所以有靠天吃饭的特性。新闻有段时间报道獐子岛的“扇贝跑了”，大家都表示怀疑，因为獐子岛又说扇贝跑了，总是这个理由。

但有一点是肯定的：獐子岛的业务周期是三年，但每年都要评价成本，因为要出年度报告，所以确实存在业务周期与成本评价周期不一致的问题。成本控制是对应业务周期的，成本评价对应成本核算。为了每年的业务评价，所以獐子岛不得不将三年一个周期的成本控制（如养三年才能卖钱，才能知道某些成本的发生总额），硬生生分摊至每一年。分摊依据一旦不合理，就会造成某一年成本失真。而獐子岛的扇贝作为其存货产品，又是可以动的，这就留给獐子岛财务造假的机会。

恒大地产集团有限公司（以下简称恒大地产）于1997年在中国广东省广州市成立，是中国恒大集团的下属控股企业，也是集团的地产业务主体。商品房是恒大地产的存货，根据目标成本法核算房屋成本。

恒大地产的房子，也是两三年一个产品周期，也要将几年才能确定的某些成本，硬生生拆开分摊至每一年。

为什么恒大地产的财务造假机会少呢？尽管恒大集团因盲目扩张导致债务危机濒临破产，但恒大地产的房子作为其存货产品，是不动的。房子就待在那里，一就是一，二就是二，成本说得清楚，事后可核对，在存货成本上造假的机会少。

獐子岛的扇贝可以动，你还没有数完，它就溜走了；因此容易造假，而且造假后还无从核对。扇贝和房子就是这样一种区别：扇贝跑了，但房子还在。深海养殖还不像牛羊猪那样起码是有数的，扇贝是会消失的，大海作了掩护。因此獐子岛的财务造假就有了天然的优势。

对于这种业务周期和成本评价周期不一致的情况，成本控制和成本核算最好分开考虑。为什么这么说呢？

我们知道，成本管理有成本核算、成本控制，等等。成本核算和成本控制如果在系统支持的情况下，统一起来是最好的情况。但往往很多企业做不到这一点，系统并不支持两者的统一。这时最好是将成本核算和成本控制分开，否则容易造成业务和财务两个口径，即“两张皮”的现象。

很多养殖类的企业，以前是在成本核算的基础上进行成本控制，后来发现在成本核算基础上，不容易进行成本控制。

为什么？因为它是几年一个养殖周期，成本核算本应也是几年一个周期。但是年报要求每年核算一次成本。这样，时间就不匹配了，就不得不出现分摊。

一般来说，什么东西只要一分摊就容易说不清楚。每年的成本考核，就要调账，调到最后容易乱七八糟的。然后财务部门拼凑一个年度报表，按照这个来考核。结果考核出一大堆问题，大家都不认账，谁都不明白这样一个考核的数据是怎么来的，分摊的依据不被认可。后来，有的企业就把成本核算和成本控制彻底分离，核算只管算核算的账，不去用于指导成本控制，而成本控制则用另外一套控制体系。成本核算可以对外披露用，成本控制对内管理用。

同样种苹果也是这样的，因为苹果树五六年才开始结果，每年的成本核算账根本不能看，所以成本控制和成本核算分开就容易进行考核了。

再比如生物科技类公司的产品周期还要更长。这两年在港股有很多生物类的企业还在亏本期，并没有什么收入，但是已经可以在香港上市了。因为市场对这类公司的评价是阶段性的成果，只要做到某一个里程碑，就可以有一定的市场溢价。

这类企业的成本控制也基本不用以成本核算（摸清成本底细的结果）的结果进行评价和考核。

点滴思维

管理者需要根据企业产品自身特性因地制宜地进行成本控制，有时候将成本核算和成本控制分开考虑或许管理更顺畅。

很多企业喜欢用核算的结果解决管理问题，所以设计了很多层级的核算科目。过去市场竞争还不很激烈时，并不需要过多的分析。现在随着市场竞争越来越激烈，多维度的分析，就显得很重要。

比如利润表里，营业成本就是营业成本，企业对外报表的披露一般只到营业成本就够了。

但是内部管理需要就不一样了，还要知道多个维度的成本信息。比如：每个产品的营业成本是多少，每个区域的营业成本是多少、每个生产单元的营业成本是多少，等等。

我们原始的思路，就是想用核算解决管理问题，两者没有分开。因此为了满足成本管理的需要，有的企业设计了很多层级的核算科目，三级科目、四级科目，甚至五级科目，目的是过程控制和评价考核，并试图用这些科目反映多个维度的成本管理信息。

实际上，这么做可能得不偿失。

山东的一家大型企业曾经把科目设置到八级，最后系统直接崩溃了，就像人拿个杯子喝水这样一个简单的事情，一定要用电脑控制机械手拿杯子喝水，太复杂了。

因此，很多企业把核算科目只设置到 4 级，剩下的就放在管理体系中完成。也就是说，不要用核算解决管理问题，而是把两者分开设置“两套账”。一套对外，满足报表披露，给股东、给税务局看；一套对内，满足管理需求，给董事长看，给总经理看。

2.2.6　纠偏对冲机制

控制环节的纠偏除了直接改善偏差环节外，还有一种就是纠偏对冲方式，如图 2-23 所示。

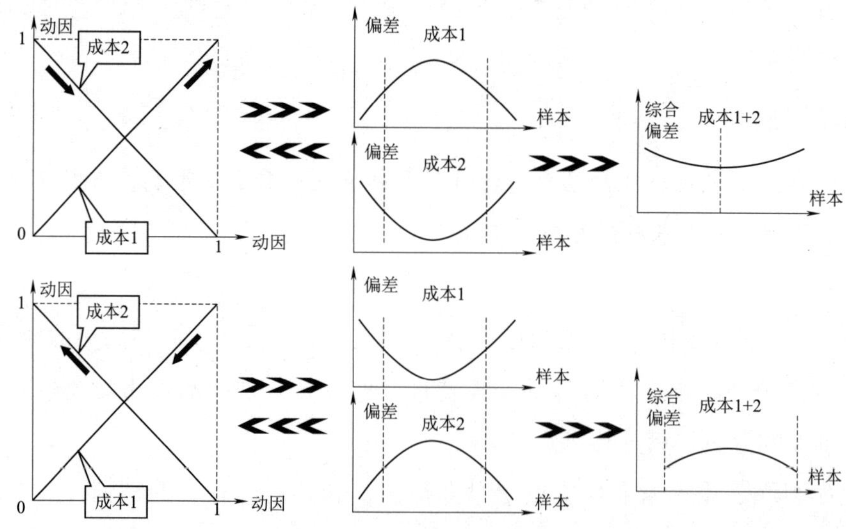

图 2-23　成本控制综合偏差的纠偏抵消管理

【例 2-16】 控制成本环节的纠偏对冲

典型的纠偏对冲案例是汽车质量问题的召回。说到汽车，这里就列举吉利汽车控股有限公司（以下简称“吉利”）的成本领先战略案例。

成本领先战略是企业要在提供的产品功能、质量差别不大的前提下，努力降低成本以取得竞争优势。吉利汽车主要运用成本领先战略在市场上占领份额并取得利润。吉利实施成本领先战略主要通过三大途径。

一是吉利不断扩张形成了规模化优势。一系列收购交易的成功使得其不断扩大生产能力，不仅可以提高整体营运效率，还可以改善产品质量，并形成规模经济，这些优势都可以有效降低成本并增强企业抵御市场风险的能力。

二是吉利也重视控制零部件成本并注重研发。例如，为了减轻原材料价格上涨对刹车系统等低档产品的影响，吉利注资 1 亿元人民币用于新一代电动助力转向系统的研发，这有效地控制了研发成本，在扩大投入的同时集中资源、减少浪费。

三是加强供销渠道管理。吉利与主要供应商产量策略联盟，以减少原材料及部件的价格波动对整车成本的影响，同时还致力于重组联营公司零部件采购系统及供应商系统，以进一步降低成本、提升品质。

正是成本领先战略带来的高利润空间抵消了吉利相对较低的资产管理效率对其净资产收益率的不利影响，给其带来了丰厚的投资回报。

点滴思维

多元化的另一层意义就在于可以纠偏对冲，也正是由于有纠偏对冲机制才成就了很多大而不倒的企业。成本控制亦有对冲抵消的控制方式。

2.2.7　作业成本法的思维

企业使用作业成本法可以更细致地摸清存货折腾成本的底细，是为了把成本管得更细。作业成本法为什么可以把成本管得更细呢？我们直接看案例：

【例 2-17】 用分粥案例理解工序成本法

我们知道共用成本要靠分摊才能知道各自的成本，如图 2-24 所示。

假设：幼儿园熬粥给小朋友喝，一桶粥好比是共用成本，先分给每个班级一锅粥。每个班级好比是工序成本中心，人多的这锅粥就分得多，人少则这锅粥就分得少。分摊依据就是每个班的人数占比，按人数占比分粥比较合理。

每个小朋友好比是“产品”，分摊依据好比是每个小朋友的饭量，饭量大的这碗粥就分得多，饭量小的这碗粥就分得少。

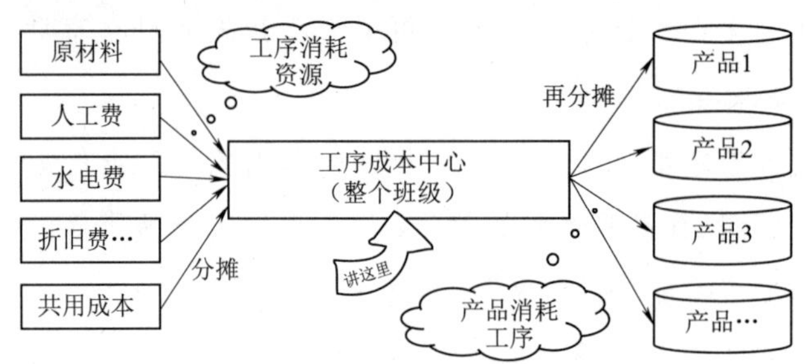

图 2-24　工序成本法流程简图

图 2-24：共用成本→工序成本中心→产品，就可以简化理解为例子当中：幼儿园一桶粥→班级一锅粥→小朋友一碗粥。

企业确定的分摊依据，一般考虑选择工时或产量占比分摊。这就好比：幼儿园根据班级人数，小朋友饭量大小作为分摊依据。

点滴思维

工序成本法是囫囵吞枣就下咽，管得粗了一些。

上例是管理对象划分较粗的工序成本中心；作业成本法则是在工序成本中心的基础上，管理对象被进一步细化划分，变成作业中心。

【例 2-18】 用分粥案例理解作业成本法的“细颗粒度”

同上例，用分粥理解案例，只是这桶粥不是分给班级，而是直接分给每个班小组，即由原来的：幼儿园一桶粥→班级一锅粥→小朋友一碗粥，变成了：幼儿园一桶粥→班小组一小锅粥→小朋友一碗粥；这个班小组，就好比是“作业中心”，分摊依据就好比是班小组人数。

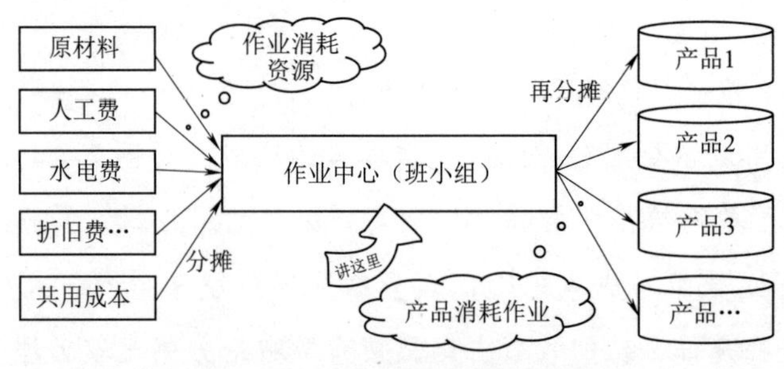

图 2-25　作业成本法流程简图

图 2-25 共用成本→作业中心→产品，就可以简化理解为例子当中：幼儿园一桶粥→班小组一小锅粥→小朋友一碗粥。

这里插入说明划小核算单元的概念：

一般来说，企业工序成本中心是一个企业成本归集和核算的基本单元。比工序成本中心更细的单元，如作业机组、项目小组，分公司等，被称为“划小核算单元”，一般会被冠以作业成本法里“作业中心”的叫法。

如果把更细的作业中心转化为利润中心来考核，并从考核成本变成考核利润，这就开始接触“阿米巴经营”的核心理论了。

工序成本中心较粗，好比吃东西的时候囫囵吞枣就下咽，咀嚼简单（管控难度小），但消化费力（管理粗）；作业中心较细，好比吃东西的时候细嚼慢咽，咀嚼费力（管控难度大），但强调成本管控的“细颗粒度”，使得消化简单（管理细）。

点滴思维

作业成本法是嚼烂了再下咽，即形成匹配的所谓“管控细颗粒度”。

通过比较图 2-25 和图 2-24 发现，作业成本法的流程图看似跟工序成本法的流程图差不多，只是对应的核算单位细化程度不同。作业成本法对应的不是工序成本中心，而是作业中心。

考虑到投入产出的经济性，成本对象的管控，不能太粗，也不能太细。每家企业并不是都适用作业成本法，虽说摸底对象的成本“颗粒化”就是精细化管理，但并非越细越好，而是越适合越好。

2.2.8　不同行业的成本摸底方法

为了表示对企业成本摸底的重视，国家统一发文进行指导。

【例 2-19】 多行业均适用的成本摸底统一指导文件

我们知道各个行业的成本摸底方法不一样，甚至同一家企业的不同阶段，成本摸底方法也不一样。

但是有没有一个统一的规范适应、指导各个行业的成本摸底呢？有的。

2013 年 8 月 16 日，财政部曾经发过《企业产品成本核算制度（试行）》（财会

〔2013〕17号，以下简称17号文），这个制度可以称之为成本摸底的“百搭”制度。

“17号文”具有一定的普遍适用性，对大中型企业，包括：制造业、批发零售、建筑业、房地产、采矿、交通运输、信息传输、软件等企业如何成本摸底都适用，都有指导和规范。

点滴思维

成本摸底方法存在共性。

先来看制造业的成本摸底。制造业是成本思维的百科全书，制造业理解后，其他行业就一通百通。

【例2-20】 制造业的成本摸底

制造型企业的成本，相对来说是最复杂繁琐和不容易说清楚的，这个行业包括前面讲的“滚雪球”和“搭积木”所折腾出来的成本思维。

我们知道现代企业管理来源于流水线，流水线就是典型的“滚雪球”的成本思维，如钢铁厂或流水线加工类企业。而把已经生产出来的零件再拼装组合起来，就是典型的“搭积木”成本思维，如造船厂和汽车厂。

其中，汽车厂又是典型的既有“滚雪球”，也有“搭积木”的“混搭组合”式成本累积，也就是既有流水线，也有组合拼装。

以上大概就是制造型企业成本的直观特性。

制造业可以说是很多成本摸底方法的百科全书。制造业的成本问题理解以后，其他行业的成本问题基本可以一通百通，因为它们大同小异，都被囊括了。

这也是为什么财政部在“17号文”的基础上，又发了两份文件进行成本摸底方法的补充规范。这些文件基本上都涉及制造业，目的就是要让制造业更好地进行成本摸底。这两份文件是：

《企业产品成本核算制度——钢铁行业》（财会〔2015〕20号）

《企业产品成本核算制度——石油石化行业（征求意见稿）》（财办会〔2014〕29号）

为什么发了三个文？就是因为制造业的成本情况复杂。其他行业的成本相比制造业成本的复杂程度来说，可谓“小巫见大巫”。

制造业囊括很多复杂的存货结转方法和成本计算方法，例如有品种法、分步法、分批法，这些都是存货的结转方法。另外，制造业还囊括标准成本法、目标成本法、作业成本法这些成本摸底计算和评价方法。因此制造业的成本思维可以简单描述为：制造业有产品，产品是存货的表现形式。生产成本的实质就是存货成本的折腾，而对存货成本折腾的摸底过程，就是对生产成本的摸底过程。

点滴思维

就成本的各方面思维、方法而言，制造业是百科全书，制造业理解后，其他行业就一通百通。

我们再看第二类行业——批发零售业的成本摸底方法。

【例 2-21】 批发零售业的成本摸底

批发零售企业是供应链的流通环节。批发零售企业不常有生产成本的提法，因此不会有“滚雪球”或者“搭积木”的成本形式发生。它的成本摸底方法相对简单，但是因为品种多，所以很烦琐。所以“不难，但很烦琐”就是批发零售业成本摸底的特点。其中，“17 号文”就明确：批发零售企业，可以根据实物流转方式、管理要求、实物性质等实际情况，采用先进先出法、加权平均法、个别计价法、毛利率法等结转产品成本。当然，批发零售业成本摸底的方法，还有售价金额法、进价金额核算法。这些方法都是典型的存货成本的摸底方法。

批发零售企业的成本摸底对象，主要有商品的品种、批次、订单、类别等。它的典型成本科目中有一个叫作商品进销差价。由于批发零售企业的“库存商品”账户是按售价反映的，而商品购进、支付的货款是按照进价计算的，这之间的差价就用这个科目反映。

点滴思维

批发零售业成本摸底方法大多需要数字化系统外加自动扫码实现进销分析。

我们看看第三类行业——建筑业的成本摸底方法。

【例2-22】 建筑业的成本摸底

建筑企业应当按照《企业会计准则第15号——建造合同》的规定，结转产品成本。如果合同结果能够可靠估计的，要采用投入产出法确定和结转当期提供服务的成本；如果合同结果不能可靠估计的，要直接结转已经发生的成本。然而，不能可靠估计会影响收入的确认，所以，最好是能够可靠估计。

近年，新收入准则又变化了。新收入准则不再通过原“工程结算”“工程施工”科目，而是换成“合同结算”和“合同履约成本”科目。新收入准则针对建筑业的主要变化如下：

（1）合同履约成本替代工程施工；

（2）合同结算替代工程结算；

（3）合同资产和应收账款需要考虑使用；

（4）合同负债替代预收账款；

（5）合同毛利没了。

（6）原来的完工百分比法，换成投入产出法，出了个五步法[①]。

在我看来，新收入准则实际上换汤不换药，其实就是换个马甲，以前该咋办，现在还是咋办，例如五步法以前实际上也一直在用，现在只是书面进行了明确。

建筑企业一般使用目标成本法，其特点是：一般按照订立的单项合同为成本摸底对象，简称“合同成本”。合同成本的目标和实际，由一串附加的成本科目内容构成，即合同成本包括合同取得成本和合同履约成本。其中，合同履约成本科目，相当于生产企业的“生产成本”，主要摸底各工程项目成本，其下又设置了明细成本内容如人工费、材料费，等等。所以要看最末梢明细成本内容才可以看出成本底细。

另外，建筑企业典型成本内容还有：临时设施费，是比较特有的，这个科目是指施工中搭设的临时建筑物和其他临时设施的费用；二次搬运费，也是特有的，是指因施工场地狭小等特殊情况而发生的二次搬运费用。其他典型特有的成本内容，还有夜间施工费、脚手架费等。

这些成本内容，都是这个行业特有的“先天成本体质”所决定的。

---

① 五步法：建筑及建筑安装行业用以确认收入和确认成本的一种方法。

点滴思维

建筑行业成本摸底对象就是合同，合同就代表一个一个工程项目，因此工程项目的成本内容统称为“合同成本”，成本摸底方法的设计，就是针对合同成本的。

我们看看第四类行业——交通运输业的成本摸底方法。

【例 2-23】 交通运输业的成本摸底

“17 号文”明确规定交通运输企业发生的营运费用，应当按照成本核算对象归集，其成本摸底对象大致有三大类：

✓ 运输工具的运输作业；

✓ 货物等装卸、仓储、堆存作业；

✓ 港务作业管理。

交通运输业是典型用作业成本法进行成本摸底的行业，作业指的就是每次的运输、装卸、港务等作业。交通运输业的特点有：

时间较短的运输成本不需要通过“生产成本”归集，可以合并在营业成本里当月结转。大件、长途运输等超过一个月的，则一般是将运输成本单独列示。如：辅助营运费用是交通运输企业典型的成本内容，主要是修理车辆发生的；运营间接费用是核算公司的车站或者车队的费用等。

点滴思维

交通运输业是典型用作业成本法进行成本摸底的行业。

2.3 供应链存货滚搭优化

在存货储备与消耗过程中，有时需要快速消化存货，有时需要确保安全库存，有时需要根据订单预判战略备货。这一系列对存货的要求，会用到很多供应链优化的手段，从而降低存货成本。

2.3.1 存货成本也可占用资源

跨地域、跨组织的成本管理，其控制范围不仅仅局限于企业自身，而是要将目光放到整个企业所处的上下游供应链上。随着市场竞争日益激烈，企业与上下游之间的关系成本、营运成本等同样消耗着企业的资源，而且这些外部成本占企业总成本的比例也在逐渐提高。所以企业需要考虑的成本不仅仅是企业内部作业发生的成本，而是从采购到销售整个过程的成本，直接看案例：

【例 2-24】 戴尔公司案例

戴尔公司是一家总部位于美国得克萨斯州朗德罗克的世界五百强企业，由迈克尔·戴尔于 1984 年创立。

戴尔公司筛选有实力的合作伙伴作为其上下游企业，这些合作伙伴都有足够的财务能力支撑与戴尔公司之间的商业往来。

为什么要筛选有实力的合作伙伴？因为戴尔考虑让合作伙伴承担存货成本；换句话说，也就是戴尔精明地将存货成本都转嫁给合作伙伴了。

这一点说明戴尔在成本上很会筹划。实际上很多中国的家电企业也会这么干：占用上下游合作伙伴的资源。

这些戴尔的合作伙伴，在戴尔的大厂区周边都有自己的循环式仓库。根据合约，这些合作伙伴都有义务为戴尔保留两周的存货。

对戴尔来说，只有当运输零部件的货柜到达戴尔的码头以后，门一打开才算是戴尔的库存，只有少数的核心零件戴尔自己才有库存，这就是戴尔为什么会仅有 4 ~ 5 天存货周转期的原因之一。

因此戴尔不存在产品在生命周期末端有太多的尾货库存这样一个问题，这也使得存货真正停留在戴尔的时间，只有几个小时，从而实现最短路径到达用户。

点滴思维

戴尔的零库存、低成本以及标准化，再加上戴尔的客户关系管理（占用上下游合作伙伴的存货成本），是戴尔供应链存货滚搭优化的实质。

2.3.2 根据订单预判战略备货

存货管理中，有一个安全库存和根据预判备货的问题。安全库存管理，大致包括以下几个方面：一是分类存放；二是明确职责；三是定期盘点；四是找到缓冲调节的余地。

【例 2-25】 AMD 公司案例

全球第一大芯片生产商是 INTEL 公司，第二大芯片生产商是 AMD 公司。生产芯片要用硅。以前曾经有段时间，由于 AMD 公司的原料硅没有及时备料，加之 AMD 公司也没有建立安全库存，因此造成后工序因缺少原料无法制造芯片，不得不向它的用户（电脑企业）推迟供货。结果 AMD 公司的这些电脑组装企业用户因为芯片荒被迫停止生产线，从而推迟提供电脑给电脑代理商。消费者在电脑代理商这里发现 AMD 公司缺货，买不到装有 AMD 公司芯片的电脑。这时候别的代理商就会乘机向消费者推销装有竞争对手 INTEL 公司芯片的电脑。

这个案例告诉我们 AMD 公司因为当时没有建立安全库存管理，最终却失去了买卖。

新冠肺炎疫情防控期间曾经发生过汽车芯片荒。据业内人士分析，造成汽车芯片荒的原因，是因为汽车厂预计市场需求将会大增，从而囤积汽车芯片；加之芯片工厂也减少了较低附加值的汽车芯片产量，加剧了汽车芯片荒的程度。

所以说，管理者要考虑拥有一定的库存以对抗这种可能发生的突发情况，有时候需要根据订单预判进行战略备货。困难的是，不知道到底该有多大的库存量和在什么地方设立库存，这些困难是由于不确定性造成的。

点滴思维

管理者有时可能需要靠直觉预判进行战略备货，以确保安全库存；有时候大概需要依赖经验的判断和直觉决定库存量。这大概也是对付供应链中变化莫测、不确定性的一种传统方法。

存货管理亦存在不确定性的影响。例如系统风险①的影响。而系统风险的不确定性甚至存在连锁反应。

---

① 系统风险：财务管理的概念之一，是指由于公司外部，不为公司所预计和控制的因素造成的风险。

【例 2-26】 黑天鹅事件影响供应链成本案例

新冠肺炎疫情作为黑天鹅事件，对全球供应链的破坏影响会延续多年，期间疫情的反复对生产、运输都造成巨大破坏。受此影响，很多企业的供应链暂时中断，导致供应链的重整。

除了新冠肺炎疫情导致全球物流受阻，使企业的物流成本被动增加以外，全球供应链重组也使得企业成本被迫增加。

例如疫情反复期间，发达国家想方设法让部分产业回流本国。但回流本国会造成生产成本上升，成本上升导致通胀压力，这让许多国家，包括中国在内受到了负面影响。

发达国家让产业回流在成本上并不经济，其制造成本、人工成本将增加。前面提及的生产成本滚雪球到其最终产品上以后，高成本将导致发达国家产品的通胀压力增大。

因此，产业回流并非基于成本考虑，而是基于政治因素考虑，即产业掌握在自己手里比较安全可靠。这时，供应链成本趋势不是追求高效率，而是追求高可靠性；而追求高可靠性将导致成本增加。

这里就存在：政治因素压倒经济因素；追求可靠性压倒追求产业效率；不计成本压倒精算成本。和短期影响不同，这将导致供应链成本长期的居高不下。受牵连的不光是发达国家的企业，受产业链和供应链影响，也将导致发展中国家企业成本被动增加。

点滴思维

系统风险及其连锁反应有时会让企业成本“躺枪”。企业身处这种环境下，除了被动接受外，管理者还需要及时转变思路，另寻出路。

2.3.3 减少存货折腾环节降成本

管理者需要减少存货折腾环节，挖掘存货成本优化潜力，从而实现降本。我们以滚雪球的存货成本为例，在雪球越滚越大的过程中，难免粘连一部分不必要的折腾成本。如何跳开粘连，就需要对雪球的滚动进行控制：

【例 2-27】 惠普公司案例

惠普公司（Hewlett-Packard，简称 HP）是成立于美国的信息科技公司之一。惠普公司以前曾生产低价打印机，整个打印机的供应链有 5 个区域工厂，每个区域工厂都可以生产、装配打印机，都有一套生产设备。因此 5 个区域工厂要 5 套生产设备同时生产同样的打印机。

由于 5 个区域工厂分别位于不同的地区，这些地区互相分隔，就造成产能重合的重复生产，没有分工，使得供应链的存货成本很高，而且这 5 个区域工厂处于不同国家，这些国家的电源插头规格不一样，操作说明书也不一样，这也直接导致库存成本居高不下。

后来惠普公司改良了供应链流程，由一个地方的区域工厂统一生产各地都兼容的通用打印机。然后，不同区域的其他工厂自己根据当地语言，设计操作说明书，配好电源就行了。

供应链改良以后的效果是原来需要维持 7 周的成品库存量，改良后只需 5 周的库存量。改良后的规模一年可以节省 3 000 万美元。这样就大大减少了库存量，存货成本也就下来了。

点滴思维

这是一个优化供应链、优化库存、整合资源降成本的案例。这个案例告诉我们，供应链成本管理的本质，就是确保安全库存的前提下，通过供应链模式优化，达到成本最低。

2.3.4　模拟市场核算

第一章中提到企业内部成本目标的起点，其实就是外部目标价格，换句话说，就是用户与市场。这样就自然而然可以想通为什么目标成本在企业内部消化和实现过程，也要用模拟市场核算，因为这样就和起点的市场顺理成章地串了起来。直接看案例：

【例 2-28】 工序间模拟市场核算案例

所谓模拟市场核算就是把内部耗用的材料、半成品、人工费、水电费等这些成本项目，参照在市场上类似对应成本项目的市场价格，用以制定内部的价格以进行工序间的内部买卖。

为了更好理解工序间模拟市场核算，我们以典型多工序环节的某钢铁企业为例，如图 2–26 所示。

图中我们看到，上一道工序的价格就是本工序的原料成本。所以上一道工序的成本会混杂到本道工序作为原料体现。本道工序决定不了上一道工序生产的原料成本高低。存货成本在各道工序间流动如滚雪球，一滚动就容易混杂在里面说不清楚。

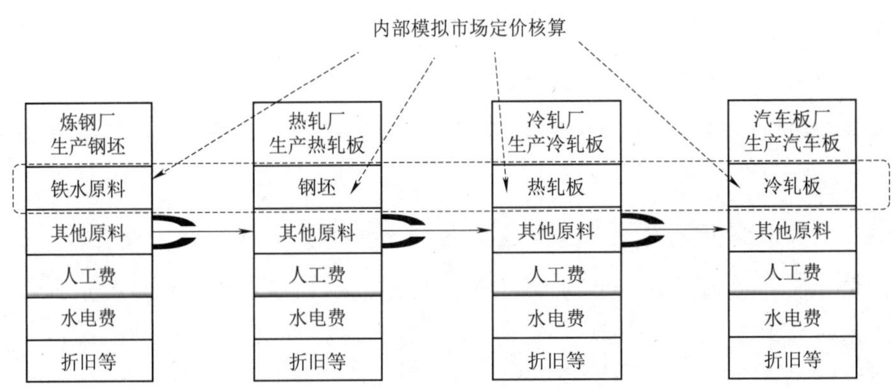

图 2–26　工序间的模拟市场核算

我们说成本的责任归属应守土有责，也就是说原材料成本属于上一道工序归口管控。

由于这个内部市场化定价大家都认可，不会产生歧义或赖账现象，因此可以说清楚剔除上一道工序影响后的本道工序贡献；采用市场定价，大家才都认账，容易实现和考核评价、激励挂钩；最终防止浪费、实现互相监督，互相制约。因为一旦涉及考核评价、激励，那各自的责任自然而然就会分清楚。

例如，上一道工序由于自身问题造成了浪费或者增加了成本，本道工序就不愿意接受这样的价格结果转嫁过来作为自己的成本。

原因很简单，因为上一道工序的成本不利结果，本道工序如果接受转嫁，就会影响本工道序的考核。所以上一道工序造成的成本不利影响需解释原因、承担责任，无法转嫁给本道工序从而引起混淆说不清楚责任，这是模拟市场核算的目的之一。

通过企业内部模拟市场核算，公司与车间、车间与车间就变成买卖关系，互相之间都是各自的利益主体，都要想办法划清责任，去完成各自的成本管理目标。

点滴思维

企业内部模拟市场核算可以让各工序责任中心之间对结果认可，实现权责分明，守土有责。

2.3.5　牺牲局部，保住全局

管理者的大局观，体现在要确保整体利益最大化，而不是局部利益最大化。直接看案例：

【例 2–29】 牺牲前一道工序稳定性确保后一道工序产量案例

工序链各环节的成本，可能存在成本的跷跷板现象，即：有的工序如果成本变小，会造成其他工序的成本变大。

这个时候就会出现一个新的问题：每道工序都守土有责，都是各自的利益主体，但是如果大家都只顾自己怎么办?

为了便于举例，仍以多道工序的钢铁企业为例，如图 2–27 所示。

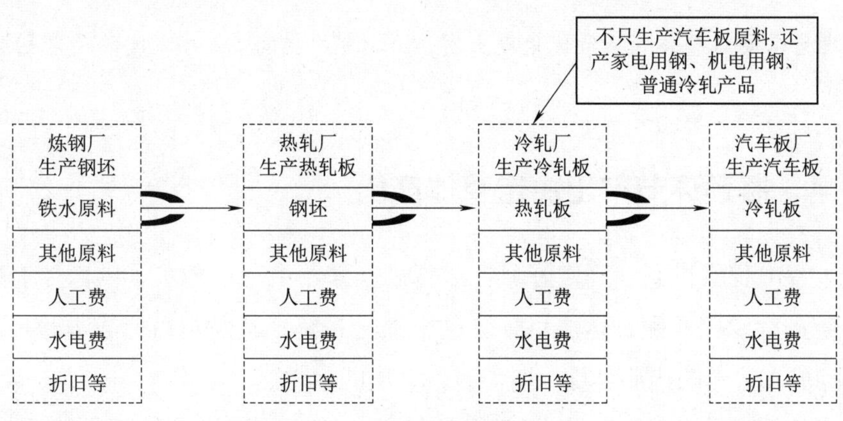

图 2–27　生产成本的大局观

这家钢铁企业作为特斯拉、一汽、通用、大众等汽车企业的车身用汽车板材料战略供应商，其生产的汽车板产品是诸多钢材产品中最赚钱的产品，企业年度营业利润的一半以上都来源于汽车板产品的贡献。如果生产汽车板的销量越大，作为汽车板厂的前一道工序冷轧厂，其汽车板产品的冷轧板原料就越难生产。原因是汽车板产品的生产要求很高，生产难度大，产量较低，所以相应成本也高。如果汽车板产品生产得越多，冷轧厂的生产指标结果，就越难看，也就是说会牺牲冷轧厂的产量、成材率和成本等指标。

冷轧厂不只生产汽车板原料，另外还生产家电用钢、机电用钢、普通冷轧产品等，而这些产品生产容易，产量相对较高，生产稳定性也高。冷轧厂为了自己的考核指标好看，即要完成产量指标、质量成本和成材率指标，则更愿意生产稳定性较高的易产产品，而不愿意多产汽车板原料产品。但是，营销部门则更愿意多生产汽车板产品。因为汽车板产品的附加值高，是最赚钱的产品之一。而其他容易生产的产品价格卖不上去，利润率都不高。因此冷轧厂和营销部门成了对立面，都是站在自身利益的角度思考问题，大家只顾自己，这时候怎么办？没关系，公司会整体协调各部门的利益关系，把统一协调的权利授权给一个部门，叫制造部。制造部作为安排生产计划的协调者，会从大局观考虑，允许冷轧厂牺牲局部，从而保住全局。因此制造部在下达给冷轧厂的成本任务书中，就会适当放宽指标，允许牺牲你的成本，牺牲你的产量，作为考核剔除因素，这样就换取了整体价值的最优化。

点滴思维

管理者需要从整体利益最优角度出发，协调部门之间、工序之间的局部利益冲突。

2.4 瓶颈环节产出决定整体产出

第 1 章中我们讲到，确定好目标成本后，才不会无的放矢，内部才有机会用消化系统进行专门匹配，达成目标。这个消化系统，就是指目标成本管理。其中一个目标成本管理的措施名称，叫作有效产出的优化。

很多情况下会出现“我的都已经做好了，但你的还没有做好，就等你了！”这样的情况，造成整体生产的停滞，效率的低下。这涉及有效产出的优化与供应链协同的问题。

2.4.1 供应链协同可以降成本

生产工序比较多的企业，上下工序之间是会互相制约的。上道工序有问题，下道工序也会受影响。所以，供应链的成本管理当中，有效产出的优化，就显得很重要。但现实情况是上下游的供应链之间，经常会产生瓶颈。因此，高德拉特在其《目标》[①] 一书中就提出了两个观点：一是瓶颈的产出决定整体产出；二是非瓶颈环节的改善没用，对整体产出没有影响。

【例 2-30】 疫情取决于控制最差的国家

中国驻美国大使馆在新冠肺炎疫情防控期间邀请上海新冠肺炎医疗救治专家组组长、复旦大学附属华山医院感染科主任张文宏教授通过央视新闻平台与在美留学生及华人华侨代表视频连线，现场答疑释惑。直播中张文宏就美国医疗体系能否应对本次危机等问题进行专业性解答。

张文宏说：美国医疗条件和人员素质是没有问题的。体制问题导致各州防疫措施不一致。但是他们的防疫是有数据模型推算的，他们非常清楚自己的底线在哪里。峰值到来之前，宅在家里，不要聚会，勤洗手。张文宏判断疫情取决于控制最差的国家，不是最好的国家。

同样的道理，这句话也可以改为：企业的整体产出，取决于瓶颈环节，而不是非瓶颈环节。

点滴思维

改善非瓶颈环节没用。

从图 2-28 能看出，企业整体的有效产出要优化瓶颈环节。

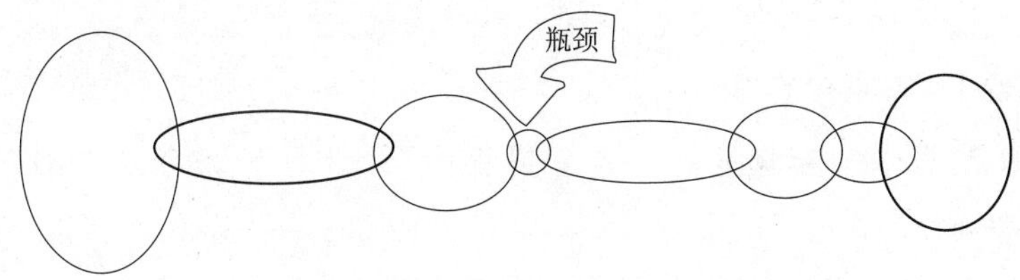

图 2-28　供应链产出取决于瓶颈环节

① 高德拉特（Eliyahu Goldratt）作品，高德拉特博士是以色列物理学家，TOC 制约法的创造者。

【例 2-31】 吃饺子案例

春节的时候，亲戚、朋友到家里来聚会，大家包饺子吃，这样最方便。一大帮子人有准备饺子馅的，有准备饺子皮的，有煮饺子的。而老人、小孩坐在旁边啥都不干，等着吃饺子。结果，第一锅饺子煮出来以后很快被分完、吃光。因为人多，饺子少。然后就等啊等，就是等不到第二锅饺子。但是包好的饺子还有很多，没有煮的饺子当然是够了，为什么还吃不上饺子呢？后来发现，只有一口锅在煮饺子，所以就煮得太慢了。前道工序——饺子生产没有问题，没煮的饺子足够多，就是因为后道工序煮得太慢，导致效率太低。

于是，瓶颈工序就找到了。

怎么改善呢？也很简单，只需加一口煮锅，变成两口锅一起煮，问题就解决了。因为熟的饺子产出增加，大家都不用等了。然后再进一步完善，吃饺子的人边吃边告诉煮饺子的人动态现状，例如这盘快吃完了，可以下锅开始煮新的了。这种控制，就叫作“吃着碗里的，看着锅里的”动态存货生产控制。

点滴思维

管理者要动态跟踪供应链变化，及时改善瓶颈环节，重视 TOC[①] 的管理。

吃饺子这个案例，引申到生产控制以后，给它取了另外一个名字叫作 JIT（Just In Time：适时生产系统），这是日本丰田公司最早提出来的。

JIT 本质就是一个实现无缝连接的工具，缺什么赶快补什么，提前预警，提前告知。因此 JIT 才被解释为动态的适时控制。

【例 2-32】 零库存管理

JIT 的本质是“吃着碗里的，看着锅里的”，做得好还可以在 JIT 的基础上，实现零库存管理。

以存货成本滚雪球的全景地图为例，在存货成本的折腾过程中，有“分久必合”

① TOC（Theory of constraints），中文译为“瓶颈理论”，也被称为制约理论或约束理论，由以色列物理学家高德拉特（Eliyahu M. Goldratt）博士创立，与精益生产、六西格玛并称为全球三大管理理论。

的入库；也有“合久必分”的出库，如图 2-29 所示。

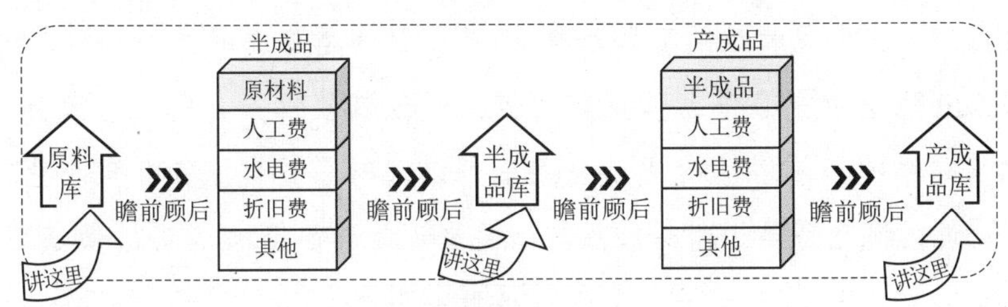

图 2-29　在 JIT 的基础上可以实现零库存

前面说的存货周转率（次数）指标，即表示存货变为营业成本的速度如何。因为这个速度直接影响产品转化为利润的质量，因此属于财务质量状况分析。

零库存管理将使存货周转率指标优化，也可以有效降低库存成本。

如果有信息化系统的支撑以及各工序间的有效协同，工序间是可以实现零库存的。这里的零库存，可以理解为存货一入库，下道工序发来领用指令，瞬间就出库。这个要求比较高，要求企业必须整顿管理体制，实时掌握库存情况。

例如生产链环节如何实现零库存管理，管理思维主要有三个方面。

第一，先把整个生产链当作一个库存看待。第二，是确定对象，其实就看两个对象——存货入库、存货出库。生产企业可大致分为“分久必合”的入库和“合久必分”的出库。入库是存货的补充，出库是存货领用，这样就将零库存管理的两个对象对应起来。第三，就是把企业的生产链过程分成若干个工序，分别掌握每道工序的半成品、产成品的库存。

因此，你会发现工作量好像很大。怎么办呢？要靠信息化系统的辅助进行 JIT 库存的动态管理。这样实现零库存就比较容易。

点滴思维

存货成本精细化管控关键在于如何实现“吃着碗里的，看着锅里的”。

2.4.2　全面解读 JIT

【例 2-33】某 500 强企业价值工程全景地图 JIT 位置案例

如图 2-30 中箭头所示，这是某 500 强企业的 JIT 实时控制在管理体系全景地图中的位置图。JIT 实时控制属于“减少物流浪费”板块，意味着“存货在该出现的时候出现，不该出现的时候不另外浪费钱”，目的是降成本。

这家 500 强企业充分借助信息化支撑，通过其软件子公司（上市公司）开发的一体化采购系统，使供应商通过上网就可以及时了解这家 500 强企业需要的采购品种、数量，何时需要等即时信息，以便及时参与招投标。

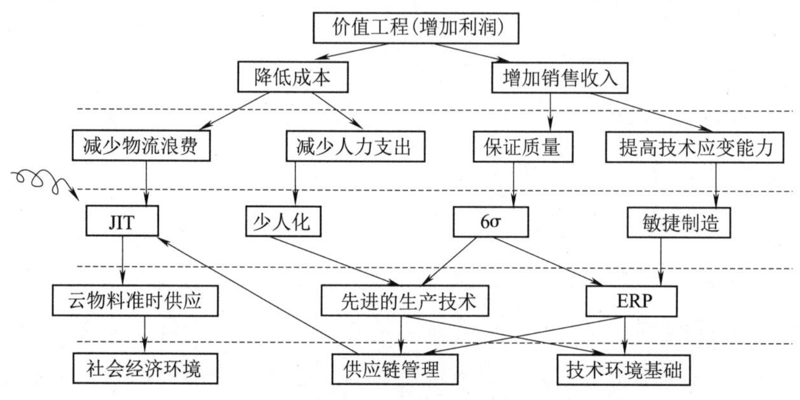

图 2-30 500 强企业 JIT 在全景地图的重要位置

一体化采购系统，让这家企业与供应商之间实现“联合库存管理”，实现了“动态及时备货”。

这里面的库存管理用的就是一体化采购系统里的“适时生产系统（JIT）模块功能”。前面说 JIT 的本质就是吃着碗里的，盯着锅里的，这能实现，靠的就是一体化采购系统，该系统在及时备货上是一个有效的管理工具。

点滴思维

这家企业用一体化采购系统倒逼适时生产系统 JIT 的实现，从而减少了物流浪费。

很多情形下，供应链协同管理的具体落地措施并没有标准答案，每家企业要具体情况具体分析，才能因地制宜，发挥作用。

【例 2-34】 某家电企业 JIT 工单备料案例

某家电企业将其对物料的要求，定义为“JIT 物料”。为了对 JIT 物料进行清晰管理，企业在下发给供应商的送货通知上，就已标明相应的工单和物料到达时间，按工单进行收料，实际使用时按工单领用自己的物料。这样就实现了把需求与供给严格锁定在单个工单范围内，这种备料方法叫作工单备料。他们总结了这种方法的好处：

（1）不会产生呆滞物料。只要按照工单生产，相应的物料就会被全部耗用。

（2）仅需要占用较少的库存空间，最多只有三天工单的物料。

（3）供应链周转效率增加，物料最长存储时间为三天。

（4）物料可以自然实现先进先出。

这样一来，直接效益是可以节省库存空间，减少跌价损失，资金实现快速流动。该模式又是如何做好物料齐套检查和日排产呢？这家家电企业的生产计划员通常做法是：

（1）第二天要生产的工单，前一天就从ERP[①]中导出缺料表，这时的缺料表内容并不一定准确，因为物料信息录入到ERP一般会滞后半天以上；然后依据缺料表与仓库确认物料的真实状态，是已到货，还是在检验过程中；对于尚未到货的，需要采购人员去跟催。

（2）依据工单的物料齐套满足程度，筛选出可以安排上线生产的工单。

（3）对工单进行排序，形成第二天的日排产，然后发放给物流仓库和生产车间，以指导备料和生产安排。

（4）安排领料员提前进行生产领料，验证工单物料实物是否齐套；如有异常，调整日排产。

点滴思维

JIT工单备料模式是供应链协同管理在企业内具体情况具体分析的具体落地，实现了供应链协同。

这里还有一个叫作RTC[②]动态的实时控制手段。什么叫作RTC呢？我们再举一个生活中的例子，看看一家蛋糕店的目标成本控制，是怎么实现实时控制（RTC）的。

---

① ERP：企业信息化管理系统。

② RTC：Real Time Control，即：动态的实时控制。

【例 2-35】 蛋糕店案例

用户到开放式的蛋糕店买蛋糕要先下单。下单的时候，要选大小：是要 26.67 厘米的，还是 33.33 厘米，抑或 40 厘米的蛋糕？接下来选择主材：是巧克力蛋糕，还是慕斯蛋糕，或是黑森林蛋糕？然后选择附加材料，是需要水果，还是需要坚果？最后是个性化的选择：是生日蛋糕、宴会蛋糕，还是结婚纪念蛋糕？

订单下好以后，用户在等待制作蛋糕的过程中，还可以看到蛋糕制作的全过程。开放式蛋糕店的特色就是可以看到蛋糕师傅做到哪一个步骤和正在放置哪些材料，手法是否专业，这一切一目了然，都可以跟踪得清清楚楚。用户可以发现蛋糕师傅做的时候，要不断调整原材料进行实时控制。例如：不对称了就弄对称；右边奶油放多了就拿掉一点；整体抹均匀，等等。这时，蛋糕的单位价格锁定，单位利润也锁定了，最后倒算出的蛋糕成本，就是蛋糕师傅需要实时控制的目标成本。

点滴思维

通过蛋糕店案例可以直观理解实时控制 RTC 如何控制成本；不难看出，信息对称、过程透明似乎更有利于 RTC 的实现。

【例 2-36】 制药公司案例

某制药企业的生产和销售人员总是吵架，内容如下。

销售说：我下的订单，你总是完成不了。

生产说：你下的订单，不按照生产周期，当然完成不了。

销售说：你没有市场概念。

生产讲：有了市场，你也卖不出去。

这里面“公说公有理，婆说婆有理”，分析原因，发现是制定的制度没有触动他们的利益。

企业后来调整策略，在确定成本管理目标的时候，讲内部市场化，制定了规则，即按照产品的生产周期生产。销售下达的季度预算要完成考核，并且精度要求 ±10% ~ ±20%。因为他的生产周期是 15 天，如果要调整，必须要提前 17 天通知生产部门，否则生产部门来不及备料。如果销售部门能达到这个前提，生产部门生产不出来，晚 1 天就罚生产部门的钱，例如按照这批货的比例处罚生产部门。

如果生产部门生产的东西，销售部门卖不掉，就罚销售部门，罚完为止。

这项制度触动两个部门的利益了。有时候，不触动利益的制度很难见效，只有触动利益之后才管用。这是《新制度经济学》的一个重要思维，即不触动利益的制度无效。如果没有触动利益，大家就会感到无所谓，因此只有触动利益的制度才有用。

点滴思维

管理者可考虑利用合适的奖惩制度解决供应链瓶颈问题。

以讲故事的方式让管理者秒懂供应链成本思维，这也许不失为一种新的尝试。

【例 2-37】 小岛案例

从前，有两个小岛：小岛 A 和小岛 B。小岛 A 独享捕鱼技术，靠捕鱼过活。另外一个毗邻的小岛 B 不懂捕鱼技术，吃不到鱼。但小岛 B 独享香蕉种植技术，靠种香蕉、吃香蕉活着。因此，小岛 A 只能吃鱼，小岛 B 只能吃香蕉。

美丽新世界的第一个愿景，就是实现这样一个经济目标：小岛 A 的岛民和小岛 B 的岛民，既有鱼吃，又有香蕉吃。如何实现这样一个经济目标呢？

小岛 A 住着岛民 10 个人。岛民靠出海捕鱼为生。假设仅有的一条渔船每年的捕鱼量是 10 吨（有效产出），人均年食品消耗量是 1 吨（假设只吃鱼），刚好够 10 个岛民一年的食品消耗。一年又一年，10 个岛民靠一条渔船实现了自给自足。日子虽然不富裕，但也不会饿肚子。后来岛上的岛民数量变成 13 人，一条船显然不够，于是又造了另一条渔船，共两条渔船。整个小岛的捕鱼量总产出从 10 吨 / 年变成 20 吨 / 年，而 13 个人只能消耗 13 吨鱼 / 年。于是，A 岛上鱼的有效产出就过剩了，剩余 7 吨鱼。这时捕鱼的渔夫可以做五休二，只捕 13 吨鱼 / 年，以免浪费。

A 岛岛主有一天想：为什么不将多捕的 7 吨鱼与 B 岛交换香蕉呢？围绕这个目标，A 岛岛主于是采取措施：取消渔夫的做五休二，开足马力继续天天捕鱼，让鱼的有效产出变成 20 吨 / 年，这样就可以剩余 7 吨鱼去换香蕉。岛民将剩余的 7 吨鱼晒成鱼干，并与比邻相望的另一个盛产香蕉的小岛 B 交换香蕉。

B 小岛的情况是：年产香蕉 30 吨，有岛民 15 个人；假设每个人每年消耗 1 吨香蕉，共消耗 15 吨香蕉 / 年；剩余 15 吨香蕉，以前吃不掉，也不好储存，只能烂掉。

于是B岛民减少1半的香蕉种植量，并且种植香蕉的岛民，可以做一天休息一天。

B岛岛主有一天也想：为什么不将15吨香蕉，与A岛交换鱼呢？围绕这个目标，B岛岛主于是采取措施：让B岛的岛民不要做一休一，开足马力继续种香蕉树，让香蕉的有效产出变成30吨/年，这样就可以剩余15吨香蕉去换鱼。

至此，A岛有7吨鱼过剩，B岛有15吨香蕉过剩。

彼此开始交换。

假设此时1吨鱼可以换2吨香蕉。于是A岛的7吨鱼换了B岛的14吨香蕉。B岛民将剩余的15吨香蕉，用其中的14吨香蕉换到7吨鱼，于是，1吨香蕉属于无效产出。

这时小岛A的13个岛民，每人每年有1吨鱼、1吨香蕉吃，比起之前只有鱼吃时的满意度大大增加。小岛B的15个岛民，每个人每年有1吨香蕉、大约半吨鱼吃，比之前只能吃香蕉的满意度也增加了。

此时实现了贸易相对均衡。之前的经济目标，即美丽新世界的第一个愿景大家都有鱼吃，也都有香蕉吃，得以实现。

但是你会发现，A岛的岛民满意度和B岛是不一样的。

A岛用了人力、物力成本开足马力生产，结果是每个人每年1吨鱼、1吨香蕉似乎是达到了满意度的最大化，且没有无效产出。

B岛用了人力物力成本开足马力生产，结果每个人每年1吨香蕉、大约半吨鱼，满意度不如A岛，且还有无效产出。

以上是基于A、B两岛没有目标偏差的假设，即都实现开足马力，实现全额产出，但满意度的结果并不均衡。这种情况比较容易产生羡慕、嫉妒、恨，欲望能够产生动力。

B岛不甘于现状，要达到满意度的最大化，则需要考虑不断调整成本投入与产出比，从而找出新的满意度平衡点。B岛可能调整目标，从而与理性状态的开足马力实现全额产出，形成偏差。

两个岛都开足马力实现全额产出，是理想状态，并没有考虑目标偏差和成本投入与产出的平衡点问题。就拿目标偏差来说，目标偏差表现为B岛岛主的决策不会实现香蕉30吨/年的有效产出。而可能结果是从原来的做一休一，调整为做五休二，让有效产出变为25吨/年，这样就可以剩余10吨香蕉去换鱼。原来开足马力剩余15吨香蕉去换鱼，变成最终只能用10吨香蕉去换鱼。

同样决策偏差表现为 A 岛岛主的决策并不现实，即并不会让渔夫开足马力实现每年 20 吨鱼的有效产出。而最终决策调整的结果是从原来的做五休二，调整为做六休一，让有效产出变成 18 吨 / 年，这样就可以剩余 5 吨鱼去换香蕉。由原来剩余 7 吨鱼去换香蕉，变成最终只能用 5 吨鱼去换香蕉。

这时，5 吨鱼刚好换取 10 吨香蕉，双方都没有无效产出。供应链效率是优化了，但代价是同时牺牲两个岛的满意度，满意度和成本投入产出仍未达到相对均衡。

不满足于进口的 B 岛干脆学会了 A 岛的捕鱼技术；不满足于进口的 A 岛干脆也学会了 B 岛的香蕉种植技术。于是彼此又开始新的调整，直到满意度和成本投入产出达到相对均衡……

后来，小岛 A 的岛民变成 600 人，小岛 B 的岛民变成 400 人，随着建造新渔船和增加新香蕉种植园。鱼和香蕉的消费，继续保持着相对的均衡。

但是，岛民的需求结构发生了变化，不再只满足于吃鱼和吃香蕉。假设，美丽新世界的第二个愿景是要让岛民继续增加满意度，必须都要有面包吃才行。假设每人每年需求量是 0.1 吨面包，即两个小岛共计 1 000 人，每年需要 100 吨面包，才能实现美丽新世界的新满意度。

这时，假设只有小岛 A 可以种小麦，小岛 B 无法种小麦。但两个小岛都可以建造磨坊磨面粉，建造面包厂生产最终产品面包。

假设 1 个面包工厂，1 年需要 10 公顷小麦地和 1 个磨坊，面包有效产出为 50 吨 / 年，可以供应 500 人 / 年的面包食物需求。

为了满足两个小岛共计 1 000 人每年 100 吨面包消费，于是，A 岛种了 20 公顷的小麦地。后来 A 岛建了一个磨坊和面包厂，B 岛也建了一个磨坊和面包厂。

A 岛上的 20 公顷小麦成熟并收割以后，一半小麦运到 A 岛的磨坊，磨成面粉，并供给 A 岛面包厂制作面包；一半通过海运，运到 B 岛的磨坊，磨成面粉，并供给 B 岛面包厂制作面包。

每个面包厂的有效产出是 50 吨 / 年。但 B 岛只消耗 40 吨 / 年的面包，剩余 10 吨，又由海运，运回到 A 岛。

后来发现，现有供应链出现很多折腾成本，例如：

✓ 两个岛都有磨坊和面包厂，规模分散。

✓ 运输成本也不经济：小麦成熟后要运输到另一个岛；面包厂生产出面包又要运输到另一个岛。

于是两个岛的岛主又开始想方设法优化供应链流程，优化供应链成本。新目标是优化供应链成本，于是围绕这个目标制定了新的方案：利用原产地优势，实现规模集中，即由B岛出钱与A岛合资，将磨坊和面包厂全部都建造在A岛上面，一直到完全生产出100吨/年的面包为止，然后运40吨漂洋过海到B岛，就完成了供应链优化。这样，既实现了规模效益，利用了原产地优势，也减少了运输成本……

后来，A岛的岛民需求不断升级，美丽新世界又有了一个新的愿景目标：供应岛民香水。而生产香水所需的原料郁金香必须要到小岛D去种植，然后这些制造香水的原料被运到A岛，建造香水加工厂，才能生产出香水。

于是，新一轮的产业链整合及成本优化，又开始了……

点滴思维

供应链成本与经济学是有关联的，即供应链的瓶颈引发供应链成本的折腾，而供应链成本的折腾也受到需求及边际效用（满意度）的影响。

▶▶ 2.5 存货成本不比不知道

企业的成本核算如果不延伸，不对比，就是空对空，是没有意义的。

成本核算的结果只有比一比之后才会有意义，有时可以支持决策。管理者应有比一比的成本思维。

【例 2-38】 没有比较就没有伤害

例2-9仍以小李的家庭为例，靠摸清成本底细得到的成本报表是没有任何意义的，直到摸清成本底细的结果被延伸以后，才有意义。怎么延伸？——就是要比较。

因为比较之后就知道跟其他家庭比，消费是高还是低了；跟去年实绩比，消费是高了还是低了；跟年初的打算比，是高了还是低了。接下来分析高低的原因，这些原因可能是：

✓ 节日的数量变化了；

✓ 旅游的规格不一样；

✓ 饭局规格、饭量不一样；

✓ 学校的档次或培训班的档次不一样；

✓ 家庭收入不一样；

……

这样一分析，成本变化的原因就清楚了。

当然，需要说明的是，没有家庭会闲着没事情比较这些，这里只是为了便于理解而列举的例子。因为没有比较，就没有伤害，当成本核算有了对标，有了比较，效果就出来了。

点滴思维

管理者可选择通过对标找差异。

一家企业尤是如此，只有成本对标的分析结果才可以作为决策的依据。如果一家企业有了成本预算，或者和去年的成本实绩，抑或是和竞争对手的成本比较和分析。企业管理者尤其喜欢看和竞争对手的成本对标数据。

2.5.1　存货成本成为决定因素

为了说明比较分析的重要性，从这家 500 强企业分析的资料可看出端倪。

【例 2-39】 500 强企业成本分析案例

我曾经在两家 500 强企业做过成本分析：一家是炼钢的；一家是造船的。十多年来自己感觉就在干这样一件事情：每个月出一份成本分析报告给领导看。

每月月初，成本核算数据出来以后，进行测试和数据的分析。数据分析是一个未经加工的东西，还需要组织语言，形成文字，做成 PPT，最终形成一份成本分析报告给管理者看。

我们一直说成本核算是为了满足外部报表披露的需要，而成本分析更多是满足内部成本管理的需要。分析就是发现问题的过程，发现问题才能解决问题，所以成本分析就好比是企业的成本体检。

如图 2-31 所示，某 500 强企业成本分析 PPT（因涉及保密，数据做了技术处理，不影响理解主旨）。

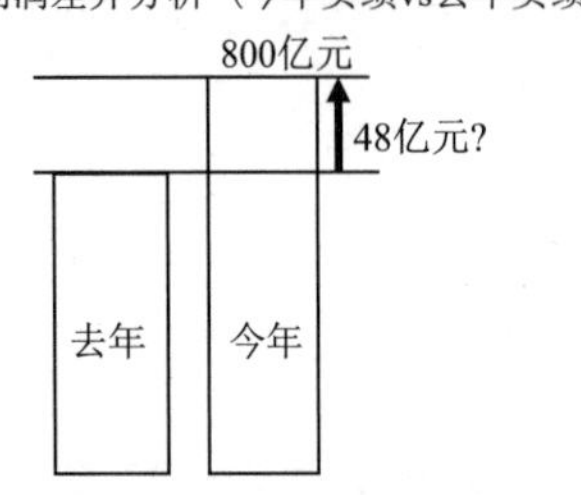

单位：亿元

差异因素项目		总金额
购销价格（-40）	销售价格	90
	原料价格	-130
生产成本（88）	销量影响毛利	-80
	消耗影响	-20
	规模影响	-50
	原料结构影响	-10
	费用影响	-10
	产品结构影响	60
	存货影响	198
影响差异合计		48

图 2-31　成本分析暴露存货影响

图中对本年和上一年的企业利润实绩进行了同比（期间跨度一致）分析，并将差异进行了因素分解。

通过分解才知道影响利润最大的因素，竟然是存货（图中箭头所指）。如果没有这个存货成本的贡献，公司竟然是亏损的，从而可以进一步揭示差异背后的真正原因。

这家企业当年产品利润 800 亿元，同比上一年利润上升 48 亿元，其中销售、采购市场减利 40 亿元（销售价格增利 90 亿元，原料价格减利 130 亿元），生产环节增利 88 亿元（生产成本各因素根据成本核算实绩数据分析得出）。

生产环节成本的差异分析，分别为：销量影响利润减少 80 亿元是因为发货量减少了；消耗影响利润减少 20 亿元原因是消耗变大了；规模影响利润减少 50 亿元是由于产量减少了；原料结构影响利润减少 10 亿元大致由于贵的原料用得多了；费用影响利润减少 10 亿元是因为进行了费用控制的结果；产品结构影响利润增加 60 亿元是因为贵的产品卖得多了；存货影响利润增加 198 亿元（图 2-31 箭头所指）是由于存货成本减少了。

这些生产制造成本里的各个因素连同购销价格因素影响，全部揭露出来以后，合计影响利润增加 48 亿元。

这样就可以把差异升降的原因，说得非常明白，大家一看就容易懂。

这张表里，成本分析主要体现在生产成本影响利润增加 88 亿元，这一块内容上的消耗、规模、结构、费用因素就是针对成本核算分析出来的内容。可以反过来这样理解：

✓ 消耗影响减少利润 20 亿元，就是指消耗因素影响成本增加 20 亿元；

✓ 规模影响减少利润 50 亿元，就是指规模影响成本增加 50 亿元；

✓ 结构影响减少利润 10 亿元，就是指原料结构影响成本增加 10 亿元；

✓ 产品结构影响利润增加 60 亿元，就是指产品结构影响成本减少 60 亿元；

✓ 存货影响利润增加 198 亿元，就是指存货影响成本减少 198 亿元。

所以，图 2-31 两年成本结果的比较，利用因素分析，就可以将生产制造环节成本变化以及对利润的影响，分析得清清楚楚，明明白白。

结论是，存货对利润的贡献巨大。以前低价格的时候，战略备货大量购买原材料存货，当原材料价格上涨以后，公司不用再购买，致使存货采购成本大幅减少，两年同期比较，影响成本减少 198 亿元。

如果没有这个存货成本的贡献，公司竟然是亏损的。

点滴思维

管理者要用辩证眼光看待成本问题，则需要将成本问题分解，即用因素分析法将成本打开分析，找到背后的真实原因。

这个案例的第一个启示是存货成本对企业的经营成果有重大影响。这个案例中，用了很多管理手段达成存货成本结果，支撑了公司的利润。

第二个启示是企业对成本是否重视，其中一个显性的标志——有成本分析会制度。如果企业一年开不了几次成本分析会，其成本就是烂在锅里的肉而不知道是什么肉。

因此，发现问题才能解决问题，而成本分析会制度，就是企业的成本体检和发现问题的机会，管理者需要重视。

2.5.2　管理者要用“上帝视角”看成本

成本目标制定好就要执行，执行完就要检查和反馈，然后就是修正，这被称为成本的 PDCA 闭环管理。

分析成本就是比较目标与实绩之间的差异，形象点比喻，成本的波动有点类似于心电图的波动图，波动幅度的大小，即为是否需要修正的信号。

企业通过对实绩数据与静态目标的比较分析，从而实现制定计划、控制执行、检查反馈、纠偏修正的预算和成本管理功能。

成本分析经常被称为“成本体检”，其中一个重点就是需要分析标准或者目标是否需要修正。

成本指标实绩落点分布与标准额之间的偏差图，如图 2-32 所示。

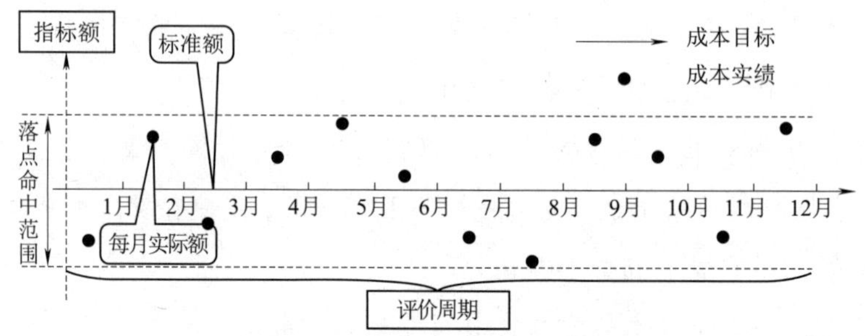

图 2-32　成本指标实际分布与标准的偏差

信号就出现在成本的目标或标准与成本实绩发生之间的偏差上。为便于直观理解，我们把图 2-32 中每个月的实绩额连接起来，即为成本的波动图。

这些落点分布的命中范围（借鉴 6σ 品质管理方法进行成本 6σ 分析），分解后大致存在以下几种情况：

波动情况一：成本指标命中率高，偏差精度高（正负偏差波动小，基本处于合理波动范围），这种情况一般不用修正目标，如图 2-33 所示。

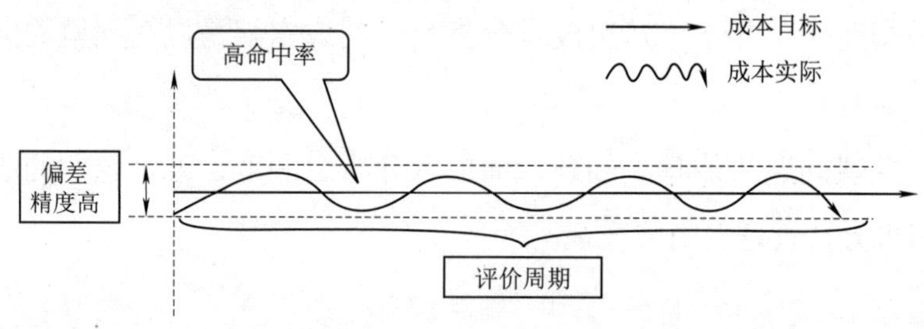

图 2-33　成本的波动情况一

波动情况二：成本指标命中率低，偏差精度低（出现正负偏差），这种情况需要分析原因，审视实绩生产参数或适当修正标准，如图 2-34 所示。

波动情况三：成本指标实绩波动大，偏差精度差（出现大的正负偏差），这种情况需要分析原因，审视实绩生产参数或需要修正标准，如图 2-35 所示。

波动情况四：成本指标命中偏差错位，需要分析审视产生实绩的原因，并修正生产参数，或适当修正标准，如图 2-36 所示。

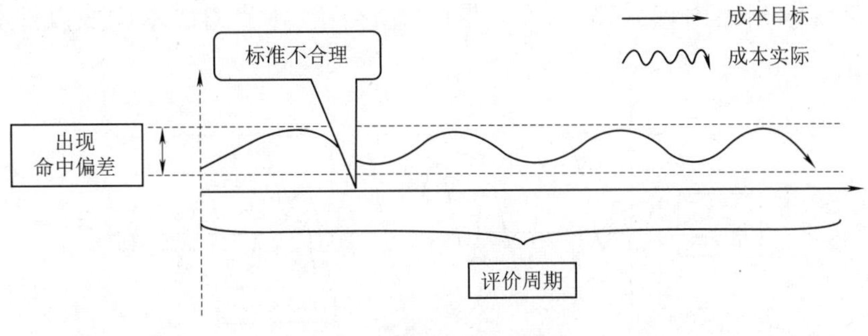

图 2–34　成本的波动情况二

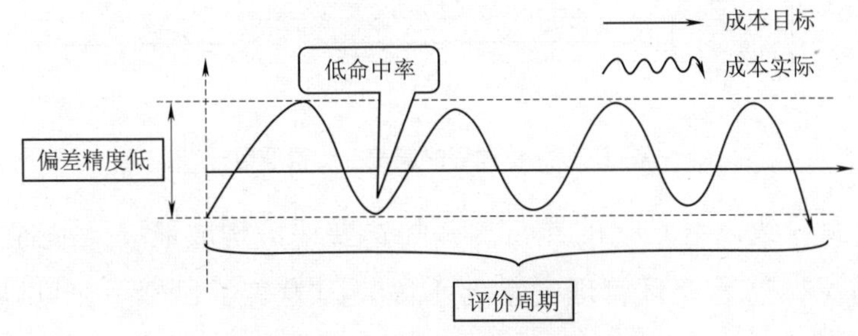

图 2–35　成本的波动情况三

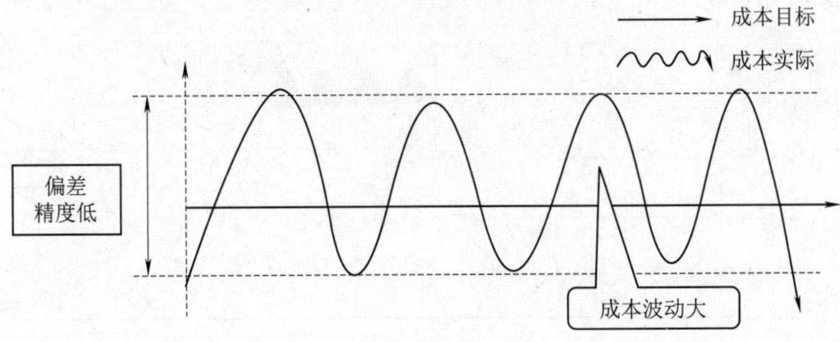

图 2–36　成本的波动情况四

成本评价异常波动的原因：可能因为成本目标或标准本身制定的不合理；可能因为外部环境发生了变化，而需要纠偏；可能是对应的责任部门缺少目标或预算的实现手段，即缺少有效的工具或方法；抑或是缺少有效的资源保证。

管理者现实中碰到的情况更多是不规则波动，因此对管理者的要求就是偏差控制，要将不可控变得可控，如图 2–37 所示。

以上是分解动作。

管理者如何用“上帝视角”看最终产品成本和企业全成本的异常环节呢？下面我们要将上述分解动作，放到复杂的生产工序中去看：如果最终产品成本的结果与目标相比出现异常，就需要打开各工序环节的成本构成以追根寻源、追溯还原。

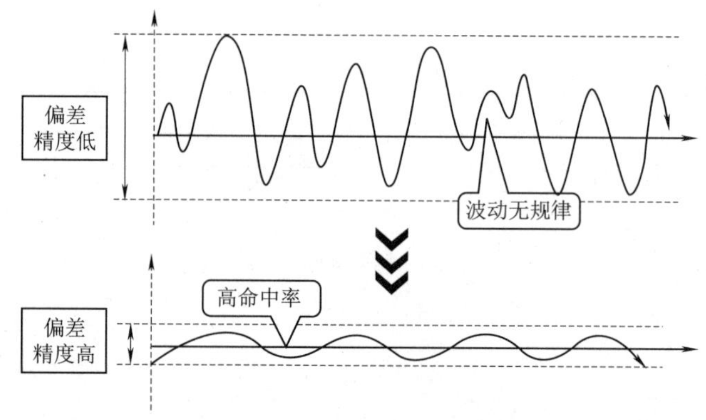

图 2-37　管理者的偏差控制管理目标

如何找到导致最终结果的异常源头呢？要评价构成最终产品各工序成本指标的波动情况，这是闭环管理的重要手段。因为有了目标后，可以靶向定位，监控窥视各环节的成本波动，以发现异常环节；发现异常环节后，就需要进一步分析，找出原因并改善；最终产品成本的全景直观图，如图 2-38 所示。

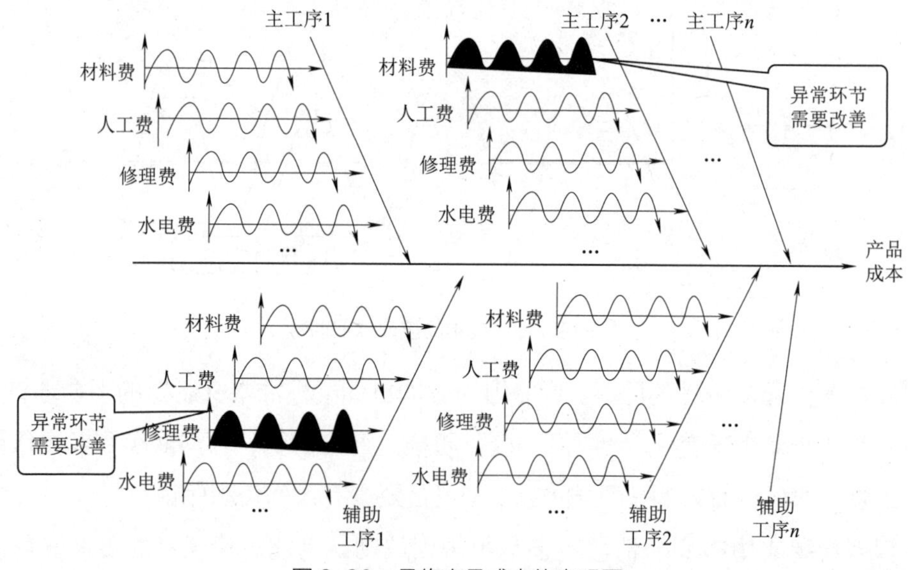

图 2-38　最终产品成本的直观图

因此，成本目标的评价，重点是窥视整个产品成本链中的异常，把脉成本的波动。放到企业全成本的维度，全成本由各个产品成本、各组织单元成本等构成。企业全成本的异常波动，亦可以利用成本的波动，做到追根溯源，以“上帝视角”

在成本全景地图中找到企业总成本异常波动的源头点，如图 2-39 所示。

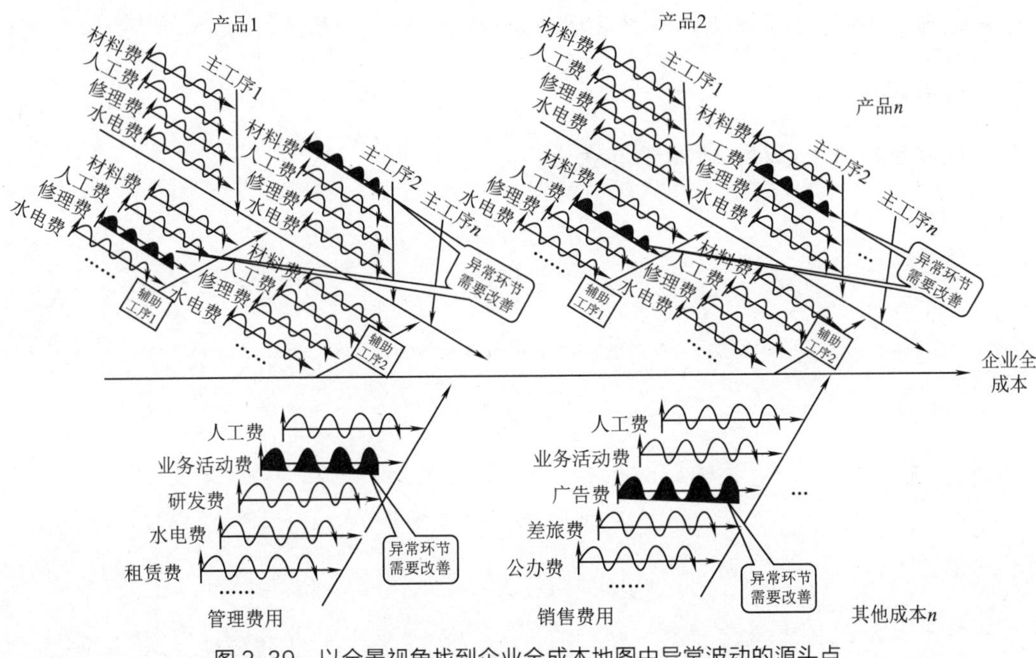

图 2-39　以全景视角找到企业全成本地图中异常波动的源头点

2.5.3　人为调节存货成本不可取

有时候存货可以人为随意控制。

【例 2-40】 存货的精度控制可以技术处理

有一家公司财务部门在半年末常常接到业务部门的电话说今年销售太好了，就快要完成目标了，需要控制发货，调整考核指标，否则今年超额完成任务，明年压力就太大了。业务部门希望下调指标，给明年留点余地和业绩。还有一种增加销售指标的技术处理是压货给下游企业，要求下游企业提前备货以达到自身销售额，完成考核指标。

这里面就涉及精度控制，没达标不行，但是超标也不行。

我曾经跟外企打过交道，有的外企就要求销售目标的月份精度要控制在 ±2% 以内。我认为对于国内有些企业来说，难度是非常大的，但有办法。

国内有的企业做法是：当业绩非常好的时候，要控制经销商从而减少自身销售额；如果发现业绩不好的时候，就找几家大的经销商，把他们当水库故意蓄水，从而增加自身销售额。这就是库存管理的缓冲调节余地。有时候，为了防止太假，略微超过那么1%。但实际上，这种管理自欺欺人，是毫无意义的。

点滴思维

过程控制为了考核而考核没有意义。

第 3 章 研发与采购环节的成本思维

本章导图

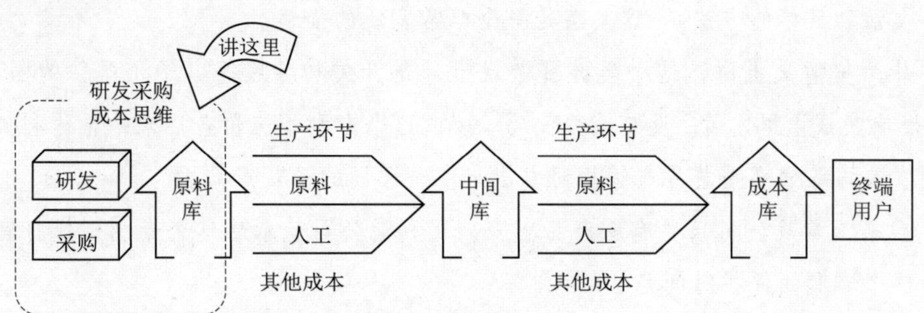

成本有时是设计出来的，设计成本很多都体现在研发环节。成本有时是前端成本倒逼出来的，生产成本的底线很多是采购成本倒逼的结果。研发成本和采购成本多发生于企业生产链的前端，不同的是：研发成本很多是为了后端用户的需求满足；采购成本很多是为了前端供应商的价格满足。

►► 3.1 研发的成本思维

管理者在研发环节也存在谋划。

【例 3-1】 借力打力的专利费心机

世界上第一台家用游戏机——奥德赛是由拉夫·贝尔[①]在1972年设计开发并申请了 Video Game 专利，正是这个发明让 Video Game 的时代正式到来，于是才有了后面的雅达利[②]2600、任天堂的 FC、世嘉的 MD 等。后来拉夫·贝尔所在的米罗华公司被飞利浦公司收购后，飞利浦公司就拥有了这项 Video Game 的专利。

拉夫·贝尔在其专利文本中这样描述："这个专利是一种方法，在电视屏幕上生成显示操纵和使用符号或几何图形，以达到让一个人或多人模拟训练、玩游戏等各类活动目标的方法。"这其实是一个非常宽泛的描述。

从严格意义上讲，这个奥德赛游戏机只是开关和导线等电子元器件的固定拼装，没有集成电路芯片，没有编程代码。按说这个专利不应覆盖后来的雅达利公司、任天堂公司等靠高端芯片与编程研发出来完全不同的游戏产品。

后来，游戏公司只要有新产品出来，飞利浦公司就拿着这个专利到处打官司，因为这个专利的保护时间是 20 年。

很多被起诉的公司都要和飞利浦公司进行对抗，因为这些游戏公司认为靠集成电路芯片和编程代码做出来的游戏，与这项专利根本就是两码事，不认为侵权。

但是，雅达利公司却第一个向飞利浦公司缴纳了专利费。

雅达利公司的老板布什内尔当时就作出敏锐的商业判断，即雅达利公司是第一个靠游戏设计发家的公司。如果雅达利交了专利费，飞利浦公司就不会难为雅

---

① 拉夫·贝尔（Ralph Henry Baer）是美籍犹太人，1922 年出生在德国，发明家、工程师，电子游戏先驱。

② 雅达利公司：是第一家美国著名的游戏开发公司和电脑游戏机厂商。

达利，而是难为那些雅达利的潜在竞争对手，致使他们还没开始赚钱就要缴纳一笔不小的专利费，无形中就能打压新生游戏公司研发游戏的积极性。

飞利浦公司向其他游戏公司打官司收专利费，相当于雅达利借力打力，依靠飞利浦公司的专利费，提高了游戏行业的门槛，从而减少竞争对手的数量。

飞利浦公司靠打官司收了20多年的Video Game专利费，在电子游戏业的发展历史上，其到底扮演了一个什么样的角色呢？

点滴思维

这个案例告诉我们管理者的心机也能在研发成本上予以体现。管理者除了权衡利弊，综合考虑以外，有的时候逆向思维反而可能更有利于公司的发展。

3.1.1　快到我的碗里来

企业设计和研发环节需要用到很多资源，其中一个资源就是把战略供应商拉过来一起设计和研发。新产品的研究成果又反过来作为供应商提供对应材料的标准和依据。

随着全球供应链的调整，企业的经营环境也会发生很大的变化。企业产品周期急剧缩短，需要利用外部资源和知识提升自身的研发能力，从而进一步推动企业创新。

同时我国企业由于普遍缺乏技术、资金等关键资源，单纯依靠企业自身积累远远不能满足产品创新的需要。

基于以上原因，跨企业研发合作成为企业创新之路的必然选择。

跨企业研发合作包括以下几个动机：

✓ 分摊研发成本以降低风险；

✓ 减少重复性的研发活动；

✓ 更有效地配置资源，可以获得互补性资源，同时有利于进一步开发新的资源；

✓ 拉拢竞争力，增加市场势力以获取地位优势。

我们把拉战略供应商一起参与设计和研究开发的行为，戏称为：快到我的碗里来。

用户拉战略供应商合作研发时，精明的用户可以更多占用供应商的资源做自己的事情，从而实现双赢。

【例 3-2】 苹果就指望台积电了

典型的案例就是苹果公司和台湾积体电路制造股份有限公司（简称台积电）的合作研发。

苹果公司非常关注其供应链前端的芯片供货，其对专用定制芯片的要求也可以用苛刻这个词形容。

台积电作为苹果公司的芯片战略供应商，有能力满足苹果很多超前的功能需求和设计要求。毕竟苹果认为只有台积电制造出来的高质量顶级制程芯片，能够满足苹果公司对品质的苛求。

于是苹果公司派人到台积电，指导台积电按其设计需要生产合格的芯片；而台积电也派人到苹果公司，及时跟踪和更新苹果公司的最新设计要求，以便快速调整工艺。

芯片造到一半提意见并修改设计的情况也时常会发生，因此合作研发的双方需要紧密结合。为了实现紧密结合，双方互相都到对方公司上班已经基本上成为常态。

点滴思维

合作研发能够创造高转换成本，大家经过磨合期以后，彼此就难以分开了。

前面我们提到，产品的供应商到用户的高级现场，即用户的研发车间去进行前期设计的早期介入，被简称为 EVI，这是站在供应商的角度说的。

如果站在研发者的角度，他们则希望掌握先进工艺技术的合作伙伴加入其研发团队共同创新产品。

供应商的成本精算，在于算出参与合伙研发的成功概率。研发一旦成功，则可以借助最终研发成功并上市的产品，搭上顺风车，为自己的品牌做宣传，为自己的品牌贴金。

【例 3-3】 宝钢与上海大众上下游企业合作研发案例

宝钢提供汽车板产品供上海大众汽车有限公司（以下简称上海大众）作为汽

车车身的材料。

汽车车身的激光拼焊技术是世界上最先进的轿车车身制造技术，不仅可以降低轿车重量，提高轿车性能，还可降低生产成本。该技术由德国蒂森钢铁公司与德国大众汽车公司合作研发成功，并逐渐成为主流技术。一直到2005年，国内使用的激光拼焊组件还主要依靠进口，国内厂商还没有掌握激光拼焊的核心技术。当时激光拼焊技术对于宝钢来说是一项新技术。

国内汽车生产商对激光拼焊组件需求量非常大。如果宝钢不能掌握激光拼焊技术，那么随着国外竞争对手如新日本制铁公司等不断进入中国市场，宝钢将无法保持汽车板市场的优势地位。另外，汽车板市场中，下游企业市场集中度越来越高。

下游汽车厂商实行全球集中采购，使得宝钢在同下游汽车制造商的谈判中处于弱势地位，其钢铁巨头的市场地位受到严峻挑战，处于腹背受敌的局面。

为了改变这种被动局面，宝钢希望尽快开发出适合下游汽车制造商的激光拼焊钢铁产品。

如果上海大众从国外进口激光拼焊组件，导致成本较高，需求响应时间较长，供应难以保障。为了获得稳定的激光拼焊组件供应，保持市场占有率，提高产品性能，降低成本，上海大众希望尽快进行激光拼焊技术研发并采用国内激光拼焊产品。

激光拼焊技术是一项专业性很强的技术，对该技术的研发，需要研发团队同时具备钢铁加工和汽车整车设计两种核心能力。宝钢的核心研发能力是钢铁加工和冶炼技术，尽管也对汽车制造技术做了研究，但仍然无法满足激光拼焊技术研发对汽车制造技术的需求。

宝钢急需从外部获得相应的技术资源。

上海大众的核心研发能力是汽车研发和制造。如果上海大众自主研发激光拼焊技术，那么由于缺乏对钢铁领域核心技术的掌握，上海大众将无法完成这项研发任务。上海大众也必须借助外部力量。

因此，宝钢和上海大众存在共同的技术战略目标，对于该目标核心技术能力高度互补，但是他们的自身资源与战略目标能力要求之间存在战略缺口，使他们的战略目标无法实现。

宝钢激光拼焊项目创新缺乏汽车设计与制造方面的核心技术能力，这种能力是汽车制造商保持竞争优势的隐性知识，是一种无形资源。宝钢无法通过购买上海大众的专利或引进某些上海大众技术人员等方式获得该核心技术能力。

如果宝钢兼并上海大众，那么宝钢至少要向上海大众的股东支付 78 亿元的费用，这也是宝钢所无法承受的。

因此，宝钢通过市场或内部化方式弥补战略缺口是不可行的。

同样的分析可以知道，上海大众通过市场或内部化方式弥补战略缺口也是不可行的。考虑到激光拼焊项目的特点，如果他们选择契约型或对外委托型合作研发战略联盟，那么必然会因为双方的机会主义行为而导致激光拼焊项目研发失败，无法达到创新的目的。

宝钢和上海大众的核心技术能力具有高度的互补性，他们从各自利益和发展战略出发，希望激光拼焊项目成为本企业的核心能力之一。只有共同成立合资研发企业，对激光拼焊项目进行整合，他们才有可能取得成功。于是经过多轮谈判，宝钢、上海大众和全球最大钢铁公司阿塞洛集团最终达成协议，成立激光拼焊项目公司，总投资 1 亿美元，从阿塞洛集团引进激光拼焊生产线，其中，宝钢占 38% 的股份，上海大众占 37% 的股份，阿塞洛集团占 25% 的股份。通过建立合资公司，宝钢和上海大众的关系更加紧密，实现了双向锁定。合资研发具有以下重要意义：

（1）增进了双方互信，建立了更加稳定的关系契约；

（2）宝钢获得忠实的大客户——上海大众，稳定了市场地位，上海大众获得了稳定的激光拼焊组件供应源；

（3）以具体产权形式保证了交易的稳定性，提高了潜在竞争者的进入壁垒，保护了企业的专用性投资；

（4）增进了双方信任，使得宝钢可以早期深度介入上海大众的相关产品研发项目，通过实行并行研发，提高了整个供应链的研发效率和市场响应速度；

（5）建立了更加高效、合理的供应链产品和技术信息传递网络。

点滴思维

企业自身的资源是有限的，如何充分利用自身资源并借助外部资源合作研发实现长期双赢，是管理者在技术创新活动中需要重点考虑的问题。

3.1.2 生产的难与易可倒逼研发

研发考虑的角度之一，是尽量设计容易生产的东西。有时候，生产过程中发现的问题，反而可以倒逼研发改进。以下就是我亲历的一个案例。

【例 3-4】 一个点子倒逼用户研发案例

我们在用户质量异议处理的过程中，提出一个解决方案建议，结果被用户采纳并改进研发，实现双赢。

我在钢企的营销中心做客户服务代表时，经常到全国各地的用户那里处理质量异议问题，其中，有一个质量案件给我留下深刻的印象。昆山工业园区的一家家电生产企业采购宝钢的钢材原料生产液晶背板以及电视机顶盒产品，而且采购数量较大。有一次，宝钢营销中心客户服务部接到这家家电企业的来电，反映其液晶背板及机顶盒产品在使用宝钢钢材生产过程中，出现冲压及打孔开裂的问题。

于是我们服务团队一行三人，专程赶往这家企业进行现场服务。因为营销中心有一条不成文的工作模式，遵循“三现主义”（三现主义，来自日语，意为“现地、现物、现实”），就是到用户现场开展实地一线服务。

家电企业用户派了一位生产经理领着我们一行人去看其生产冲压车间。在用户的生产车间，我才深刻体会到哪怕是生产小电器，也需要很多工序和工艺。

一个小小的机顶盒，要经历：脱脂→水洗→表调→磷化→水洗→烘干→冲压→抛光→涂装等工序。

用户反映以前使用厚尺寸规格的钢材产品，并未发生冲压及打孔开裂。为了减轻产品质量，改用我们的薄尺寸钢材产品后，在冲压环节总是出现开裂问题。薄尺寸的钢材产品冲压开裂是普遍现象。所谓“鱼和熊掌不可兼得”，意思是如果采用厚尺寸钢材，不容易冲压开裂，但质量会重；如果采用薄尺寸钢材，质量会轻，但容易冲压开裂。

针对这个问题，我们反复摸查用户生产线的工艺参数、如温度、速度等，并排查我们提供产品的性能指标是否存在问题，结果并未发现问题。

我们进一步研究用户的产品，发现用户机顶盒产品的面板上除了有 VGA 接口，有 HDMI 接口，还有 AV+ 音频接口（RGB 接口）。而机顶盒上的 AV+ 音频接口（RGB 接口）需要打三个小孔，正是因为这三个小孔的位置过近，打孔面积过小，所以容易冲压开裂。

我们服务团队有一位同事突然说了一句：AV+ 音频接口（RGB 接口）现在的人基本不太用了吧，你要它有什么用？你有 VGA 接口，有 HDMI 接口，这样一个

AV+ 音频接口是过时的接口，好像基本没人用了。

我算是一个很愿意尝试新事物的人，也想起最近买的另外一款类似机顶盒产品，已经没有 AV+ 音频接口了。因为其他电器升级的关系，AV+ 音频接口对用户来说毫无意义。

我们问生产部经理："3 个孔的 AV+ 音频接口，有多少用户已经不用了？完全没用过 AV+ 音频接口的百分比是多少？"

他们答不上来，但表示总有人要用吧。

这可能是一个没有意义的问题，实地搜集这种数据很费劲，至少在当年很费劲，其液晶背板也有 3 个孔的 AV+ 音频接口（RGB 接口），冲压及打孔都存在开裂的问题。

毫无疑问，这种规格的薄钢板，接口的冲压及打孔容易开裂，致使次品率增加，从而导致质量成本增加。而我们客户服务小组又不能建议用户改用不容易开裂的厚尺寸钢板产品。

为什么用户要保留 3 个孔的 AV+ 音频接口呢？难道用户没有考虑到落伍么？当然不是。

首先，他们开始也不认为是个问题，这个问题并未暴露出来。因为以前厚尺寸的钢材产品冲压不会开裂掩盖了现在出现的问题。其次，这些 AV+ 音频接口（RGB 接口）不在他们正要消除的在制品库存之列。最后，保留 3 个孔的设计，属于其研发团队的现有设计规范，生产部门根本无权清除。

用户怎么会需要自己不用的多余接口呢？随着小米系列设计的升级，精简界面产品的热销，抱怨用户界面"太简单，如果多几个接口就好了！"的情形应该很稀少了。

实际情况都是这样，生产经理在跟我们说有的用户可能想要 AV+ 音频接口，谈的其实不是消费者，因为消费者不是他们的用户。他们不了解市场，与市场容易产生信息孤岛现象。

那么难道是销售团队有问题？也不是。如果你找他们谈，你会发现他们在老老实实、毫不含糊地传达用户接口多多益善的需求。

那一定是采购团队的错？也不是，采购团队说他们只管按产品设计的要求，采购零配件。

难道是研发团队的错？也不是，研发团队不认为保留这个接口有什么不好，至少不会产生负面影响。

这条价值链这么长，却没有人站出来回答一个简单的问题：有什么证据可以证明有了 AV+ 音频接口（RGB 接口），买的人就越多，而且人们会长期多次购买这家公司的产品？

每个部门都在履行自己的职责，每个人都在挣钱，领导者可以得到晋升和奖励。所以，谁都不怪，谁都没错。

谁都没错，那么问题到底出在了哪里？

但感觉确实告诉我们，AV+ 音频接口已经不太有人用了。除了机顶盒，还有大量类似产品皆是如此。

那么，有没有什么解决办法呢？有，解决的办法就是通过生产环节暴露的问题倒逼其进行设计改善的这样一个成本精算。

我们细数一下，AV+ 音频接口明确了几种浪费：冲压及打孔失败的浪费、改回厚尺寸钢板冲压的成本浪费及用户体验的下降、组装人工的浪费、过度制造的浪费。

思考一下，除了这五种浪费之外，还有什么浪费。我们必须认识到，生产一种产品，某项功能生产出来却没人使用，这也是一种浪费。这个问题困扰着大大小小的公司，有初创公司，也有大企业，他们投入大量时间和精力生产错误的产品。

经典的案例是世嘉游戏机 MD 的外部设备兼容接口的过度设计，当时很多接口的设计都很超前，但市场反馈的结果却发现少有人用。

成本精算要求管理部门首先集中精力研究生产合适的产品。

很多企业的各个基层部门都有部门利益，大家都觉得自己有理，都有自己的小算盘。部门管理者站在自身角度考虑似乎都有道理，只是没有从价值链协同和瓶颈的角度考虑，没有能够更宏观，更直观地看出哪些环节是局部不经济的。

而公司高层管理者却容易看出哪些环节是局部不经济的。

我们看到，因为目前存在孤岛式的职能部门，所以像机顶盒接口那样的问题难以得到解决。

避免这种小浪费和取得重大的突破一样重要。现代企业可以杜绝浪费，在所有阶段、所有层级设立实验制度。此外，这种制度不仅能减少浪费、鼓舞士气，还能产生额外红利。有时解决一个小问题会迎来一个很棒的机会。

这家公司的总经理看到我们的产品质量异议处理报告及技术营销建议时，果断拍板要求其研发部门去除 AV+ 音频接口重新设计方案。

结果是用于生产液晶背板和机顶盒产品的薄尺寸钢材原料在冲压环节没有再出现冲压开裂情况。经用户在一年跨度内的生产统计，此次倒逼设计的改良，减少采购成本约 30 万元，减少冲压开裂造成的次品损失 113 万元左右，减少人工成本近 13 万元。

一个小小的改动，使得这家公司一直使用我们的钢材产品，每次逢年过节还送些年货慰问品给我们部门。

点滴思维

结合市场的新动向，分析生产的难与易，有时会倒逼研发部门改良优化那些可能不必要的设计。

3.1.3 破坏性的研发威力

1997 年，哈佛大学商学院教授克莱顿·克里斯坦森（1952—2020）出版《创新者的窘境》，第一次系统地研究大公司为什么会失败这个问题。

【例 3–5】 大企业被自己的研发反噬

克里斯坦森发现，在 20 世纪 90 年代中期，正是计算机行业从大型机向台式机转型的关键时刻，但没有一家主要生产大型计算机的制造商，成功地转变为在微型计算机市场具有举足轻重地位的生产商。

那么，是这些公司的管理不善吗？克里斯坦森认为恰恰相反，这些公司是全世界管理效率最高的公司，而且无一例外地拥有杰出的领导者。克里斯坦森的研究结果是良好的管理正是导致领先企业马失前蹄的主因。

克里斯坦森认为，因为这些企业倾听了客户的意见，积极投资新技术的研发，以期向客户提供更多更好的产品；因为它们认真研究了市场趋势，并将投资资本系统性地分配给能够带来最佳收益率的创新研发领域。最终，它们都丧失了其市场领先地位。原因在于那些颠覆性的技术居然有很多来自大公司的实验室，而小公司的创业者正是从大公司被排异出去的失意者。

例如，希捷公司（Seagate）是全球最大的硬盘、磁盘制造商，在向小型化转型的过程中，它的工程师率先研制出了3英寸硬盘，领先于行业两年。但这位工程师在公司内一直得不到重视，只好自立门户，创建了康诺公司，成为希捷公司最强有力的竞争者。又如，第一个研发出数码相机技术的是柯达公司，第一个研发出手机触屏功能的是诺基亚公司，可是它们都不是这些技术的使用者，这些公司最终也走向没落。诺基亚的最后一任总裁在公司被收购时，颇为无奈地说："我们什么也没有做错，但是我们还是失败了。"

点滴思维

上述失败案例中，克里斯坦森说"良好的管理正是导致领先企业马失前蹄的主因"，实际上显而易见的是管理者没有对研发人员给予充分的尊重和重视，使其成为竞争对手打败自己。管理者看似没有管理不善，但不了解研发人员的机会成本，恰恰是管理不善的体现。

3.1.4 成本的"欲受其冠，必承其重"

企业似乎越大就越容易被寄托更多的责任，在诸多责任中，研发被要求多投入也不例外。因此，企业成本最小化的选项大概是低调、不张扬，直接看案例：

【例 3-6】 知名企业研发不足受到外界舆论质疑案例

根据财报数据显示，某科技公司L的研发投入不足华为技术有限公司（以下简称华为）的零头，被舆论质疑。在2018~2020这三年，L公司的各年研发费用占各期总营业收入的比例分别为2.48%、2.63%、2.39%，远远达不到科创板"近三年的累计研发投入需要占三年来累计营业收入比例的15%以上"的要求。同一时期，华为在研发上的投入比例分别为14.1%，15.3%，15.9%。

根据公开资料显示，L公司用的处理器、芯片、内存、存储器、显示器以及软件关键技术等均为对外采购。

市场上主流智能设备品牌不可避免会采用三方代工或者贴牌。2020年，L公司贴牌出货比例达到89%，华为贴牌出货比例为18%。2020年，L公司对外采购金额2 153.32亿元，利润率只有2%。因此L公司被舆论称为是组装电脑的企业。

L公司是全球PC行业的老大，是大家公认的科技企业。然而很多科技研发成果不是属于L公司的。华为是科技企业，其中很多科技研发成果属于华为，故其研发费用投入多。

研发费用投入多少跟企业的经营性质、商业模式等有关系，本无对错，无可厚非。

L公司坐拥数千亿元的营业收入和中国发展的巨大红利，而在研发费用投入上，却和同为科技类公司的华为存在巨大差距，因此被舆论质疑。

企业家对国家的贡献，可能不在于赚钱多少。

在国家遭经济打压和科技围堵时，华为首当其冲被严重打压，危难之时方显英雄本色，正因如此，华为积极对抗科技封锁，努力寻找突破，自己研发芯片。

相比之下，L公司的一位高层管理者曾说："L公司是一家全球性公司，我们不是一家中国公司。"

事实也确实如此。L公司近四分之三的业务在国外。但作为创建于中国的企业，创始人也是中国人，这样说似乎缺少智慧。尽管这样说没有什么不对，但在国情环境下可能引起歧义，容易被误解，引发公关危机的风险。

企业经营为什么难？为什么累？公关必备素质的要求也是原因之一。

一般来说，企业越大，被寄予的社会责任也会大，这可能也是为什么L公司研发投入被舆论质疑的原因吧。舆论有时候是非理性的，会起到反噬作用。

企业自主决策的正常研发投入行为，本无对错。但如果被网红大V[①]进行了舆论宣传，当舆论发酵并被放大以后，网友和舆论的同理心就可能被唤醒，出现反噬效应。企业吸引公众注意以后就容易被放大缺点，即企业可能会被卷入舆论的漩涡。

企业经营之所以难，难就难在有很多关系需要维护。例如：内部的关系，外部的关系，与员工的关系，与媒体的关系等都要维护。

当然，公司即使出现了公关危机，也有很多危机公关的成功案例。

点滴思维

这个案例告诉我们，研发费用的投入成本，也存在"欲受其冠，必承其重"现象，管理者对于公关态度和敏感话题也应尽量保持低调，减少舆论的质疑。否则，舆论有时候是非理性的，会起到反噬作用。我认为企业保持低调的态度，或许能减少公关危机和危机公关成本。

---

① 大V：具备一定粉丝量的账号，通常在50万个粉丝以上。

3.1.5　机会成本优势

机会成本是一个纯粹的经济学概念。要想对备选方案的经济效益作出正确的判断与评价，管理者必须在做决策前进行分析，将已放弃方案所可能获得的潜在收益，作为被选取方案的机会成本考虑，这种机会成本的计算，亦可以理解为一种成本精算。

【例 3-7】 换工作与不换工作的机会成本案例

萨缪尔森在其《经济学》中曾用热狗公司的事例说明机会成本的概念。

热狗公司所有者每周投入 60 小时工作时间，但不领取工资，到年末结算时获得 22 000 美元的可观利润。如果这些所有者能够找到其他收入更高的工作，使他们年收入达到 45 000 美元。那么这些人所从事的热狗工作就会产生一种机会成本，它表明因他们从事热狗工作而不得不失去的其他获利更大的机会。

对于此事，经济学家这样理解：如果用他们的利润 22 000 美元减去他们失去的 45 000 美元的机会收益，他们实际上是亏损的，亏损额是 45 000–22 000=23 000 美元，虽然表面上他们是赢利了。

人们无时无刻不在进行选择，比如选择在这家四川菜馆还是那家陕西菜馆去吃饭；毕业后选择就业还是继续读研……这些选择在生活中很常见。

机会成本越高，选择越困难，因为我们在心底不愿轻易放弃可能得到的东西。简单的选择不加思索即可做出，如果是重大决策，还是多犹豫一些为好。

怎么知道自主研发的机会成本高与低呢？管理者需要让相关部门（如研发部门）做可行性分析，进行量化测试，这其实就是一种机会成本的成本精算。

点滴思维

管理者决策是否选择自主研发时需要考虑机会成本，这也是一种经济学思维。

3.1.6　自主研发，减少交易成本

闻一多在《组织民众与保卫大西南》一文中提道：“我们人民能以自力更生的方式强起来了。”

自主研发包含自力更生的意思，例如：歼 10 战斗机是我国第一款自主研发，拥有自主知识产权的战斗机。如果不掌握核心技术，很容易被人拿住把柄。中国台湾的高铁看起来很发达，但因为不是自主研发，是买自日本的技术，每年被日本收取的维护费就完全抵消了收入，现在还在亏本运行。

国际上对最新技术的封锁已经形成惯例，市场上买得到的，往往是生产国用剩的上一时代的产品。顶尖的最新技术是绝对不会卖的，交易成本极大。因此，自主研发有助于发展整个工业链体系，比如发动机的研发，可以带动特种金属、材料学等科学技术的发展。

3.2 采购材料的成本思维

制造业中，原材料成本往往占总成本的很大比重，一般在 50% 以上，最高甚至可达 90%。控制原材料的采购成本，就成为成本控制的主要对象。这里面，影响材料成本的因素有采购、库存、生产消耗、回收利用等。

3.2.1 材料成本是带颜色的水

很多人说总是搞不懂库存影响，也就是材料成本影响到底是怎么一回事。

【例 3-8】 材料库存成本到底是什么

我们以材料采购和材料库存环节计算材料成本最常用到的加权平均法举例。如图 3-1 所示，上一道工序用原材料生产的半成品，就是下一道工序生产产成品的原材料。

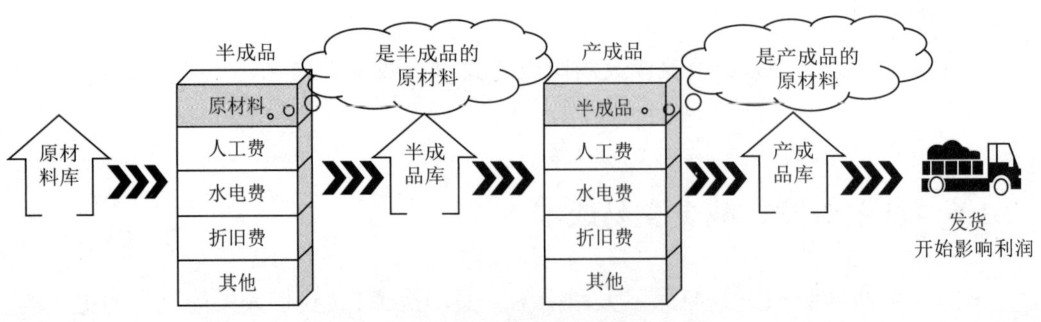

图 3-1　材料库存成本存在于各个环节

因此，材料可以理解为存在于每个生产链环节：材料→库存→再变为下道工序的材料→库存，是一个循环往复的过程。这就是为什么库存成本大致可以理解为材料库存成本的原因。

这里的材料库存成本，可以想象是一个水池里的水，水的颜色深浅就表示存货成本的高低，即对应颜色的色度代表对应不同的成本。水池有进水口和出水口，进水口表示采购，出水口表示领用或发货。进水口的水，表示新采购进来材料的价格，即采购成本。新采购材料的价格越低，就表示水的颜色越浅；新采购材料的价格越高，就表示水的颜色越深。深浅不同的水，进入水池（库存）后和原来水池里的水进行混合、搅拌后，最终出现一个新的颜色，新的色度，这个最终颜色的深与浅，就表示最终材料存货成本的高与低。然后再把水从水龙头放出来，放出来的水是什么颜色，就代表什么成本。这里的放水表示领用材料库存（生产环节）或向用户发货（销售环节）。

库存成本的前后差异表示水池放出来的水前后颜色深浅的比较。这个深浅比较，就比出了库存影响。不难看出，颜色的变化，会受到采购成本、生产成本（包括生产过程的精益成本管控水平，生产链的效率等）因素的影响。

管理者对材料库存成本有形象的认识，更有助于了解生产环节的成本思维。

点滴思维

材料库存成本是带颜色的水。

3.2.2　采购基调可提高效率

高层定调，基层执行是典型的自上而下管理方式，易于操作层快速执行。采购环节也不例外，有了高层的定调，就有了整体采购的原则，使采购有据可依，从而提高采购效率，否则容易使采购寻源变成打移动靶，无所适从，直接看案例：

【例 3-9】 采购劳动防护用品案例

以前我在 500 强企业核定劳动防护用品费用的时候，公司领导就说过一个原则：要重视公司的形象工程建设，我们毕竟是世界 500 强企业，到处都是公司 AI

形象设计，劳动防护用品要符合公司形象。因此，工作服建议采购中等偏上档次的面料及款式设计，这就是领导给的大方向和原则。

于是，有了这个定调作为采购前提，我们制定了几个采购中等偏上档次的方案进行了招投标。当然，如果给的采购基调前提是节省成本，我们自然也会有相应的节省成本方案供领导决策。

关于招投标，我们发现如果价格定得低了，招投标的结果有时会流标，没有一家愿意接单。因为整个市场做劳动防护用品的企业就这么几家，他们之间私下是个圈子，信息是对称的。

有时候一家接到一个大订单，由于自身的生产能力有限，会出现匀出去外包给其他同行共同参与生产，以完成这个大订单。

我们在做成本测算方案时，也要同时考虑防止这样一个因素变量的出现。

点滴思维

采购劳务或服务有时可能因为选择范围较大而无所适从，明确范围或缩小范围更有利于操作。

关于高层定调以便于基层执行，我们继续列举案例：

【例 3-10】 消防经费案例

某 500 强企业为工业制造业，在 20 平方公里厂区内的消防压力很大，每年都会发生火灾。

我们在跟消防支队商谈年度消防经费以及采购消防服务价格的时候，相关标准有行业的高位数、中位数、低位数作为参考。

公司领导曾指示：以中位数费用水平进行费用商谈。有了这个领导的定调作为采购前提，我们做了几版方案，在中位数的几个方案中，最终选择了较低成本支出的方案。

点滴思维

虽然采购规模不同，但在采购的选择上，大企业明确采购档次和范围前提的采购思路或许能够作为中小企业的参考。

3.2.3　采购成本你说了不算

有一种情况是材料处于卖方市场时，由于供需关系有利于供给方，供应商掌握议价权，这时材料采购成本一般会受市场端价格影响，随行就市。而这个市场端价格，又是多家供应商综合调价的结果，此时，卖方处于强势地位。

在这种情形下，管理者若想控制材料采购成本，可操作性不强。

【例 3-11】 钢材原料的采购价格控制

图 3-2 就是某钢材原料的市场价格波动走势图。

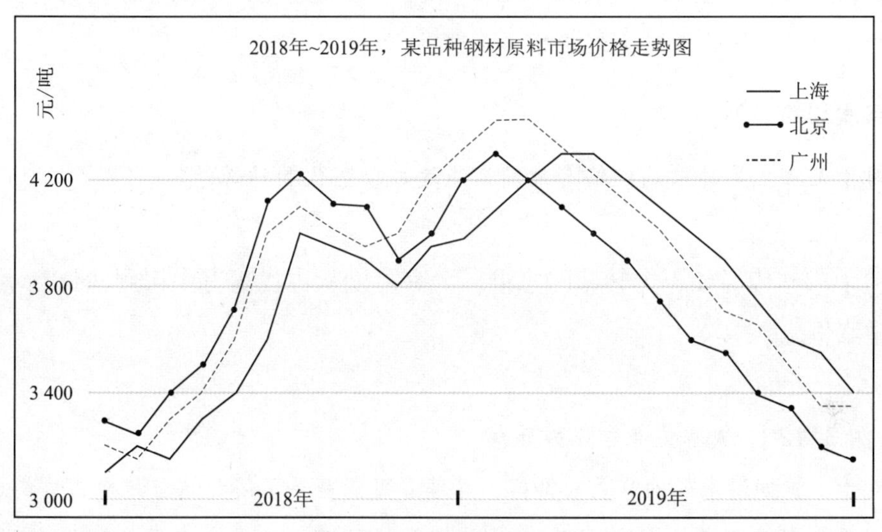

图 3-2　钢材采购价格的议价权

例如，有一家企业的原材料是钢材，作为钢材的用户，这家企业的钢材采购成本就会受到上游的钢材市场价格波动影响。卖方的强势还会体现在搭售上，即让采购方得到高品质材料的同时，可能搭售一些其滞销的或低品质的材料，以消化其不利库存的影响。

如果管理者想要降低钢材的采购成本，那就不能把控制原材料采购价格作为降成本的手段。——因为这个价格，采购企业根本控制不了。采购企业能做的就是及时跟踪价格，分析价格。材料采购成本控制的主动权在于前端与后端的控制。前端的控制，是做好预测并尽量在价格走势的低位多买进，作为未来价格走高时的备货，但要做到这一点有难度。对于后端的控制，一是内部成本控制，二是成本转嫁消化。因为采购的目标成本定了，就要在内部按目标成本去控制，重点关注的控制点是控制原材料的损耗、提高利用率、减少浪费等。接下来把采购成本转嫁给下游用户，也就是议价的过程，需要通过与用户沟通，协商解决。

成本传导和压力转嫁是一种常用的成本消化方式。在卖方市场的情形下，采购方无法主导价格，在没有替代方案的前提下，只能适应这个价格。

这张图作为采购钢材价格的趋势参考，可对预算年度的采购成本进行预测并可作为材料成本预算编制的依据，但是不能对此进行考核，为什么呢？一是受市场及价格波动不确定性因素影响，预测可能不准；二是钢材市场处于卖方市场时，价格无法主导。

因此，管理的重点可能是围绕国产替代、结构优化，以及前面说到的提高原材料利用率、控制损耗避免浪费等方面进行。

点滴思维

对于无法主导的采购价格有时候只能适应、消化和转嫁等。

关于成本传导和压力转嫁的思维，大家可以从古代寓言中得到些许启示，继续列举案例：

【例 3-12】 成本传导和压力转嫁

对于上游如洪水般的非主导价格，管理者可能需要了解封堵与疏导的哲学思维。

大禹的父亲鲧用封堵的方法治水九年无功而返，禹下决心要治理洪水。他吃尽千辛万苦，走遍千山万水，仔细地察看水流和地形。他带领老百姓挖通九条大河，劈开九座大山，引导洪水流入大海。他开创了疏导治水方式之先河，通过将堵塞水路的大山挖开，疏通水路，引水入海。

前端是市场垄断，价格没有话语权，与其放弃采购，不如采取封堵措施。例如：提前与供应商强化互利合作，签订一年以上的长期战略协议价格；抑或找同行结成价格同盟，增加议价话语权；还要主动应对市场变化，产、供、研全面协同寻求品种替代的最佳解决方案。

企业与其被动忍受前端成本不利因素，不如顺势而为。例如，在后端转嫁消化、创新产品、市场挖潜等。

前端市场的不利影响可以理解为一头大熊来了，此时取得相对优势更重要。

因为在大熊面前，既要与熊比速度，更重要的是要比最后一个竞争对手跑得快。能够活着的企业终会等到更多机会。

点滴思维

对于无法主导的价格既要封堵，也要疏导。

采购成本没有主导权时会比较被动，管理者提前筹划替代方案或对冲预案，则可能抵消被动带来的风险，化被动为主动，继续列举案例：

【例 3-13】 原料产地的不确定性

鸡蛋不要放在同一个篮子里的道理，同样适用于采购环节。

曾经有一年澳大利亚东部持续发生暴雨，洪水造成昆士兰州 75% 的土地被水覆盖。澳大利亚是全球第一大煤炭出口国，昆士兰州则拥有澳大利亚 40% 的煤炭储量，其产量占到澳大利亚煤炭产量的 56%。

当年澳大利亚洪灾殃及亚洲钢铁企业，受冲击最大的是日本，其次是韩国、印度和中国。很多钢厂纷纷宣称库存紧张，有的仅剩 1 个月的库存，如果继续大雨，将遭受重大影响。

澳大利亚洪水助推焦煤价格上涨，第二季度升幅达 30%。

中国进口焦煤的钢厂，则开始转向国内市场采购以缓解不可抗因素的影响。而从煤炭进口比例大的钢厂则受到的影响更大。

点滴思维

“脑子拐弯快”的企业成本损失会较小。

3.2.4 采购的未雨绸缪

采购环节的成本也需要事先设计，做到未雨绸缪，这是管理者采购成本风险意识的体现。

【例 3-14】 利用汇率和付款条款

我们要采购进口材料的时候，就需要预判汇率走势的影响并安排采购计划。

公司从美国进口材料，如果预测美元出现弱势走势，则顺势调整采购材料的结构，用人民币兑换美元增加采购美国材料是有利选择，这样可降低材料采购成本；如果预测美元出现强势走势，则可采用相反的操作。又如：企业通过付款条款的选择降低采购成本，如果资金充裕，或者银行利率较低，可采用现金交易或货到付款的方式，这样往往能带来较大的价格折扣。

往往一些主动的管理者，能够起到降本增效的效果。

点滴思维

成本也存在你不理财，财不理你的现象。

采购的时候控制采购结构和采购节奏都是管理者需要考虑的问题。例如：考虑替代方案预案就是控制采购结构的措施之一；选择适当的价格时机进行采购是控制采购节奏的措施之一。继续列举案例：

【例 3-15】 把握价格变动的时机

材料价格经常随着季节、市场供求情况的改变而变动。采购人员应注意材料价格变动的规律，把握好采购时机，如图 3-3 所示。

例如，某公司的主要原材料是钢材，2018 年初的价格约为 3 200 元 / 吨，之后逐月上涨，仅仅半年就涨到约 4 100 元 / 吨。

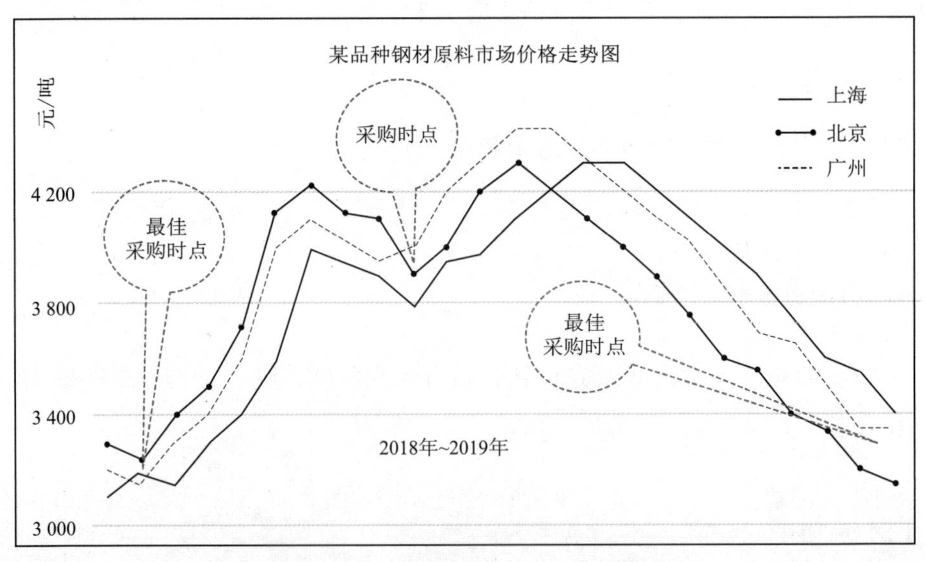

图 3-3　把握价格变动的时机瞄准采购时点

下半年虽然略有下跌，但降到 3 900 元 / 吨之后又反弹到最高约 4 300 元 / 吨。而到了 2019 年，钢材的价格全年一路下跌，一直下跌到接近 2018 年初的 3 200 元 / 吨水平。

在这样一个价格变动的区间图中，似乎最佳采购时点为 2018 年的年初和 2019 年的年末。如果采购部门能把握好时机和采购数量，能够给企业带来很大的经济效益，但要做到这一点有难度。

所以做好第一步很重要，也就是要做到对采购市场的充分调查和信息收集、整理，充分了解市场的状况和价格的走势，使自己处于相对有利地位。

点滴思维

把握好采购最佳时机，说起来容易，做起来难，有时候有运气的成分。

因此不难看出，凡事如果能够事前考虑，做好预防措施，未雨绸缪，就可以抵消风险带来的不利影响。诸多案例都告诉我们，管理者要有成本的风险意识这根弦，继续列举案例：

【例 3-16】 未雨绸缪与事前控制

魏文王曾问名医扁鹊："你们家兄弟三人，都精于医术，到底哪一位医术最好呢？"

扁鹊回答说："大哥最好，二哥次之，我最差。"

文王再问："那么为什么你最出名呢？"

扁鹊答说："我大哥治病，是治病于病情发作之前。由于一般人不知道他事先能铲除病因，所以他的名气无法传出去，只有我们家里的人才知道。我二哥治病，是治病于病情刚刚发作之时。一般人以为他只能治轻微的小病，所以他只在我们的村子里才小有名气。而我治病，是治病于病情严重之时。一般人看见的都是我在经脉上穿针放血，在皮肤上敷药等，所以他们以为我的医术最高明，因此名气响遍全国。"

文王连连点头称道："你说得好极了。"

小故事折射大道理：事后控制不如事中控制，事中控制不如事前控制。

管理者要增强风险意识，做好应对极端市场情况的充分准备。风险管理工作的关键在于未雨绸缪，有备无患。

针对市场重大变化，要有预案；针对恶劣天气，要有预案；针对突发事件，要有预案；针对现场重大变化，也要有预案。除了做好风险的事前控制工作，管理者还要加强对风险的事中控制和事后评估工作。

点滴思维

管理者要有成本的风险意识。

3.2.5 用标准化降低采购成本

产品的标准化是降低采购成本的有效手段之一。

简单地说，标准化就是尽可能减少专用的制程，将专用的材料，用一般材料替代，增强互换性。

标准化措施可以使生产作业一体化，使集中批量采购相对增加。集中批量可以减少采购次数，自然就节省采购手续费等采购成本。

【例 3-17】 云南白药案例

云南白药使用的包装纸盒，原来为采购多家供应商提供的产品，但在使用过程中发现纸制品质量和价格参差不齐，并存在鱼龙混杂的问题。于是，云南白药利用集中采购的规模优势，将纸盒供应链向印刷厂上游的造纸厂延伸，经与国内几家最强的白卡纸生产商直接洽谈，最终与一家上游纸厂达成纸张统一采购的合作方案，基于环保理念，选用新型的高松厚白卡纸替代原来的普通白卡纸，将纸张利用率提高 6.67%，大幅提升了产品环保性。

纸张的统一有效规避了各印刷厂因纸张差异导致的纸盒产品质量问题。

基于对纸盒生产工艺的深入了解和学习，云南白药的采购中心着手对纸盒印刷品进行价格梳理，统一了产品价格并建立价格模型，连同上游原纸的统一采购，云南白药共实现年 7% 左右的成本降低，同时也有效降低了供应商恶意竞价导致的质量风险。

云南白药纸张源头管控的标准化长期收益不断体现。2015 年，在采购成本不增加的前提下，云南白药将高松厚白卡纸升级为更环保的食品级高松厚白卡纸，是业界最先使用食品级白卡纸作为药盒包装的内资企业。

点滴思维

标准化采购有利综合成本的下降。

3.3 采购环节的成本设计

管理者要想降低采购成本或者提高采购成本产生的效益，就需要在前期进行成本设计。

3.3.1 采购对最终产品的成本敏感性

采购成本一旦发生变化，就会通过中间一系列库存影响及生产过程的连锁反应，通过消耗水平、成材率，以及其他生产成本的滚雪球式影响，最终对产品造成影响。我们把每一单位采购成本的变化，对最终产品的成本影响程度，可以理解为一种敏感性程度，这个计算分析的过程就是敏感性分析，如图 3-4 所示：

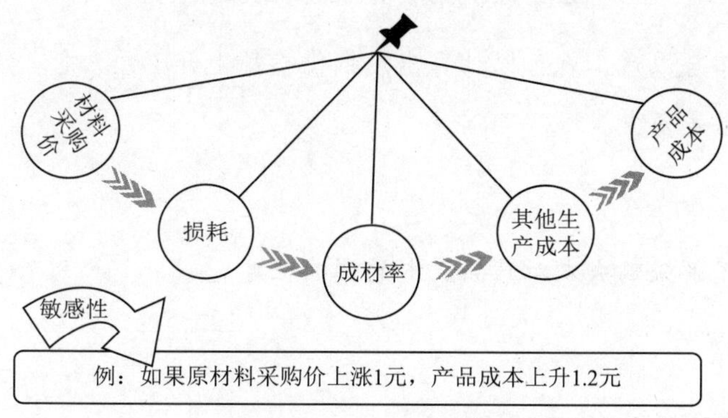

图 3-4 价格敏感性

同种材料价格的上涨对不同最终产品成本的影响有所不同，不同材料价格的上涨对同种最终产品成本的影响也不同。

【例 3-18】 钢铁企业采购废钢对产品敏感性分析案例

钢铁企业在炼钢工序，需要添加废钢。废钢价格较低，因此废钢的综合利用是降低炼钢成本的手段之一。废钢也是调节降低炼钢环节钢水温度的手段。

钢铁企业的炼钢厂有三个分厂，分别生产不同成分的钢坯产品，如图 3-5 所示。作为生产钢坯的原料，废钢被添加入炼钢炉后，会有几个指标影响成本和效率。一是废钢的外购自用比，即自产的废钢和从市场购买的废钢比例。自产的废钢成本相对较低，多使用自产废钢则有利于降成本。二是单位消耗，也就是每生产 1 吨钢坯产品要耗用多少吨废钢原料。三是综合收得率，也就是投入多少吨原料，能够产生 1 吨的钢坯产品。

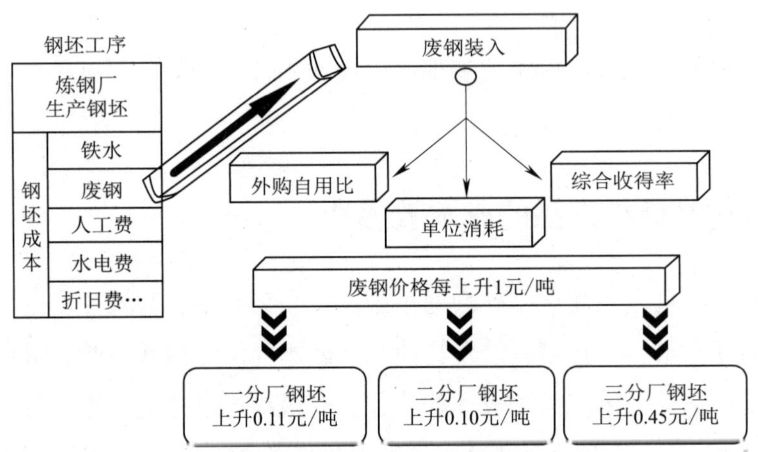

图 3-5　采购成本对产品成本的敏感性分析

这些指标综合以后，就可以计算出废钢价格每上升 1 元 / 吨，会影响各个分厂钢坯产品的成本是多少。

点滴思维

管理者要了解采购成本对产品成本的影响程度。

3.3.2　向制造商直接采购好吗

采购者跳过中间商，向制造商直接采购或结成同盟联合采购，可以有效降低采购成本，同时提升制造商的技术服务、售后服务质量。另外，单个厂家因订购数量小而得不到更多的优惠，所以寻找同类采购需求的伙伴结成同盟，联合订购，以高采购体量挣得议价权。

向制造商直接采购或许能降低成本，但并非一概而论。正常的大型企业采购，要么是比议价，要么是招投标，都是有流程的，这些流程的目的，目的是筛选出更合适的供应商。有时候企业并非为了更快捷地达成交易，还要考虑会不会产生后遗症或递延成本。换句话说，采购的本质并不是把东西快速低价买过来就行了，中间可能牵扯很多东西。为什么直接采购成本较低，还是有这么多企业愿意找中间商采购呢？因为有的采购需要综合考虑后续的持久运维、报修等技术服务，制造商因其地域、成本等原因可能无法提供此类服务，需要中间商负责完成。有些采购需要用到国家专项资金，在经过严格的招投标流程基础上，可能被要求在集中采购目录范围内采购，这个目录中既有制造商，也有中间商。还有一种可能就是复杂的社会关系导致的，这种关系可能引发法律风险。

3.3.3　采购岗位是敏感岗位

毋庸置疑，很多采购岗位属于敏感岗位。管理者需要考虑如何通过制度设计避免采购环节的权力寻租，并需要物色或安排适合人员从事此岗位的工作。

【例 3-19】 某 500 强企业采购废钢案例

某 500 强企业每天产生大量的工业垃圾，而这些工业垃圾是由一家环保供应商负责每天从厂区收集清理并运出厂区。

一次经人举报，公安部门连同企业安保部门在厂区大门口突击检查，并在这家环保供应商的一辆工业垃圾运输卡车上，发现埋在工业垃圾下面的废钢，连同环保供应商的一位被举报的运输经理当场人赃并获。

工业垃圾处置费 1 吨只有几十元钱，废钢当时价格是 1 吨上千元，而且工业垃圾运输车辆一般不太会被详细检查。

原来，这位被举报的运输经理在厂区内盗取废钢冒充工业垃圾私运出厂赚取非法收益。接下来，公安机关顺藤摸瓜，在这位运输经理的家中发现一本小册子。这本小册子上面记载着某年某月某日某时，送给某 500 强企业里的某某人多少钱，记得一清二楚。

于是，公安机关按照这本小册子抓人，其中一个人是某 500 强企业采购部门的废钢采购主管。原来，这位运输经理送了 30 万元给这位废钢采购主管，用于其家庭装修。后经调查，事实是废钢采购主管主动向运输经理提出缺少装修经费，需要一些资助要求的。而废钢采购主管，则考虑采购这家环保供应商提供的废钢产品作为原料。法院最终判处采购主管有期徒刑 2 年，并缓刑 2 年执行。这位原废钢采购主管在500强企业中的年薪是30万元。

点滴思维

有的采购岗位是非常敏感的，管理者应安排适合人员从事此岗位的工作，并通过制度设计避免权力寻租。否则制度一旦有漏洞，换了谁都有可能权力寻租。

采购工作涉及面比较广，其中需要和外界打交道。采购环节很多会涉及敏感岗位，和人打交道的事情可能就比较复杂。

有时候，供应商为了实现销售，会对采购人员进行公关。

有的不良供应商认为：要么送钱，要么送东西，要么送人，反正总有一款适合你。如果不把采购人员公关成功，供应商可能就活不下去了。因此，有制度漏洞的地方，就有空子可钻。企业要制定严格的采购制度和程序，做到有章可依。因为有了制度，从一定程度上是可以防止采购人员暗箱操作，搞权力寻租。

3.3.4 选择供应商要嫌贫爱富吗

选择信誉好的供应商非常重要，这个毋庸置疑。因为信誉好的供应商可以：

✓ 保证供应物料的顺畅，使生产不会因为待料而停工；

✓ 进料品质的稳定，保障生产成品质量的恒定；

✓ 保证交货数量，使公司生产数量准确；

✓ 准确的排期和排产，保障公司出货期的准确；

✓ 良好的协调配合，使得双方的工作进展顺利。

所以选择合适的供应商，直接影响企业的生产与销售，对企业影响非常大。

这里讲一个与众不同的思维：在采购环节，管理者要有嫌贫爱富的意识。嫌贫爱富的意思是选择可以容忍对其欠款的供应商。而能够做到这一点的，基本是实力相对雄厚的供应商，抑或是长期的战略合作伙伴。嫌贫爱富的具体表现为：

✓ 这些供应商在合同上能够接受采购方采购货款的后置支付；

✓ 供应商在价格上能够给予采购方关照；

✓ 如果签订长期的合同，采购方还能得到供应商更多的优惠。

将采购货款进行后置支付，可以理解为无偿占用上游供应商的一笔无息资金。

如果还能预收下游用户的货款，就真正做到了占用上下游合作伙伴的资源。钱都先收到自己的手里，于是就形成企业的资金池。

这也是为什么嫌贫爱富可以让企业做大资金池。

3.3.5 采购的沙里淘金

随着市场竞争的愈演愈烈，西瓜已很难再找，但沙里可以淘金，废里可以淘宝。其实捡芝麻工作同样重要。

这里，西瓜好比是低价采购；芝麻好比是采购质量。

供应商提供的材料质量有时会劣化，因此管理者对于后端质量控制与源头质量劣化要齐抓共管：

✓ 要从源头上加强质量控制，强化对供应商的奖惩制度，优胜劣汰；

✓ 要从过程上强化采购质量控制，完善质量管理监督办法，优化配套检化验流程；

此外，还要规范采购质量异议处理工作。

【例 3-20】 制度来规范，细节挺重要

某企业在《办公用品采购制度》中，就规定了具体流程、细节及分工。例如：

（1）管理部负责落实采购，由行政总务负责询价、行政主管比价，管理部经理确定供应商；

（2）采购结算为每月一次，由行政主管核对账目，行政总务请款并进行部门费用分摊，总经理或副总经理审批；

（3）涉及电脑耗材等物品的采购由使用部门人员提出申请后，IT 技术人员负责确定购置的必要性，以内部调剂为先，再进行外购询价，达到 300 元的采购需填写采购申请书，根据不同批准权限经总经理或副总经理审批通过后，IT 人员负责请款、采购、安装并验收；

（4）请购、审核、审批流程——使用部门提出采购申请→部门经理审核→总经理或副总经理审批→管理部行政总务负责采购→部门专人验收→行政主管核对账目→行政总务请款→总经理或副总经理审批；

（5）关于采购控制程序，本制度纳入公司统一的供方控制程序具体细则参照执行；

（6）采购货物的实物管理规定——行政总务从供应商获得报价单并向市场询价，行政主管审核物品单价的合理与否，管理部经理应每年对供应商进行评估并筛选；

（7）使用部门专人负责签收本部门所购物品，并要求本部门员工认真保管，不得无故遗失，一经发现无故遗失，数额较大的，按遗失物品的市场价扣除部门次年预算额度；

（8）采购异议管理的规定——如发生采购的数量与订购单不符，或账目出错，由行政总务与供应商交涉核对，并及时更正，直至满足各部门的要求。

此处仅列举成本权重不大的办公用品采购制度为例。若涉及权重较大的原材料等采购事宜，亦可由领导授权组成公司采购领导小组总体协调相关事宜。

点滴思维

制度并非越细越好，而是细到越合适越好。

管理者应有细水长流的成本意识，有时候，恰恰是细节决定了成本优劣。

【例 3-21】 成功贵在坚持，贵在留意别人没有留意的细节

一个农场的场主在巡视谷仓时，不小心将自己的一块名贵的金表遗失在谷仓里了。他着急万分，但怎么也找不到。于是在农场门口贴了一张告示："谁能找到那块金表就能获得100美元的奖金。"

奖金吸引众多的人来到谷仓，仔细地四处翻找，但谷仓内谷粒成山，还有成捆成捆的稻草，要想在其中找寻一块金表简直就是大海里捞针。人们忙到太阳下山也没找到金表，这时有人抱怨金表太小，有人抱怨谷仓太大，稻草太多。于是他们一个个放弃了获得100美元奖金的机会。

只有一个小孩在众人离开之后，仍在努力寻找。当一切喧闹静下来后，他突然听到一个奇特的声音："嘀嗒，嘀嗒……"

小孩侧耳聆听，谷仓内很安静，嘀嗒声越来越清晰。小孩循声找到金表，最终得到那100美元的奖金。

点滴思维

要有沙里淘金的意识，管理者要有丢了西瓜，但别忘捡芝麻的心态。

3.3.6 培养全员降本意识与匹配激励

管理者应注重员工降本意识的形成。降成本意识一定是要有企业文化作为基础的。企业要形成全员创造价值的文化氛围，只通过宣传贯彻还不够。单纯给员工灌输大道理没有用，最后，员工可能会说一句话："关我什么事？"

这种需要额外耗费精力去做的事情，如果配以奖励机制，员工是更愿意并积极去做的。因此要调动员工的积极性，激励机制的匹配工作就要衔接好。

【例 3-22】 采购钢丝绳绳扣案例

某机械制造公司通过营造以价值创造为导向的文化氛围，重视成本基础管理工作，经过宣传贯彻和制定奖励制度，大大提高广大职工的成本意识和价值创造的积极性。

一位员工的女儿在美术学院学习。有一次，学校组织去古镇写生，这位员工就陪同女儿一起前去。在女儿写生的时候，他闲暇无事，独自信步到古镇旁的一家钢丝绳厂，无意中询问了直径 19.5 mm 钢丝绳绳扣价格，其报价为 87 元 / 根。当时他听了就大吃一惊，因为自己公司使用的同规格绳扣采购价格为 107.67 元 / 根。

这位员工后来又利用双休日，走访了第二家钢丝绳店，其绳扣报价为 91 元 / 根；走访第三家钢丝绳厂，绳扣报价为 90 元 / 根；第四家绳扣报价为 89 元 / 根；第五家绳扣报价为 88 元 / 根。

通过市场调查，这位员工认为公司目前使用的钢丝绳价格明显偏高，随即向有关部门反映。

公司通过多方努力，重新选定供应商，最后用上了 85.44 元 / 根的钢丝绳绳扣，价格较之前公司采购的 107.67 元 / 根，成本大大降低。

这位员工并非采购工作人员，只是人力资源部门的一位员工，调研成本，并非分内之事。如果这位员工不去管采购资材的成本，也无可厚非。但这家公司鼓励这么做，总经理亲自表扬这位员工，还给予其丰厚的奖励。

这个案例说明一旦形成全员成本管理的氛围，企业价值创造的空间是巨大的。

点滴思维

基层降成本潜力巨大，管理者要注重挖掘。

▶▶ 3.4 采购环节的全景地图

采购环节的成本是有优化空间的，我们称之为采购成本下降，核心在于采购材料分级和供应商分级，哪些可以替代，哪些不能替代。可以看出，采购环节包括两个核心的作业：采购材料分级和供应商分级。

分级就是排序与筛选的过程。采购环节如何进行分级作业呢？

【例 3-23】 某企业采购环节主业务流程全景地图案例

图 3-6 是某企业采购环节的整个采购系统主业务流程全景地图。

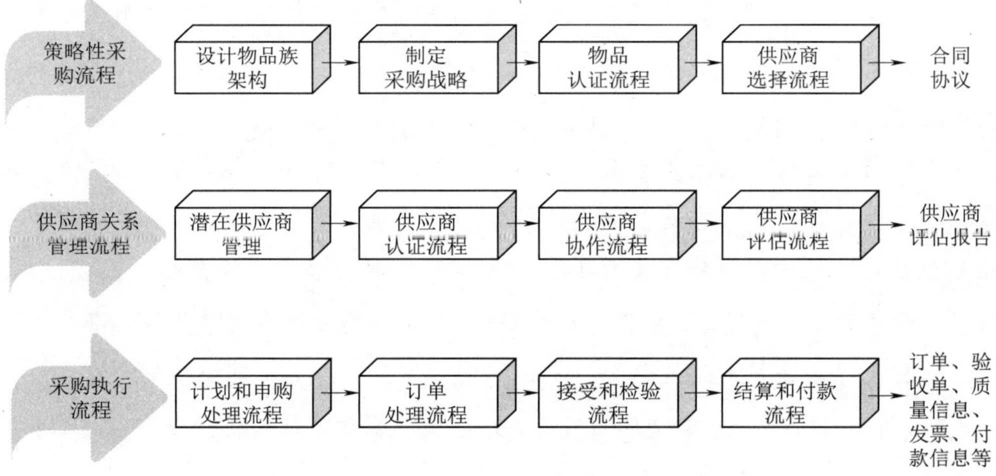

图 3-6 采购环节全景地图

第一个采购业务流程是策略性采购流程，这一流程的定义是以内部需求为起点，按时、按质、按量把物品送到内部生产环节，直至生产环节使用完物品为终点的整个采购供应链的业务流程。目标有四个：一是全面实施策略性采购，降低物品全过程成本；二是缩短采购管理周期，提高流程效率和效益；三是完善物品基础管理，建立物品分类、描述，清理物品代码；四是拓展采购 IT 系统，实现与供应商协同。

（1）设计物品族架构：每年根据市场和需求情况变化、采购战略执行情况，检查现有物品族设计和人员配备，根据需要进行调整。

（2）制定采购战略：每年根据市场和需求情况变化、采购战略执行情况，设定采购目标并制定采购战略；每半年对战略执行情况进行检查和修改。

（3）物品认证流程：制订受控物品清单，按采购策略和供应商选择的需要认证物品及供应商。

（4）供应商选择流程：在采购战略指导下，选用合适的招标和谈判策略，选择供应商，确定条款并签订合同或协议。

第二个采购业务流程是供应商关系管理流程，这一流程的定义是从潜在供应商资源的开发，到供应商的认证、供货、评估、改进、退出等全过程的业务管理流程。目标有三个：一是充分利用全球供应商资源，通过分类、评估、分组，公正透明管理供应商；二是建立一批与公司协同发展的具有提高整体供应链价值的供应商队伍；三是建立与供应商高效沟通的双向窗口。

（1）潜在供应商管理：每年根据生产计划和采购计划审查已有供应商是否满足要求，并根据市场信息选出潜在供应商，对其进行调查审核。

（2）供应商认证流程：对新供应商的认证可借助第三方认证公司获得供应商的财务、信誉、能力等信息，并利用采购部门的既定认证流程进行认证。

（3）供应商协作流程：建立供应商沟通、协作平台，并针对不同类别的供应商，制定并执行不同的沟通和协作策略。

（4）供应商评估流程：制定评估标准。每年对现有供应商进行评估并分类，并制定针对各类供应商的策略，提出改善方案，发展战略供应商，减少非战略供应商。

第三个采购业务流程是采购执行流程，这一流程的定义是依据采购策略和采购合同，执行采购计划，跟踪订单执行，确保准时到货和反馈异常信息的流程。目标有四个：一是通过策略性采购，提高执行流程效率，降低流程成本；二是实行高效的、不同的流程执行方式——库存驱动的采购计划、无库存、目录采购、现货采购等；三是降低现货采购比例至20%；四是采购申请PR① 处理时间由8天减至3天。

（1）计划和申购审批流程：对生成的计划进行提交、审批和采购受理。

（2）订单处理流程：根据合同或供应商选择的结果发放订单，并跟踪订单的审批、确认和送货。信息化系统要给予必要的支撑。

（3）接收和检验流程：接收供应商的预到货通知，安排接收，进行接收，进行检验并记录质量信息，协调异议处理。

（4）结算和付款流程：根据应付款管理规则，依据合同、订单、验收结果、发

---

① PR：采购申请 Purchase Request。

票进行付款，或处理异议。

采购环节还有一个流程，即是物品中长期需求、年度需求、月日需求的生成过程。

采购部门制订采购材料的需求计划时，就应考虑几个方面的因素：

✓ 年度营销计划；

✓ 年度生产计划；

✓ 用料清单；

✓ 库存情况；

✓ 公司资金供应情况等相关因素。

结合以上几方面因素，综合考虑进行采购材料的决策。例如：优先考虑经营活动的急需材料；满足同等质量要求的前提下，尽量使用国产替代材料，等等。

这些综合起来，我们给它取了一个新的名字，叫作采购材料分级，即企业应该将所需采购的材料或物料，根据本身的重要性进行分类处理。

【例 3-24】 采购材料分级的通常考虑

分级需要有前提条件，首要前提就是材料采购价格、采购数量的确认，这也是采购计划和预算的编制依据。

某企业结合自身的生产经营特点，将采购的材料分为以下几类。

第一级：价格确定、数量确定的材料。例如企业采购价格较高，数量较多，权重较大的材料，都会进行详细的预算安排。

第二级：价格确定、数量不确定的材料。例如用户定制化的产品，经常根据用户的新想法出现设计变更，返工等，因此需要有一个材料的弹性保有量。

第三级：数量确定，价值不确定的材料。例如在现有 BOM 清单以外，根据用户需求所发生的预算外材料。

第四级：其他情形。

上述这些采购材料分级情形，可能都具有时间性要求或季节性的特征，其中：

（1）时间性要求，例如库存材料只能维持一个月的生产，就需要材料采购周期满足这样一个备料要求。

（2）季节性特征，例如北方冬季供暖企业对煤的采购，一般多发生在秋冬季节。

采购材料分级一般会牵涉战略备货和精益成本管控（如 JIT 和安全库存量管理）的内容，可根据分级类别区别对待。

这里需要说明的是，企业材料分级不一定要按上述分法，也可根据自身经营特点，进行个性化的分级或分类。

点滴思维

材料采购分级不同，管理的侧重点不同。

企业在制订采购材料需求计划时，具体的方法是什么呢？就是要看生产计划、BOM[①] 和存量管制卡。

我们确定各类材料采购数量，根据生产计划、BOM 或材料需求计划、存量管制卡，计算物料采购数量的具体步骤如下：

✓ 根据用户需求识别后，锁定用户的目标价格倒逼出来的目标成本作为依据，预估目标成本内销售所需物料数量。

✓ 如果做不到精益化的零库存管理，则考虑安全库存后的材料需求量。

✓ 考虑上期材料库存的余量，确定本期追加采购的材料数量计划。

计算公式如下

期末存货 – 生产需要量 = 最高存货限额 – 最低采购限额

控制采购价格，首先就是要建立严格的采购制度，或者是完善采购制度。

采购制度是个笼子，不仅能规范企业的采购活动、提高效率、杜绝部门之间扯皮，还能预防采购人员的权力寻租。

采购制度里面，有几个需要明确的内容：

✓ 物料采购授权人的批准权限；

✓ 物料采购的流程；

✓ 相关部门的责任和关系，如采购部门与财务部门的责任边界；

---

① BOM 的全称是 Bill of Material，即物料清单之意。物料清单是以数据格式描述产品结构的文件，是计算机可以识别的产品结构数据文件，也是 ERP 的主导文件。

✓各种材料采购的规定和方式、报价和价格审批等。

例如：采购制度中规定采购物品时要向供应商询价，然后列个表进行比较；接下来议价；最后选择供应商，并把所选的供应商和它的报价填在请购单上供领导决策审批。这里还可以规定以竞争招标的方式牵制供应商。对于大宗物料的采购，企业应采用竞争招标的方式，通过供应商的相互比价，最终得到底线的价格。

此外，对同一种材料，应多找几个供应商，通过对不同供应商的选择和比较使其互相牵制，从而使公司在谈判中处于有利的地位。超过一定金额的采购必须附上三个以上的书面报价等，提供给财务部门或内部审计部门稽核。

【例 3-25】 某公司采购制度实例

这里列举某公司的采购制度，其包含的内容要点如下：

首先，建立供应商档案和准入制度。建立供应商档案，是指对企业的正式供应商要建立档案。供应商档案，除了有编号、详细的联系方式和地址外，还有交货条款、交货期限、品质评级、付款条款、银行账号等信息。供应商准入制度，是指对于重点材料的供应商必须经过质检、物料、财务等部门联合考核后才能进入；如有可能，要到供应商生产地现场审核以获取第一手资料。

公司制定了严格的考核程序和指标以后，根据《材料采购招投标管理办法》，对考核的问题进行逐一评分，只有达到或超过评分标准，才能成为备选供应商。

换句话说，每一个备选供应商档案必须是经过严格审核后筛选出来的。企业的采购必须在已备选的供应商中进行，而且这个供应商档案由专人定期或不定期地进行更新。

其次，建立材料的标准采购价格，根据工作业绩对采购人员甚至非采购人员进行奖惩。有了标准就表示有了奖惩的量化依据，便于绩效评价和考核。财务部根据市场的变化和产品标准成本，定期制订标准采购价格，鼓励采购人员积极寻找货源，货比三家，不断降低采购价格。对完成降低采购成本任务的采购人员，公司进行奖励，对于没有完成降低采购成本任务的采购人员，分析原因，并确定考核措施。

最后，建立价格档案和价格评价体系。企业采购部门对所有采购材料建立价格档案，也就是说对每一批采购物品的报价，首先与备选的材料价格进行比较，分析价格差异的产生原因。没有特殊原因，原则上采购的价格不能超过档案中的价格水平，否则要做出详细的说明。另外，对于重点材料的价格，公司有关部门应组成采购价格领导小组，定期收集有关供应价格信息，分析、评价现有的价格水平，然后比价和更新，这种评议可一个季度进行一次。

点滴思维

案例中关于材料分级和供应商分级的方法，并不是唯一答案，但可作为管理者的思维借鉴。

第 4 章

资金成本思维

本章导图

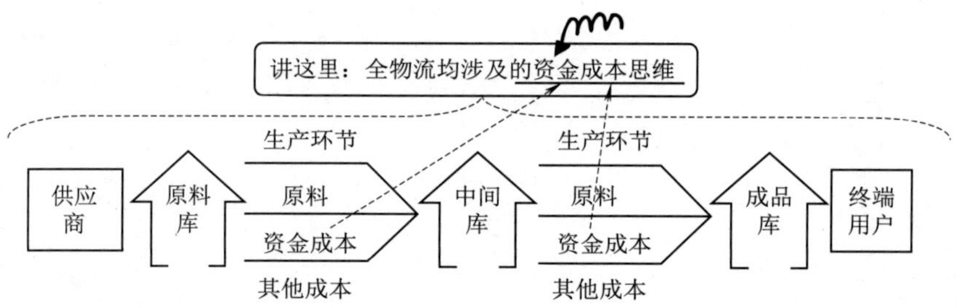

财务管理中一个典型的内容，就是资金管理。资金管理和成本管理，是财务管理的两个维度。资金是企业的血液，成本是企业的寿命。资金危机让企业断命，成本危机可能只让企业短命。资金多发致命伤害；成本多发慢性伤害。

资金管理涉及筹资、投资、资金池、风险、资本运作、应收账款和存货等管控问题，这些问题的成本管控，是资金管理的重要组成部分。

本章讲的资金成本，主要围绕资金池的风险控制和有效理财展开。

▶▶ 4.1　资金管理的基础思维

资金管理实际上古代就已存在，古代叫司库[①]。司库按现在的说法就是管钱的人。《孙子兵法》写道：凡用兵之法，驰车千驷，革车千乘，带甲十万，千里馈粮。则内外之费，宾客之用，胶漆之材，车甲之奉，日费千金，然后十万之师举矣。

这段话说明在古代战争中，钱粮是最重要的一环，就像现在企业财务管理需要有充足的资金做支撑一样。

4.1.1　资金池的搭建

资金池的搭建，是整个资金管理过程中的一个基础，也是基于资金成本的考虑。

正因为资金是企业的血液，存在风险，因此需要血检，目的是让企业不断血、不瘀血、不失血，预警多输血和造血，如图 4-1 所示。资金管理的全景地图是一个立体式的框架和系统结构，中间有一个资金池。

资金池是整个资金管理的起点，也是基础。围绕着资金池的是流动性管理、融资管理、投资管理，这些都是基础的资金管理工作，也是资金管理的关键。

现在的数字化技术能够给我们提供非常便捷的手段做好这些工作。当然再超前一些的手段就是通过财务共享中心、财务公司等进行跨公司、跨区域的归集化运作实现资金的集中使用。这些动作就是为了降低资金的成本，提高资金的使用效率。

图中“流动性管理”是指除了要想方设法占用上下游合作方的资金以外，企业还要通过一定的方法（例如通过企业统一的平台系统）能够把整个集团各个账户的剩余闲钱集合起来，目的是提高资金效率、降低资金成本。很多企业资金集

---

① 司库为官名。元朝设司库，属户部，掌管财宝。清朝的户部、王府亦分别置司库，参阅《清通典·职官二》、清昭梿《啸亭杂录·王府官员制度》。

中管理的解决方案已经很成熟了。而在资金管理的全景地图中，风险最大且最可能出现成本事故的就是筹资管理和投资管理。融资不当可能造成这样的结果：企业付的利息比企业一年赚的利润还多，这个利息就是很典型的资金成本。

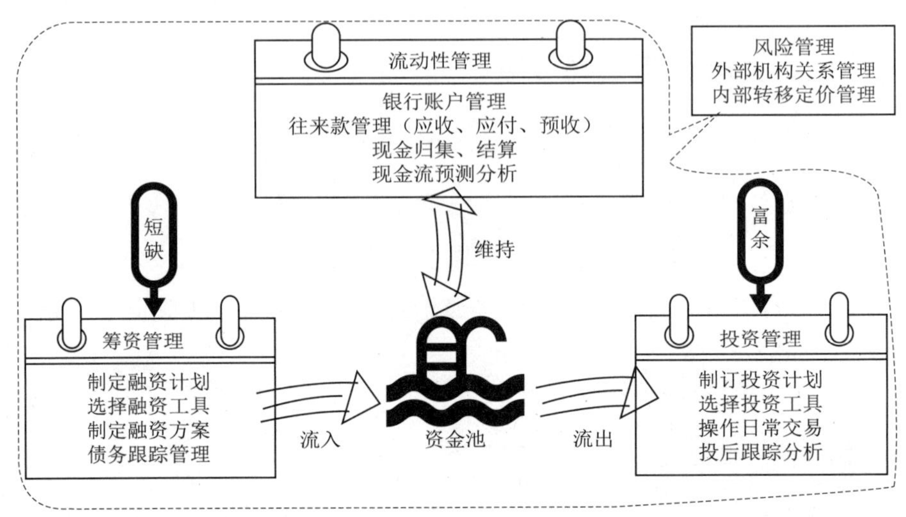

图 4-1　资金管理全景地图

投资可能打水漂，造成投资失败。投资可能造成企业最大的成本浪费。投资风险在财务风险谱系中的位置如图 4-2 所示。

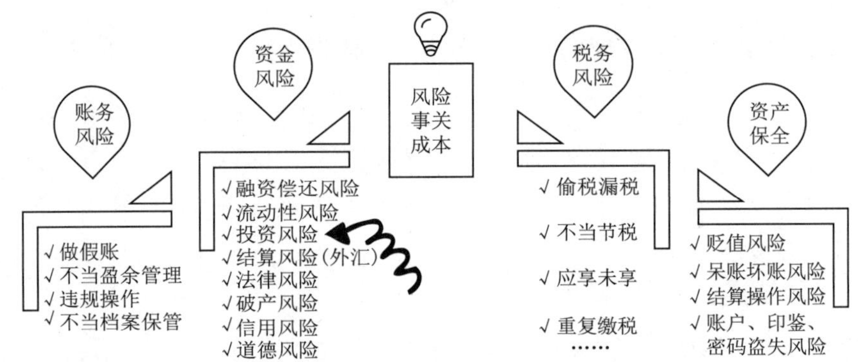

图 4-2　财务风险谱系

首先，无息占用上下游企业的资金（预收款、应付款）最终要偿债，但其资金成本是最低的。其次是银行借款，偿还风险比较高，不管企业赚钱还是不赚钱，到期都要还本付息，但其支付的资金成本（即利息）相对较小。再次是发行企业债券，亦需要到期还本付息，其支付的利息（即资金成本）高于银行借款。然后是发行股票。发行股票不需要到期还本付息，故偿还风险小于企业债券。因股票的投资方担负的风险高于企业债券，所以在分配现金股利或者股票股利时，筹资方支付的风险补偿，或者说支付的投资回报（即资金成本）也高于企业债券。

最后是吸收风投（直接投资）。吸收风投（直接投资）是创业的原始资金来源，有时候投资人就是经营管理人员，偿还风险最小。因其投资方担负的风险最大，所以在投资获利以后，筹资方支付的风险补偿（投资回报）即资金成本是最高的。

不同性质的企业可以采取不同的融资态度。

点滴思维

资金成本和投资风险基本成正比；资金成本和偿还风险基本成反比。

作为企业资金池进水口的筹资，不同的筹资方式风险有所不同。同理，作为企业资金池出水口的投资，不同投资方式的风险亦有所不同。这里所指的投资是广义的概念，即指很多企业在经营过程中出现资金成本危机，存在盲目筹资和盲目投资扩张的现象。典型的案例有恒大地产、海航集团有限公司等。引发资金成本危机的典型原因是不重视控制筹资、投资的风险。当然也有很多在资金成本控制上的成功案例值得管理者学习和借鉴。

4.1.2　利润和钱是两码事

亏损的企业不一定没钱，没钱的企业不一定亏损。管理者要了解利润和钱实际上是两码事。会计准则的规定最好地诠释了这一点。例如，企业当年的东西卖掉了，会计准则要求利润算入当年，但用户两年后才把钱结清，这就是典型的有了利润但没有钱，利润和钱是两码事。

【例 4–1】 亚马逊案例

亚马逊的创始人贝索斯在福布斯发布“2021 福布斯全球富豪榜”，排名第 1 位。美国亚马逊公司普通员工的年薪，有资料显示，远低于同期的 Facebook、Twitter、eBay 员工的平均年薪水平。这与贝索斯控制人力资源成本是密切相关的，另外，贝索斯又是一个非常舍得一掷千金的人，有时甚至疯狂烧钱。只要贝索斯认准对他的核心竞争力未来有前景的项目，就会毫不犹豫地进行大量投资。

贝索斯非常重视现金流的管理，亚马逊的财报显示其现金流量状况良好。而同样在其财报当中，有些板块的经营业绩却存在亏损。尽管存在部分亏损，但亚马逊依然被公认为是世界上伟大的公司之一，因为市场和商业界认可亚马逊未来的发展潜力。

互联网公司和很多创投公司在发展初期的现金流量都有一个现象：企业是亏损的，钱却比较充沛。只要有钱，企业经营依然风生水起，照样可以活得非常滋润。

这跟我们传统的商业逻辑没有利润就经营不下去是相违背的。传统的商业观念倾向于投下去最好当年就盈利，然后开始算财务指标，例如成长率、收益率，等等。契合会计上强调的权责发生制，权责发生制的意思就是干什么事情当场就要认。互联网经济时代的到来，颠覆传统的商业逻辑。例如，京东曾经也是连年亏损，但是丝毫不影响市场对其认可和追捧。为什么？因为亏损只是从权责发生制角度，也就是利润的角度看的。

但是，如果从其现金流的运作和良性循环，以及未来发展潜力的角度，这个亏损是可以暂时不用看的，只看商业的前景和未来，这也是风险投资（Venture Capital）最看重的。一句话：投资看重的是企业未来的赚钱能力如何，是否能得到市场的认可。

这也是为什么说资金是企业的生命，成本是企业的寿命。成本不是关键，未来才是关键。

“要研究过去，更要用充足的时间思考当下和判断未来。”——《价值》，张磊著。

很多初创公司在获得风险投资后，前几年经营可能一直在亏损，这是正常的现象，因为要抢占市场，要布局和扩张需要不断砸钱进去，有的需要多年才开始盈利。

尽管被投资的企业前几年亏损，风险投资者只要认准企业未来的赚钱能力，就依然会继续追加投资。

点滴思维

企业有钱但亏损，有时是正常现象。管理者可能需要将利润和钱辩证看，财务中将利润和钱勾连起来的桥梁，是现金流量表的间接法，即将净利润还原成经营活动现金流量的方法。

4.1.3 贴现眼光看未来

张磊在其《价值》一书中，大篇幅描述如何理解时间价值。“去做时间的朋友，理解时间的价值，就是解构长期主义；对于我们所投资的创业家、企业家来说，就是在时间的变化中持续不断地疯狂创造价值。”

对于资金的投资而言，管理者亦要用时间的价值眼光看未来的投资回报，财务术语叫作贴现。贴现以后，看似亏钱的却不一定是亏钱，看似赚钱的却不一定是赚钱。

【例 4-2】 资金管理中的投资案例

老李 6 年前投资 200 万元办了一个工厂，但今年企业停产关闭了。在这 6 年时间里，企业每年的总收益是 40 万元，6 年共收益 240 万元。这样算下来，总成本为 200 万元，总收益为 240 万元，利润为 40 万元，投资利润率为 20%。

这种算法可以说是正确的，也可以说是不正确的。说这种算法不正确，是因为总收益、总投资和利润都是用货币计算的，而现在的 40 万元钱与未来的 40 万元钱，实际价值并不相同，也就是说 40 万元钱的实际购买力并不相同。

比如经济中发生通货膨胀，假设通货膨胀率是 10%，这种情况下，现在 1 元钱的购买力在一年以后就会贬值 10%，即现在的 1 元钱在一年以后买不到同样的东西。

换一个角度看，即使没有通货膨胀，我们将 1 元钱存入银行，如果利率是 10%，一年后就成为 1.1 元，显然这 1 元钱在一年后已经不只 1 元了。

这里引入两个概念，现值与贴现。我们把一笔未来货币现在的价值称为现值，把未来某一年的货币转变为现在货币的价值称为贴现。影响一笔货币价值的因素最重要的是通货膨胀率和利率，通货膨胀率和实际利率之和为名义利率。因为未来的利率不等于现在的实际利率，所以我们常用名义利率进行贴现。

例如，未来一年后的货币量为 220 万元，名义利率为 10%，这笔钱的现值 = 220 ÷（1+10%）=200 万元。

这就是说，当名义利率为 10% 时，一年后 220 万元的现值是 200 万元，或者说一年后 220 万元的实际价值在今年是 200 万元。

在确定一笔投资是否有利时，我们要比较的不是现在的投资与未来的收益，而是现在的投资与未来收益的现值。

在老李投资的例子中，如果利率是 10%，各年收益的现值如下：

第 1 年：$40 \div (1+10\%)^{1}=36.36$（万元）

第 2 年：$40\div(1+10\%)^2=33.06$（万元）

第 3 年：$40\div(1+10\%)^3=30$（万元）

第 4 年：$40\div(1+10\%)^4=27.32$（万元）

第 5 年：$40\div(1+10\%)^5=24.84$（万元）

第 6 年：$40\div(1+10\%)^6=22.58$（万元）

未来 6 年总收益的现值为：36.36+33.06+30+27.32+24.84+22.58=174.12（万元）

如果不进行贴现，总收益为 240 万，但按 10% 的利率进行贴现时，这 240 万元的现值为 174.12 万元。

投资为 200 万元，未来收益的现值为 174.12 万元。

显然，这笔投资是亏了，亏损为 200–174.12=25.88 万元，显然不能进行这笔投资。

由以上的分析还可以看出，一笔未来货币现值的大小取决于名义利率。我们假定名义利率为 5% 时，则上述算法得出未来 6 年中总收益的现值为 203.40 万元，即投资为 200 万元，未来收益的现值为 203.40 万元。由此可见，在名义利率为 5% 以下时，这笔投资都是合适的。

贴现的方法突出时间因素在经济学中的重要性。人们对等量货币的现在偏好大于未来，这就体现时间的作用。企业在做出投资决策时，一定要考虑时间因素。

收益期越长的投资，时间因素越重要。企业在考虑时间因素时，不仅有贴现，而且有投资风险。建立一个工厂往往是一种长期投资，所以在作出这种投资时，不仅要考虑规模的确定，使产量达到平均成本最低的水平，而且要考虑这些产量所能带来的收益现值。

所以贴现以后再看，亏的不一定亏，赚的不一定赚。

点滴思维

管理者要用贴现眼光看未来，正所谓：未来已来，因为贴现。

4.1.4 资金的风险排序

这里主要对不同风险水平的资金筹资方式和资金投资方式进行排序，分析其风险成本或许有助于管理者权衡利弊。

【例 4–3】 筹资（融资）的风险排序

选择筹资（融资）方式的时候，会附带一个问题，即筹资成本大小的问题。外部融资的资金成本和偿还风险，如果从高到低做出排序，则如图 4–3 所示。

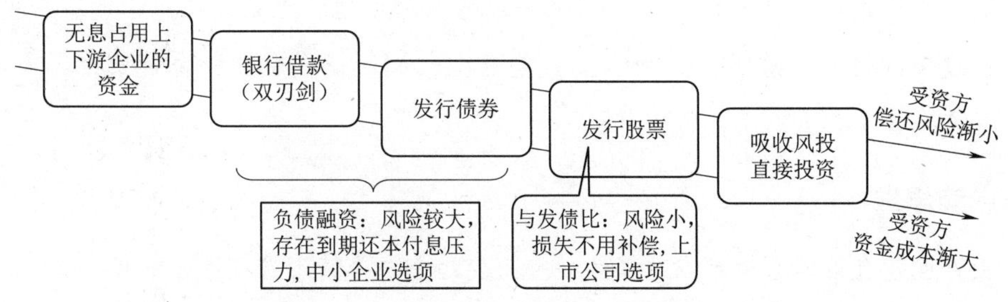

图 4–3　受资方资金来源风险（成本）排序

资金富裕时的流出事项，包括：存款、国债、基金、股票、期权期货、风险投资、战略投资等，继续列举案例☛：

【例 4–4】 投资的风险排序

图 4–4 将投资管理风险从低到高进行排序，依次为：

图 4–4　投资方资金风险（潜在成本）排序

✓ 基本没有风险的是银行存款；

✓ 低风险的为信托、国债、企业债，等等；

✓ 高风险的是股票、指数基金，等等；

✓ 风险最高的是期货、期权、融资融券，都是加了杠杆的；

✓ 风投以及战略收购，及其针对性地一系列资本运作等。

很多非金融类的国有企业操作上更多选择稳健型的、规避风险的投资操作。追求稳健型投资的企业选择银行存款、信托、国债或企业债等；追求高风险的企业可能选择投资股票、指数基金，甚至期货、期权、融资融券；以上是投资的第一层意思。

投资的第二层理解就是买设备、买房子、买土地。

很多国企选择买地，就是为了确保资金的保值增值，但是要注意不能盲目投资。例如买过多的设备、房子、土地占用大量资金，反而造成企业资金链紧张，所以需要考虑风险管理和量入为出等。

点滴思维

投资也是有菜单选项可以选择的，企业要结合自身情形选择适合的投资。

4.1.5 负债融资是把双刃剑

如图 4–5 所指，银行贷款并不是多多益善的，其实它是一把双刃剑，有时是爱，有时是害。

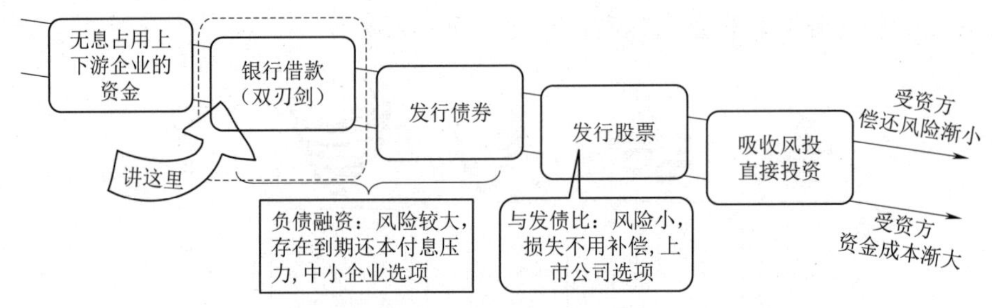

图 4–5 受资方资金来源风险（成本）排序

我们经常听到企业绑架银行和银行造就僵尸企业这些说法。企业为什么能绑架银行？银行为什么能造就僵尸企业？

因为没有竞争力、产品同质化的企业在行将就木之前，如果被银行插管续命救活以后，容易形成不良贷款，银行自己给自己找麻烦。银行不断地输血给这些企业，一方面是银行不让这个企业死掉，继续怂恿这些企业以低毛利甚至负毛利销售；另一方面这样的企业最终还是成为僵尸，银行贷款最终成为不良贷款。

小微企业融资难可能是个伪命题，小微企业生存难才是个真命题。小微企业只要活得好，银行没有不给贷款的；连生存都存在问题的小微企业，凭什么银行要给贷款，难道增加不良率吗？要帮小微企业，并不是单单要求银行放贷，还要要求税务局减税，给小微企业创造一个良好的生存环境。

所以政府对小微企业非常照顾，无论是信贷政策还是税收政策都在不断给实体经济更有力的支持，切实缓解小微企业的难题。

【例 4-5】 台州商业银行

那么说到不良贷款的控制方面，私营银行就做得比较好。浙江的台州商业银行，大家可能听说过。台州银行就不太给玩空手套白狼的企业放款，该银行的放款基本可收回，坏账呆账比较少。

为什么？因为企业来申请贷款的时候，台州商业银行不只调查企业的书面材料，还深入一线调查水、电、气的消耗量情况等。如果贷款企业的老板开着好车、在豪华的办公楼里办公，但没有实体生产用水或用电，就可能被认定有套取资金的嫌疑，于是不予贷款。

所以说，有的私营银行在这方面的风险控制就做得比较好。

点滴思维

银行对于审贷的谨慎态度是一种风险管理。

银行贷款和发行债券都属于负债融资，会增加企业的利息负担，使财务管理的一项指标资产负债率提高，继续列举案例：

【例 4-6】 举债与短视

很多中小企业为什么比较喜欢负债融资呢？很简单，这些中小企业很多都没有资格发行股票，也正因为如此，国家开始重视中小企业的筹资问题，专门设立北京证券交易所（简称“北交所”）。北交所的设立，是为了支持中小企业创新发展，深化新三板改革。

企业如果大量进行负债融资（银行借款或发行债券），可能出现企业赚了 90 元钱，利息要付 100 元，赚的钱（息税前利润）还不够企业支付利息，导致企业亏损。忙活了一年其实是在为银行打工，如图 4-6 所示。

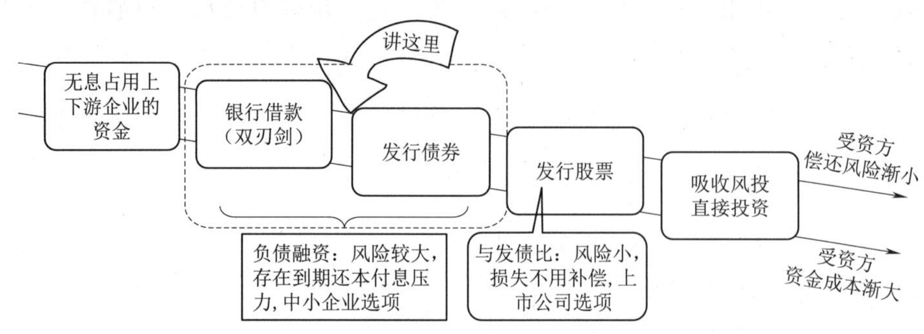

图 4-6 受资方资金来源风险（成本）排序

一般而言，负债融资的前提条件是企业产品销路畅通，较有竞争力，产品卖得掉，这样才可能产生财务杠杆效应；换句话说就是借款实现的收益大于借款的成本。否则，反而会加大企业的资金风险。

我们经常听到一句话："小老板在愁、中老板在挺、大老板彻夜难眠。"为什么这样说？因为很大一部分都是资金惹的祸。有的管理者对于筹资成本的风险防范意识相对比较薄弱，他们都热衷于先把钱拿到手再说，但这个钱怎么还，则考虑得比较少。

一个企业快速发展的过程中，日子好过的时候，还钱可能不成问题。但问题是环境随时可能发生巨大变化，如果从动态的长远历史角度来看，危机迟早有一天会来。但有的管理者往往不会看得这么远。

有时候盲目举债可能因管理者的短视而为未来埋下暴雷风险。典型的案例就是恒大集团盲目举债，未采取预防措施，终因杠杆过大而陷入债务危机。短视体现为企业有时候只看一年跨度。

举个例子，我们编预算是以什么时间跨度为参考的？很多是以一年为周期。所以从这个角度来看，财务预算有时是比较短视的，超过一年以后的很多未来变化因素，是没有考虑的。

点滴思维

管理者选择筹资方式时需要权衡利弊，尤其是选择的结果对未来长期的影响。

有的企业管理者在举债方面，有时可能刹不住车。当企业内部力量无法实现资金风险管控的时候，可能出现外部力量倒逼企业实现资金风险的管控，继续列举案例：

【例 4–7】 国家出手帮助企业进行资金管理

2020 年，国家为防止房地产企业盲目举债，治理房地产企业的过度债务，推出“三条红线”的调控政策制约房地产企业：

✓ 房企剔除预收款后的资产负债率不得大于 70%；

✓ 房企的净负债率不得大于 100%；

✓ 房企的现金短债比小于 1。

第一条红线就定义了房地产企业的资产负债率指标不得大于 70%。从侧面可以看出，资产负债率指标是一个重要的资金状况指标。

当时很多超过红线的房地产企业被迫开始为降档采取行动。例如，采取防止过度借债，提前回笼资金，减少扩张规模等措施以实现“三条红线”的要求。

降负债率其实是减少成本支出，减少成本支出是降档的重要方式。拿地作为房地产企业最大的成本支出，则是最先被优化的部分。调控政策一出，很多房地产企业拿地也较往年更为谨慎。之后的一次集中土地拍卖，许多房地产企业的利润都很低，某房地产企业甚至说拿的这些地将来能保证 1% 的利润就可以，可见是政策倒逼的效果。

房地产企业行政部门以前还给员工每月举办生日会，过节举办活动，过节费能给到每人一两千元。调控政策一出台，很多房地产企业开始控制、优化行政经费。例如：生日会，下午茶一律取消；以前春节还曾发一张 100 元的电影卡，后来连 100 元电影卡的额度都没有了。

当一个企业飞速发展、盲目扩张的时候，谁会在乎成本呢？企业对成本控制选择性失忆，因为控制成本是自己给自己找麻烦。但有一个角色就能帮企业重视成本，可以防止失控，这个角色——就是国家。

点滴思维

有的孩子（企业）控制不住自己，有时候家长（国家）出面约束，是为孩子（企业）的长远发展着想。

因此，在控制利息支出方面，管理者首先应根据本公司生产经营的需要，做好资金需求计划，并使用合理的融资渠道及方式，监控做好本公司的投资和资金使用；其次，需要根据公司的资金情况，合理选择投资项目、投资领域，同时注意做好投资的可行性研究分析工作，避免盲目投资导致公司资金和利益受损；最后，除尽可能减少负债外，管理者还要通过产销平衡、促销等管理手段降低公司库存，提高存货周转率，减少因库存量大占用的现金。

【例 4-8】 国家政策帮助个人进行资金管理

国家不仅帮助企业进行资金管理，还帮助个人进行资金管理。

2021 年年底，国家也开始调控个人房地产市场，例如，很多城市的二手房停贷，能办理的也是时间大大延长。

这里除了防控热钱喜欢去炒作外，还有就是控制个人盲目信贷的成本。

数据显示 2021 年年底，由于房地产政策调控的背景，致使法定拍卖房的数量大量增加，法定拍卖房数量较年初增加近 2.5 倍，可以说是跳跃性增长。这背后的主要原因之一是由于个人信贷不注意控制成本杠杆，盲目将房屋进行抵押贷款。

当房贷融资政策收紧以后，投机交易变缓，部分个人资金链断裂就导致抵押、质押的房屋被法定拍卖。

这些政策的出台，就是当你个人不在乎成本的时候，国家帮你在乎房贷成本杠杆。

点滴思维

国家不仅帮助企业，也帮助个人进行合理的资金风险管控及纠偏。

4.1.6 股票筹资与产品境界

有一定实力的企业自然会选择发行股票融资，因为银行借款和发行债券有还本付息的压力；而发行股票的好处在于即使经营的结果是亏损也问题不大，因为亏的都是股东的钱，企业不用偿还股东的损失，如图 4-7 所示。

此外，在银行借款模式下，银行的存款规模扩张得很快；而股票发行模式下，银行的存款不会发生变化。经济学中，企业发行股票不影响广义货币供应量 M2。

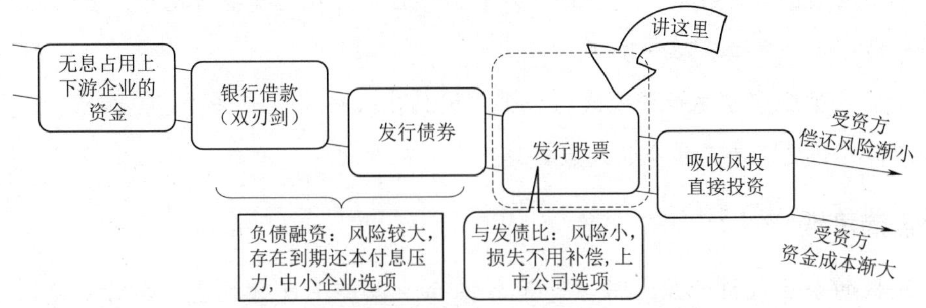

图 4-7　受资方资金来源风险（成本）排序

【例 4-9】 企业的情怀与境界

条件成熟的企业发行股票是国家所鼓励的，有利于企业持续发展；但也有一些知名的企业不发行股票，例如：

✓ 华为研发国产芯片，深研产品是一种境界，企业不上市；

✓ 老干妈卖豆豉，深研产品是一种境界，企业不上市；

✓ 娃哈哈创新饮品食品，深研产品是一种境界，企业不上市。

企业管理者的心思如果都放到如何到股市圈钱，先把钱拿到手，再做大财务杠杆，思谋节税筹划少交税，会不会从专注产品及服务等主业上分神呢？

毋庸置疑，企业要先想办法解决钱的问题，有了钱才可专注于提供专业的产品或服务，最终是为了更好地赚钱。股市提供无利息资金的良性循环一旦运转起来，可以孕育优秀的企业。

但有的企业筹资纯粹是为了圈钱，而有的企业筹资是为了专注于精研主业，这是两种不同的境界。

本田创始人本田宗一郎是一位有着日本福特美誉的传奇人物，几乎一生都在和机械打交道。1946 年成立的本田，最开始从事织布机改良和生产，但资金耗尽的本田宗一郎很快陷入僵局，而新的织布机还没试制出来。

危难之中，聪明的本田宗一郎盯上了摩托车。当时用于陆军通信设备上的微型发动机废弃后堆满仓库，得知消息的本田宗一郎廉价买下，并作为动力安装在自行车上。

这种被称为“吧嗒吧嗒”的机动自行车在日本广受欢迎，销量节节攀升，之前购进的微型发动机显然不够用。数年与机械打交道的本田宗一郎决定自己生产发动机，于是卖掉祖传家产，筹集资金，研发出了 A 型发动机。

本田的案例告诉我们，没有外部筹资，靠自己的钱，也要研发自己热爱的产品，这是一种一心一意做产品的情怀。

反观沪深股市靠发行股票进行外部筹资的上市公司，有多少家是真正为了扩大再生产抑或是更好地深耕产品或服务呢？

点滴思维

缺钱的企业或许能发行股票，有钱的企业或许不发行股票。发行股票的，就多了一份对股东的责任，也就是管理者的信托责任。精研产品创造价值，是信托责任的一种体现。有多少上市公司的管理者，真正心怀这种责任呢？

4.1.7 稳健的投资与波折的投资

资金的投资成本管理是资金管理的重要内容。为什么能投资？因为企业有资金池，不能闲置，就要想方设法用钱生钱，也就是说：当企业买材料、买设备、还贷款后依旧有闲钱，不可能放任钱躺在账面上、躺在资金池里，因此理财也好，投资也好，企业都要挖掘资金池的时间价值。

【例 4–10】 银行结构性存款

对于非金融类的公司来说，很多公司的短期资金运作遵循一个基本原则：套保而不是套利。大部分公司选择本金绝对安全的，收益能够保证的投资方案，如图 4–8 所示。

图 4–8 投资方资金风险（潜在成本）排序

一种稳健而轻松的投资方案是：人民币结构性存款。人民币结构性存款是指商业银行在吸收客户普通存款的基础上，加入一定的衍生产品结构，通过与国际、国内金融市场各类参数挂钩，使投资人在承担一定风险的基础上获得较普通存款更高收益的理财产品，其特点如下：

✓ 保本保收益；

✓ 协议文本简单；

✓ 以定期存款核算；

✓ 收益计入利息收入。

选择该产品时，也要注意操作时的存款利率最大化原则。

举个例子，如图 4-9 所示，如果公司有 10 亿元的闲钱，预计 6 个月不会用。那么这时有一款银行结构性存款产品给企业的条件是 3 个月付息期间，3 个月以后为展期付息期间；利率不一样；3 个月内利率高，为 6.8%；3 个月以后如果选择展期的话，利率只有 1%。

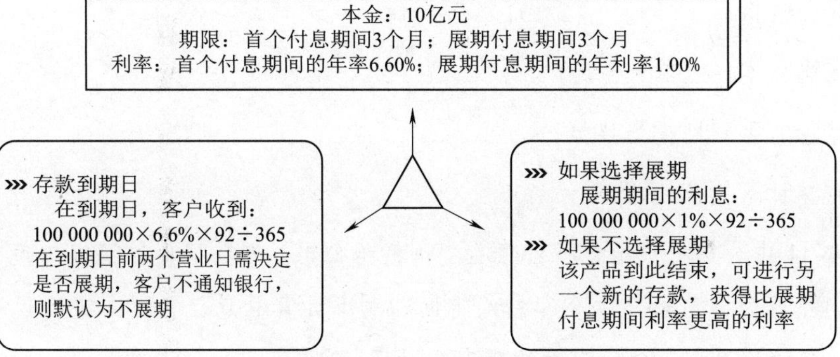

图 4-9 银行结构性存款案例

所以 3 个月以后选择展期的话，就不合算。因为在到期日前两个营业日，企业需决定是否展期；如果不通知银行，则默认为不展期。那我们可以选择在该产品 3 个月付息期间后不展期，而是进行另一个新的存款，获得比展期付息期间利率更高的利率，从而实现存款利率最大化。

点滴思维

让企业的资金池不闲置，选择银行结构性存款是稳健的方法之一。

存款毋庸置疑属于非常稳健的投资方式，除此之外，还有一种稳健和轻松的投资方案质押式回购交易，继续列举案例：

【例 4-11】 质押式国债回购

在各种低风险投资方案中，我们以其中的质押式国债回购为例，如图 4-10 所示。

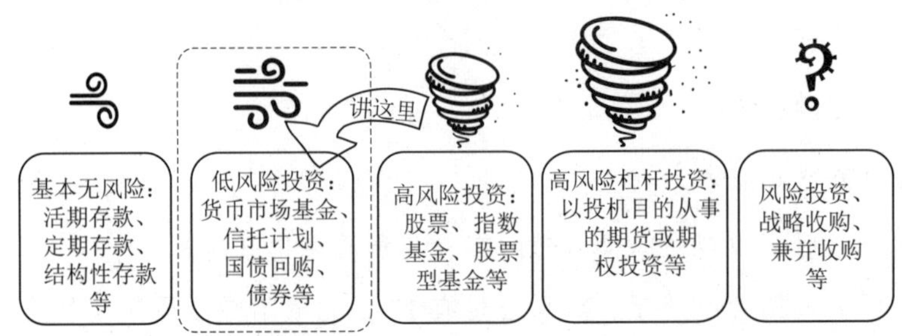

图 4-10 投资方资金风险（潜在成本）排序

质押式国债回购是指资金融入方（需求方）将债券质押给资金融出方（供给方）融入资金，它的特点是：

✓ 风险极低；

✓ 基本保本保收益；

✓ 已持有至到期投资核算；

✓ 收益计入投资收益。

图 4-11 中公司把钱给银行，银行把国债给公司。与此同时，双方约定在将来某一日期由银行向公司返还本金和按约定回购利率计算利息，公司向银行返还原质押的债券，它的利率会比银行存款的利率相对高一些。

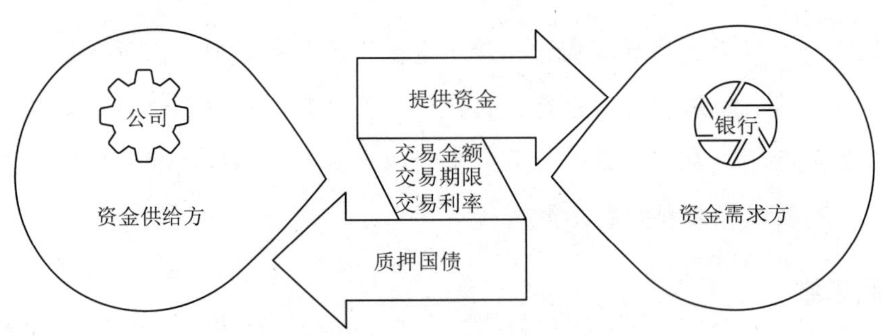

图 4-11 质押式国债回购案例

对于非金融类的公司来说，获取绝对的金融收益并不是追求的目标，获取套利收益的人民币资金运作只是针对某种特殊市场情况采取的特殊策略，未来应当尽量规避。

管理者应该审视各种资金管理投资方案的经验教训，总结思路，归纳方法，形成一套行之有效的管理方案，从而增强公司资金风险应对能力。例如：

✓ 密切跟踪金融市场变动，及时对市场变化进行跟踪、预警；

✓ 结合公司实绩，市场变化对公司的影响进行深入分析；

✓ 凝聚团队智慧，策划资金风险管理、收益增值方案；

✓ 加强与金融机构的沟通合作，争取同业最优金融产品、金融服务。

点滴思维

让企业的资金池不闲置，选择质押式国债回购亦为稳健的方法之一。

投资方如果是非金融类企业，相比金融类企业，在投资的专业性方面可能有差异。非金融类企业如果去做高风险的投资，则化解风险的能力或许有所欠缺。

以上是稳健的投资案例，下面是波折的投资案例。

【例 4-12】 高盛的专业性与政商资源

风险投资、战略投资和兼并收购，就不像前面说到的投资方式那么稳健了，一般会伴随高风险和经历一波三折，如图 4-12 所示。

图 4-12　投资方资金风险（潜在成本）排序

《新制造时代：李书福与吉利、沃尔沃的超级制造》一书，对吉利控股集团有限公司（以下简称吉利）李书福收购沃尔沃集团（以下简称沃尔沃）曲折离奇的过程，进行了详细描述。对于收购过程中的专业化及政商资源、资金管理方面的思考，我从不同视角进行与众不同的解读。

在收购沃尔沃的过程中，不仅能够看到李书福在没有钱的情况下最终是怎样买下沃尔沃的，同时也能看到专业投行的独到眼光和精准判断以及他们如何助力李书福的精彩过程。

我们知道风险越大，可能投资回报越高，但失败的成本也越大，就在收购的最终结果尚未明确时，高盛集团（以下简称高盛）直接投资3.3亿美元收购吉利15%的股份。事后的收购成功以及高盛获得高额投资回报，恰恰都说明高盛擅长风险精算和对专业化投资的精准预判。

2010年3月28日，董事长李书福在英国伦敦的签约桌上，用半小时时间，在半米高的收购文件上签上自己的名字，这意味着吉利将获得诞生于1927年的沃尔沃100%股权，其中包括：

✓ 10 963件知识产权和专利；

✓ 两家有50万辆产能的生产企业；

✓ 一家发动机公司和三个汽车零部件公司；

✓ 3 800多名国际水准的研发工程师；

✓ 分布在100多个国家，2 325个服务及销售网点等。

而这一号称“蛇吞象”的收购案例，在当时轰动全球，成为中国汽车企业至今最大的海外并购案，也是中国国际并购史上最为经典的案例。

这个案例中，吉利充分利用有着丰富经验的投行或咨询专家们的建议，这些投行或咨询专家们要么是政商关系密切的投行高管，都到吉利总部去见了李书福，被李书福的收购决心所打动，成为说客极力促成此事。

专业的力量是巨大的。吉利收购沃尔沃中的重要角色——福特很注意利用专业的力量。例如：福特在收购案中，聘请高盛银行为投资顾问；聘请罗斯柴尔德银行为收购顾问；聘请摩根大通银行为财务顾问；聘请普华永道会计师事务所为审计和税务顾问等。

而这里面出现的几家银行如高盛银行、罗斯柴尔德银行、摩根大通银行等，都在暗地里动用各种资本力量、人脉资源推动这项收购，而且这些银行都是投资经验丰富、专业精钻的行业翘楚，看投资未来的眼光通透而精准。

例如，在吉利收购沃尔沃之前，高盛银行就已经颇有先见之明地直接注资3.3亿美元收购吉利15%的股份，成为吉利的股东，和吉利是一条船上共同进退的伙伴。

点滴思维

低风险的投资由企业自主运作即可完成，而复杂的、高风险的投资，基于风险及成本的考虑，需要金融机构的专业团队动用各种资源进行运作。

4.2　占用合作伙伴的资金

本节详细分析占用合作伙伴的资金的优势与弊端。

4.2.1　“鸠占鹊巢”的资金管理

资金模式创新里，有一种“鸠占鹊巢”的玩法，即占用上下游合作伙伴的资金（预收款、应付款），如图 4-13 所示。企业甚至可以用这些资金形成资金池用以钱生钱，打造其生态圈。

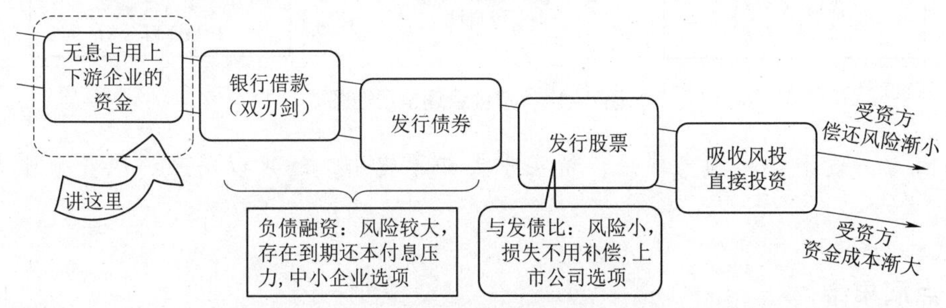

图 4-13　受资方资金来源风险（成本）排序

能钱生钱，并不稀奇，稀奇的是占用别人的钱给自己赚钱。

【例 4-13】 合资汽车企业案例

在几年前，国内某知名合资汽车企业的日子很好过，大量的现金先流入其口袋里，而且，这些钱没有利息，即没有银行借款。

为什么呢？因为知名品牌的汽车销售是先收钱，之后消费者可能要等几个月，等车子造好才能提货。

这说明汽车企业先产生“预收账款[①]”，账上面看虽然是负债（负债体现为欠消费者车子，不是欠钱，而是欠物），但它是具有流动性的负债，如图 4-14 所示。

---

① 预收账款：资产负债表的负债类会计科目。意为预先收到货款，但货还未交付给对方，负债欠的是货物。

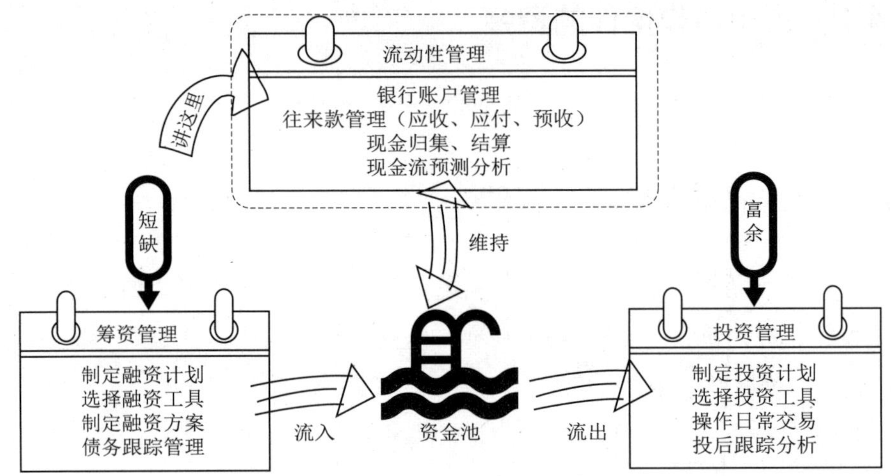

图 4-14　资金管理全景地图

因为一般不会有利息费用，留在手上并不烫手，还可以用来形成资金池去钱生钱。

点滴思维

占用合作伙伴的资金是成本最低的事情。

无论是中小企业还是大企业，似乎都喜欢先把钱往自己兜子揣，然后给人家钱的时候就像挤牙膏，继续列举案例：

【例 4-14】 500 强钢铁企业案例

国内某世界 500 强钢铁企业，以前在钢材市场景气的时候，没有现货产品，只有期货产品，当时就要求用户在采购钢材（订货）的时候，先付清货款。

用户可以根据该企业的线上一体化销售系统或云商系统，实时跟踪自己订单的生产进度。

预收账款是没有资金成本的，即不会产生利息。

钢铁企业在收到预收货款后，将货款放进企业的资金池；资金池里的钱，再通过成立的财务公司，开展金融业务，把钱贷出去用于钱生钱。

公司赚钱能力或造血能力最强的，有时恰恰就是其金融板块。而作为钢企利润的调节手段，当钢材市场不景气、价格下跌使销售收入下降，主业利润不理想的时候，其金融板块可以提供利润支援。

所以营运资金管理得好的企业，千方百计地做大自己的资金池，即无偿占用别人的钱，无偿地融资，再去用于钱生钱。

点滴思维

大企业也会想方设法占用上下游合作伙伴的钱，且多多益善。

4.2.2　主业只是配角

企业的主要精力不放在主营业务上，而是什么赚钱快就干什么，可能由于缺乏专业精研而加大企业的经营风险，继续列举案例：

【例4-15】 海航案例

海航集团有限公司（以下简称海航）原本是一家地方航空公司，但其航空公司业务只是面子，里子却做成一家进行资本运作的公司。

从2015年初到2017年底，不差钱的海航集团盲目投资，完成超过80笔并购交易，总金额接近500亿美元。这一系列收购在2016年达到顶峰，海航最大的几起交易都发生在这一年，包括：

（1）100亿美元收购CIT Group的飞机租赁业务；

（2）60亿美元收购美国电子产品分销商英迈公司（Ingram Micro）；

（3）65亿美元从黑石集团手中收购约25%希尔顿集团股份成为其最大股东；

（4）2017年，海航成为德意志银行的最大股东。

海航集团买下在全球拥有广泛销售网络的电子产品分销商英迈公司，这不仅创下中国企业收购美国IT集团最高纪录，也令海航在全球500强名单的排名在一年内跃升两百多位。

海航收购了从法国到非洲的一系列航空公司的股份，购入多个机场和酒店，并将触角伸向物流、保险、期货经纪、云计算、大宗商品交易和地产等多个领域。

海航集团涉及航空、酒店、金融等业务，并没有建立在特定行业的核心竞争力，很多行业大而不强，外强中干。海航借助航空公司的壳，骨子里却在资本的海洋里野蛮生长。

点滴思维

航空公司似乎是表面现象，骨子里在无序扩张，放大杠杆，野蛮地进行资本运作。

资本运作主要方式之一就是将企业资金池里的钱用在钱生钱上，这些途径普遍比辛苦的主业赚钱快。

此外，这里面还可以进行所谓商业模式创新，即资金池里的钱有些不是自己的，而是从别人那里的钱，继续列举案例：

【例 4-16】 某家电业巨头案例

国内的某家电业巨头（以下简称 A 企业）在利用资金池资金上做得非常好。在供应链环节中，A 企业很少用自己的钱，而是大量占用上下游合作伙伴的钱。A 企业在选择合作伙伴时，也会嫌贫爱富，即优先选择那些有一定实力、财力的合作伙伴开展业务。

对下游的合作伙伴，家电企业要求下游的代理商们先将货款打过来，这部分货款因为没有利息成本，所以资金的营运成本很少。这也是为什么这些年来，A 企业的年报上出现大额预收账款的原因。

对上游的供应商，A 企业会采用诸如票据支付等货款支付政策，从而延缓资金的流出。

在产、供、销过程中，A 企业很少占用自己的钱，而是大量占用上下游合作伙伴的钱，所以 A 企业的营运资本成本很低。

占用上下游合作伙伴的钱以后，这些钱就放在 A 企业的账上形成巨大的资金池。有了自己的资金池以后，A 企业不可能眼看着这些钱闲置在那里。为了充分利用这些钱，于是 A 企业就成立了财务公司（金融公司），把资金池里的钱挪到 A 企业财务公司开展金融业务。

例如：A 企业的上下游合作伙伴如果缺钱了怎么办？A 企业又很聪明地把资金池里的钱反手借给自己的上下游合作伙伴，又从这些上下游企业赚了一笔钱。也就是说，A 企业利用做家电产品，打造一个生态圈，然后通过这个生态圈实现钱生钱。所以 A 企业在产品销售利润之外，其金融板块开展的金融业务，也带来可观的利润。

在慢慢地演化之后，企业生产产品只是一个表面现象，真正赚钱的可能转变为这种资金池的了。

我们看到现在很多电商平台，也都在做类似的事情，建立自己企业的资金池。

✓ 支付宝的资金池——据说是阿里巴巴最赚钱的；

✓ 微信钱包的资金池——据说是腾讯最赚钱的；

✓ 京东支付的资金池——据说是京东最赚钱的；

✓ 亚马逊 pay®、cash®、lending® 的资金池——据说是亚马逊最赚钱的……

有了钱形成资金池以后，即使公司经营的主业连年亏损，也可能不会影响这些公司的发展。

亚马逊曾连年亏损，但靠其金融板块形成的资金池支撑，逐年壮大，使其成为世界首屈一指的互联网公司。京东也曾是连年亏损，依靠其资金池的支撑，可以继续稳定发展。阿里巴巴也曾亏损，有了其强大资金池的支撑，使其成为强大的互联网公司……

很多企业发展到一定程度，有了自己企业的资金池以后，可能都想跃跃欲试，开展非银行金融机构的业务（如财务公司、金融公司等），利用资金池钱生钱，这是一个有趣的想象。因为这些企业普遍认为用企业自己的资金池开展金融业务是化腐朽为神奇的一招。

现在成熟的技术，政策的扶持（如向财务公司借款的利息可税前扣除等），都能够提供非常便捷的方法做好这项利用资金池钱生钱的工作。

……

企业资金池有了钱以后一般都不忍把钱闲置不用，都在想方设法利用资金池里的钱生钱，如图 4–15 所指。

这个模式当然是非常好的，但是从现在的某些实际案例看，也同时反映出部分管理者急功近利的心态。

例如，2020 年 11 月 3 日，因资产证券化的高杠杆风险等原因，上海证券交易所发布决定暂缓蚂蚁集团在上交所科创板上市。同日，蚂蚁集团宣布暂缓在港交所上市，蚂蚁金服上市计划被国家有关部门叫停。

从利用资金池放大资金的杠杆风险这一点上看，部分管理者无视政策和政治环境的资金风险意识及成本思维有待完善。

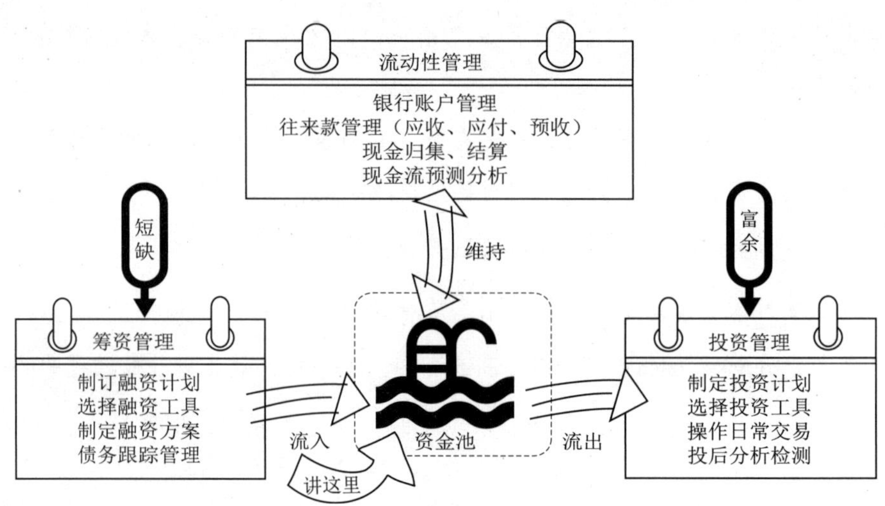

图 4-15　有了钱不能闲着，都在用资金池钱生钱

点滴思维

企业形成资金池以后，需评估风险，在不违背国家政策导向的前提下，进行风险可控范围内适合的理财。

4.2.3　母子公司一损俱损

大型企业集团内部的资金管理大致有两种模式，分别是收支两条线和集中闲置资金管控模式，如图 4-16 所示，其中：收支两条线是指资金先集中到集团统一调配，由集团统收统支，再将资金分配给各下属分子公司，并按内部利率互相之间结算借贷利息。

集中闲置资金管控模式，是下属各分子公司先进行资金收支，如有闲置资金，再集中到集团统一调配，并按内部利率互相之间结算借贷利息，例如：由集团再分配给资金不足的业务单元。

很多案例都有一个有趣而共性的现象：集团企业内部，母公司把子公司的资金抽走，造成子公司发育不良；母公司又把钱败完了，最终整体发育不良。母公司把子公司的钱抽走，统一调配，本无可厚非。子公司的钱被抽走以后，这笔钱对于子公司来说，有时相当于石沉大海，杳无音信。

母公司过度抽取子公司资金而不顾子公司的发展，使得本来有良好造血能力的子公司发育不良。如果母公司再对这笔资金使用不当，把钱折腾一空，就会造成双重打击。

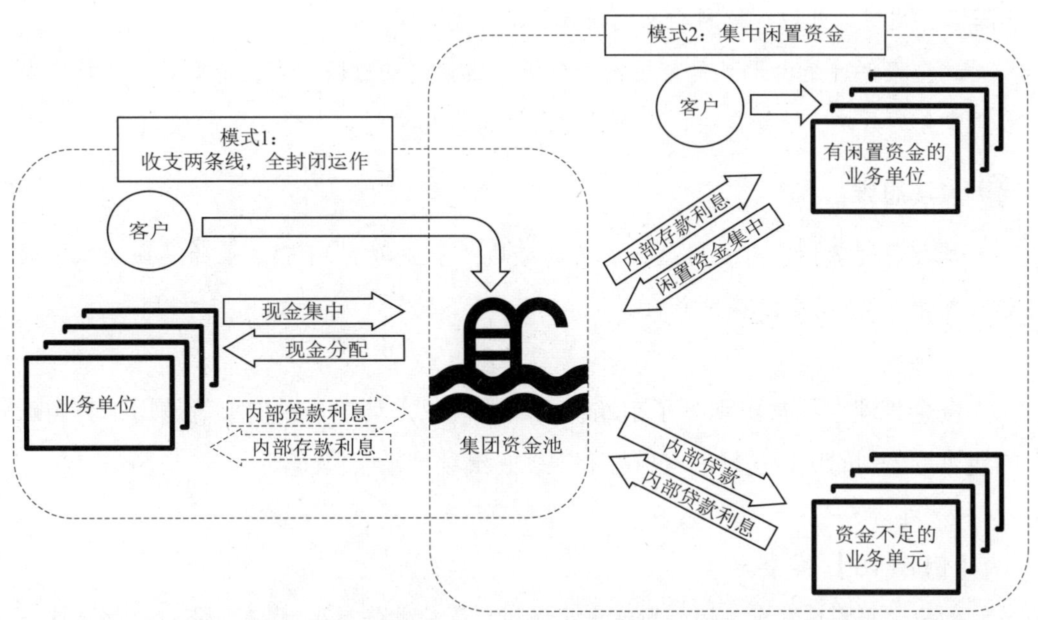

图 4-16　资金集中管理的两种模式

这里列举两个母公司把子公司资金抽走造成不良影响的案例。

【例 4-17】 仙童半导体公司案例

美国仙童半导体公司（以下简称仙童，英特尔和 AMD 的创始人都来自此公司）早年由八位科学家于 1957 年创建，它是美国硅谷成长的基石。凭借八位科学家的技术，仙童半导体成为第一家把硅晶体管商业化的公司，当时其他的半导体公司都在采用锗工艺。仙童半导体在 1958 年就利用台面型硅工艺生产出第一批晶体管。

从 20 世纪 60 年代开始，仙童盈利能力飞速上涨。而早期大量注资仙童的母公司 Fairchild 摄影开始行使协议的权利，全资收走八位创始人的股权，并抽调大量利润，同时利用仙童的利润投资大量不赚钱的业务。

八位科学家认为应该把钱更多地投入电子半导体领域，因此仙童半导体与母公司产生矛盾。

仙童母公司 Fairchild 摄影对仙童半导体公司事务插手得越来越多，甚至几番抽调仙童半导体的高层骨干，包括找人欲代替仙童的 CEO 诺伊斯[①]，这直接导致仙童在

① 全球最大芯片创新技术企业英特尔 Intel 公司创始人。

蒸蒸日上之时，几位天才科学家创始人辞职另创公司。

这个案例就是由于其母公司把子公司的钱抽走并折腾一空，造成核心成员因对公司事务的分歧，纷纷离去，致使仙童与公司的几位创始人变成竞争对手。

点滴思维

母公司过多插手有良好造血能力的领域（子公司），干预专业的造血组织（创始人或骨干），或产生不利影响。

资金管理中经常出现拆了东墙补西墙的现象，其中一种现象就是用子公司赚的钱填母公司的坑，这样的案例亦有很多，继续列举案例：

【例 4-18】 华晨宝马

如果说起华晨汽车集团控股有限公司（以下简称华晨），很多人第一个反应就是华晨宝马。诚然，作为中国宝马的生产企业，华晨宝马已经让绝大多数中国人记忆深刻，但是拥有宝马的华晨最终还是破产了。

华晨集团的大量资金来源于华晨宝马。华晨宝马当初发展得很好，但资金被华晨集团抽走后，造成华晨宝马发育不良。华晨宝马如果无法留有足量的研发资金，就无法将引入的技术内化吸收，化为己有。华晨宝马是一块金字招牌，但一直以来被人吐槽没有把引入的技术内化吸收，不思进取，过度依赖别人的技术升级。资金从华晨宝马抽走之后，华晨集团的其他品牌又卖得不好，所以把钱也给折腾没了，这是导致华晨集团破产的原因之一。

点滴思维

管理者要给优良造血能力的经营主体留有发展空间和研发余地，杀鸡取卵的方式或不可取。

4.3 资金成本管理的导火索

管理成本是很多企业被逼到一定程度才想起来要做的事情。它不是空穴来风，而是有“导火索”：有的是由资金危机引发，有的是管理者突然醒悟想要这么做，有的是对同行的嫉妒引发……

4.3.1　一根绳上的蚂蚱

有一种投资人和被投资人的关系形象点说就好比是：我投资你以后，就和你是一家人了；我们一损俱损，一荣俱荣，是一根绳上的蚂蚱；我会用我的全部资源力量帮助你渡劫。直接看案例☛：

【例 4-19】 黑石集团收购希尔顿案例

2007 年，黑石集团投资约 260 亿美元收购了希尔顿国际酒店集团（以下简称希尔顿）及其拥有的 10 个酒店品牌和遍布全球的约 2 800 家酒店。2008 年，美国爆发次贷危机，并迅速演变成了全球性金融危机。黑石集团投入的 260 亿美元，瞬间就缩水 70%，非常狼狈。这 260 亿美元里面有 200 亿美元是黑石集团借来的钱。所有人都觉得希尔顿完了，连带着黑石集团也完了。

但是黑石集团没有抱怨，迅速开始自救。美联储的放水捎带救了黑石集团，减轻一些黑石的资金压力。黑石集团更是四处闪展腾挪，还了一部分的债。另外，在降低债务成本方面，进行债务重组是一个速效手段。黑石集团说服一些债主，把债务转成股份，算是度过了债务危机。

在降低债务成本的操作上，这里我们简单回忆《企业会计准则——债务重组》中，对债转股的核算。举个例子，你欠我 200 亿元，假设分类为交易性金融资产，公允价值 220 亿元。然后你没钱还我，就以 10 亿元的现金外加 100 亿股普通股抵债，普通股面值 1 元 / 股，市场价格 1.8 元 / 股。

那么我（债权人）做账如下，单位为亿元。

借：银行存款　　10

　　交易性金融资产　　180

　　投资收益　　10

　　贷：应收账款（你欠我）　　200

你（债务人）做账：

借：应付账款（我欠你）　　200

　　贷：银行存款　　10

　　　　股本　　100

资本公积　　　　　　　　　80

投资收益　　　　　　　　　10

为什么要写这个可能让读者疑惑的分录呢?

因为恒大集团（以下简称恒大）当时也是模仿黑石这么做的，即降低债务成本。当年恒大找到上千亿元的战略投资，签了一个对赌协议。如果恒大借壳上市成功，这千亿元的债就不用还了，因为变成股份了。但是借壳没成功，恒大面临上千亿元还债的困境。这上千亿元的债肯定偿还不起，因为被恒大用来拿地了。拿了地以后又用来抵押贷款，贷的款又去拿地。这一圈一圈循环到最后，一不小心就膨胀到近万亿元。如果还债的话，恒大就直接关门了。恒大大概是吸取了黑石集团的经验，说服战略投资者把债转成股份，很巧合的是大多数投资者还都同意了。

例如，苏宁控股集团有限公司（以下简称苏宁）百亿元级的债务就给了恒大变成股份，从而不用还钱。苏宁自然日子是不好过，有苦说不出。恒大的做法似乎有点盲目举债拖队友下水的意味。

当年黑石除了利用债务重组降低债务成本以外，还更换了希尔顿的CEO和高管层，大刀阔斧地进行改革，压缩内部的成本。

另一方面，黑石开始推行我称之为变相外包降成本的策略，即希尔顿的特许经营策略就是招加盟商入驻并提供品牌，提供管理等软件，加盟商提供酒店硬件。这种方式的好处就是投资成本不大，甚至不用任何投资，希尔顿品牌的酒店就实现数量的扩张，遍地开花，如图4–17所示，黑石的投资管理就是与被投资者共同进退。

最终黑石不仅熬过金融危机，2013年，希尔顿成功上市并募资23亿美元，成了当时酒店业里筹集资金最多的公司。黑石毕竟是一个私募基金，做实业不是目的，资本运作后，套现一走了之才是目的。

投资人张磊在其《价值》一书中写道“（对被投资对象）广泛提升，消除浪费，降低成本，这些都是在创造价值。”

于是2014年以后，黑石逐步清仓希尔顿股票，实现约140亿美元的利润，成了私募股权史上回报最为丰厚的一笔投资。

黑石与希尔顿的关系，就是投资者与被投资者的关系，两者形成了一种绑定，一荣俱荣，一损俱损，共同进退。黑石利用专业力量帮助希尔顿应对危机，大刀阔斧进行改革，终获回报。

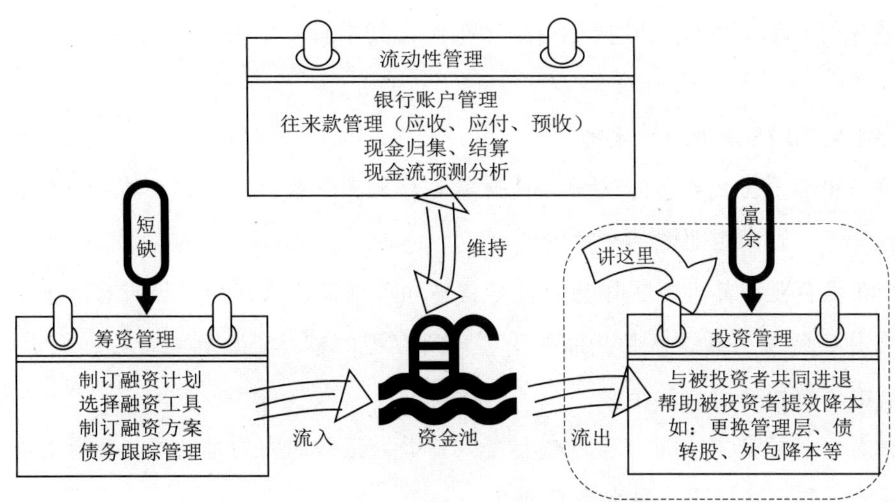

图 4-17 与被投资者共同进退的投资管理

这就是所谓的资金危机引发成本管理。

点滴思维

出现资金危机会倒逼成本管理；当被投资人没有改善的力量时，投资人会动用各种资源帮助被投资人进行改善，渡过难关。

4.3.2 资金链的风险对冲

资金成本管理在风险谱系全景地图中的位置，如图 4-18 所示。了解资金的风险就可以很好地避险和控制资金成本。

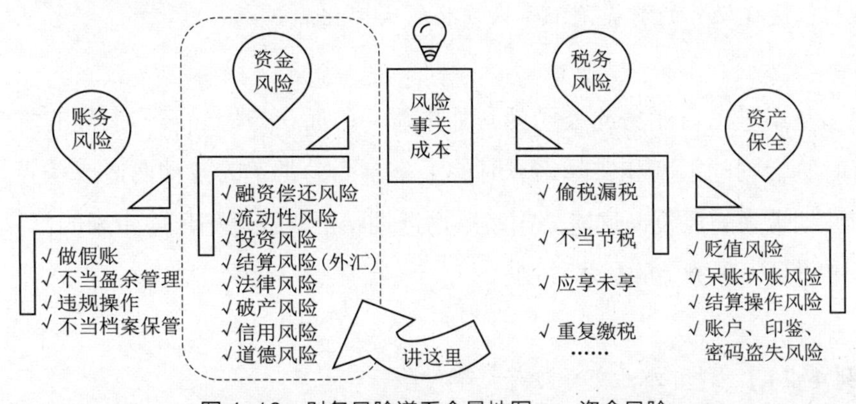

图 4-18 财务风险谱系全景地图——资金风险

这里面，针对性的避险操作有很多措施，其中有一个是利用息差避险。

【例 4-20】 息差避险案例

某 500 强企业的海外子公司，就是靠海外低息贷款，不花母公司一分钱，就把事情做完了，这家企业是怎么做的呢?

500 强企业因其大规模体量、良好信誉和名气，使其海外子公司也容易在所在地的海外银行贷到款。而且，海外子公司所在国的银行贷款利率恰巧远低于国内，于是就有了技术处理的操作空间。

海外子公司将其在海外低息银行贷到的款，汇给国内的母公司，由母公司在资金池运作，再高息贷出，赚取高额利息。

这样，低息从海外得到的银行贷到的款，通过国内的资金运作，又赚取了高额利息，这个就叫利用息差赚取收益。

从销售端看，海外子公司接单后，将接单的订单信息发给国内制造本部并从国内直接发货运至海外用户。

而海外子公司再将之后从海外用户那里收到的销售回款，用于偿付海外银行的低息贷款利息；且销售回款也足够支付海外子公司的有关运营成本、付现成本和销售成本。

这就是所谓的空手套白狼式的资金运作，可以让这家海外子公司不耗费母公司一分钱，就完成整个业务链和资金链的循环。

点滴思维

利用息差的一波操作，不仅没有给母公司增加资金负担，还赚取了可观的利润。当然，这样操作的前提是汇率未发生较大变化。

很多从事进出口业务的公司都有外币账户，而在与海外客户大额的资金结算中，有时签合同的汇率和实际结算时的汇率会因为汇率的波动而造成差异。为规避汇率波动带来的风险，这些公司多采用远期结汇规避汇率风险带来的汇兑损失，这实际上也是一种资金的成本控制。

【例 4-21】 利用外汇交易防范汇率风险

某出口企业，预计在两个月之后的 4 月 6 日收到出口货款 100 000 美元，于是在 2 月 6 日与银行做了一笔卖出美元、买入德国马克的两个月的远期交易，到期日为 4 月 6 日，远期汇率为 1 美元 =1.683 3 马克。但是到了 4 月 1 日，该企业收到进口商的通知称不能按时支付货款，付款日延长 1 个月即 5 月 6 日支付。为了避免外汇汇率变动的风险，该企业决定用同时做即期和远期买卖的方法控制外汇风险。

从银行得知：即期汇率的买入价 1.665 0；即期汇率的卖出价：1.666 0，这笔掉期业务可以这么做，见表 4–1。

表 4–1　某出口公司即期和远期外汇交易

	即期业务	远期业务
日期	4 月 6 日	5 月 6 日（1 个月远期）
操作方向	买入 100 000 美元	卖出 100 000 美元
	卖出马克 / 汇率 1.666 0	买入马克 / 汇率 1.683 3

该企业在两个月之间做了一笔卖出 100 000 美元、买入德国马克的远期交易，到期日是 4 月 6 日；在 4 月 6 日当天又用 1.666 0 的价格在市场上买回 100 000 美元。

低买高卖，其盈利为：（1.683 3–1.666 0）× 100 000 美元 =1 730（马克）

4 月 6 日做的 1 个月卖出美元的远期，限制了在这期间可能出现的美元汇率下跌给该公司造成的外汇损失，可见这是一种较好的控制外汇风险方法。

有些公司甚至可以做到在主业亏损的年份，通过外汇交易操作赚取高额利润，弥补当年主业的亏损并使企业扭亏为盈。

点滴思维

利用汇率差的一波操作，不仅可以规避汇率损失风险，还可赚取利润。

4.3.3　资金链与创造性破坏

克里斯坦森在其《创新者的窘境》一书中，提出一个有点惊悚的结论：越是管理卓越的公司，在创造性破坏时刻到来的时候就越难以摆脱困境，这种困境是各方面的，也包括资金链困境。

【例 4-22】 沃尔玛与亚马逊案例

沃尔玛百货有限公司（以下简称沃尔玛）是一家美国的世界性连锁企业，在2021年《财富》世界500强排行榜上占据第1位的位置。沃尔玛在商业模式创新上的成功，使其拥有强大的资金和成本竞争力。

经济学家熊彼特[①]曾提出5种创新理论，其中一个叫创造性破坏。他认为一个经济体的发展模式基本上都是创造性的破坏。一个新的点子、新的模式终会破坏掉老的模式。沃尔玛的商业模式即为创造性破坏，其在创立时是对传统商场模式的一次颠覆性替代。

传统商业型模式的关键就是location、location、location（位置），即要找人流量多的位置开店。沃尔玛颠覆性地将大卖场建在人流量稀少的郊区，推翻了传统商业地产注重位置的理念。

这里核心的一点就是成本。传统的大商场是建在市区甚至是黄金地段，显然它的运营成本比较高，就直接导致定价高。

沃尔玛的商业模式营运成本低，可以做到低价销售，且其商品品种繁多，应有尽有。在商品比较好销的同时，沃尔玛形成了庞大的物流体系和资金流。沃尔玛的资金流管理上，首先是其山姆会员商店的会员制预收款，形成庞大的资金池；其次是大家熟知的先将商品卖掉，再将货款支付给生产厂家。

因此，沃尔玛商业模式创新的核心，就是其低成本模式、高物流效率、良性资金运作模式，最终使沃尔玛有能力做到天天低价，这种创造性破坏产生的竞争优势，是对整个传统商场商业模式的一种颠覆。

正如《三体》中描述的一样，当高等级文明降维打击低等级文明的时候，更高等级的文明又会碾压式打击高等级文明。

当沃尔玛还处于巅峰状态并引领世界潮流的时候，以亚马逊为代表的互联网零售模式崛起，这又是对以沃尔玛为代表的这种低成本超市模式的一种颠覆。

受新冠肺炎疫情影响，五十多家美国零售商破产，其中有几家百年老店，如西尔斯百货。尽管西尔斯百货一直努力创新，以应对亚马逊等强大电商所带来的冲击，

---

① 约瑟夫·熊彼特，是一位有深远影响的美籍奥地利政治经济学家。熊彼特提出的创造性破坏，在西方世界的被引用率仅次于亚当·斯密的“看不见的手”。

但是终于熬不过新冠肺炎疫情的影响，宣布破产。

亚马逊公司（简称亚马逊），是全球最大的一家网络电子商务公司，位于华盛顿州的西雅图，开始只经营网络的书籍销售业务，后来发展为网上销售几乎所有门类的商品，其年度打折促销日被称为“黑色星期五”。中国某些电商平台的“双十一”“双十二”等促销活动，均有借鉴“黑色星期五”的影子。

亚马逊不用场地，用户可以直接在虚拟互联网上购物，资金管理更是采用平台资金池的先收后付模式。

例如，从亚马逊卖家收款流程来看，亚马逊平台从买家付款到卖家提现的过程，大致分为 5 个步骤：买家付款→存入亚马逊→亚马逊打款到第三方收款平台→卖家提现到国内银行卡→资金提现到账。传统零售模式的收款流程大致也类似，但亚马逊的特点是快，其打款周期一般为 14 天左右，远远快于传统商业模式。

对亚马逊来讲，空间已经是抽象的概念了。没有空间加之时间又快，因此亚马逊在网上开辟了新的领域，扩张了新的板块，所消耗的边际成本几乎为零。互联网经济的特点就是资金周转很快，资金周转得越快，资金成本就越低。

传统经济与之相比，无法做到如此快速的扩张，因为传统经济的发展需要周期。例如：某企业在上海销售得很成功，如果想去成都发展，传统商业模式一般会经历考察、买地、设厂、招人，投资几十亿元，建设周期需要两年到三年。

所以亚马逊的商业模式创新又是对传统商业模式的新一轮碾压。

点滴思维

尽管亚马逊的新商业模式冲击了传统商业模式，但转型升级过一次的沃尔玛依然没有受到大的影响，依旧是世界 500 强排名第一；核心就在于它的强大物流和资金链优势，其高效率和低成本目前依然能够抵消亚马逊带来的不利影响，但未来如何就未可知了。

4.3.4　欠我的还给我

企业大概都喜欢占用合作伙伴的资金，但如果反过来，当合作伙伴占用企业的资金应如何处理呢？直接看案例：

【例 4-23】 如何应对合作伙伴的资金占用

浙江有一家民营钢材加工企业，老板比较有魄力，做得颇具规模，但其营运资本管理出现了问题。

第一个问题是应收账款很难收回来。原来企业的平均应收账款收款期为两个月，后来变成三个月，大量资金被其用户端的合作伙伴占用。这家钢材加工企业在上下游供应链各环节中，处于一个比较被动的环节，其上游是钢铁企业，需要从上游购买钢材。而钢铁行业有一个不成文的行规：在钢材市场行情好的时候一般不赊账销售钢材。钢铁企业的基本要求就是以现货现款成交，甚至有的钢铁企业对部分紧俏的钢材产品要求预付货款，待生产出来以后再发货。在这种情况下，采购钢材的企业买得越多，资金缺口就越大。

第二个问题是钢材加工企业生产的产品卖给下游用户时，很多用户尽管是大型的企业，但拿到货以后支付货款就像挤牙膏，采用赊购方式，延后两个月，后来变成三个月才付清货款。

所以，这家钢材加工企业的上游需要先支付钢材货款，下游用户的货款又收不回来，被占用三个多月的资金。

这家企业要求业务人员去用户那里催收、讨债，后来发现没有多大用处。为了应对下游合作伙伴占用本公司的钱，钢材加工企业请教了咨询公司，并千方百计想办法。

他们后来想了一个方法：定规则并采用奖惩和倒逼的手段，具体方法就是给业务部门算一笔资金占用账，并和利益挂钩。如果赊销商品相对应的业务部门不能收回货款，相当于业务部门占用了公司的资金，而不是下游用户占用了公司的资金。

于是钢材加工企业对其销售人员定的规矩是有一个月的缓冲期限。如果一个月内货款没有回来，不予考核；一个月以后如果相对应的货款没有催收回笼，财务部门就开始按日计算利息。

这家企业的老板认为："理由很简单，相当于公司先卖产品给销售人员，销售人员再卖产品给欠款的用户，这本账就是算销售人员的资金占用，不收回来就意味着占用了公司的资金。销售人员如果没收回来，就是销售人员的问题，这个时候，钢材加工企业像借钱一样按日计息"。

以上是约束机制，当然也要对应有激励机制，即如果货款能够早收回来或者价格卖得好，匹配有一定的激励机制。在这种激励机制下，销售人员就会算明细账：如果早收回一天，对销售人员来说就会更有利一些。

从结果看，经过一年时间的磨合，这家钢材加工企业取得了非常好的成效，多年遗留的应收账款问题有了极大的改善。

因为这些一线的人员直接接触业务，最知道用户的底细和讨债的潜力点。他们对于成本的业务触发，用户的实际情况是最懂的，所以能够很好地去挖潜。

企业同时配套的激励机制，能够调动很大的积极性和主观能动性，既是压力也是动力，所以才会有很大的改观，这也可以理解为一种内部转移定价的重要性体现。

点滴思维

这个案例说明如果把企业的压力摊到每一个人的手里，就能够一对一有针对性地改善。很多有效手段的运用，无非就是行为规则重塑的问题、契约精神的遵守和完善激励机制的。管理者大胆去用这些手段，说不定会有意想不到的效果。

4.3.5　用资金压力测试进行资金血检

资金管理的血检就是为了不断血、不瘀血、不失血、多输血、多造血。

✓ 不断血，核心是通过预算保证资金平衡，减少盲目投资。

✓ 不淤血，核心是提高各类资产的周转速度和使用效率。

✓ 不失血，核心是加强成本费用控制和风险管理；财务需要学会做“巧妇”灵活玩转银票、电票、贴现、贴息，紧密联系银行，用好信用政策；而且对管理者来说，行军打仗，除了熟悉环境，还要熟悉粮草弹药，也就是要了解资金状况。

✓ 多输血，核心是先把钱往自己兜里揣，给人家钱的时候像“挤牙膏”一样。

✓ 多造血，核心是通过创新提升企业盈利水平，归根结底，还是要靠有竞争力的产品，才能源源不断产生稳定的资金，这样，银行才愿意锦上添花贴给你钱。

无论是小公司，还是大公司的管理者经常需要检查企业的资金状况，钱还能维持多久，资金压力如何，因此，需要对企业资金状况进行摸底。资金压力测试可以理解为资金管理当中的血检。

【例 4-24】 一个科学的方法

企业资金状况的摸底方法中，资金压力测试是个可选择的方法。资金使用状况是 HARD 模式，还是 EASY 模式，通过压力测试可以得出结论。

资金压力测试是指企业对某一时间段内的资金状况进行预测，并预先采取对应策略的一种资金管理方式。

某时间段的资金压力测试公式为：

=（期初剩余资金＋本期资金流入－本期资金流出）÷（期初剩余资金＋本期资金流入）×100%

这个公式算出的百分比，大致可以测出企业资金状况的五种结果，一般分为：

✓ 非常安全（≥ 50%）;

✓ 安全（30% ~ 50%）;

✓ 有风险（20% ~ 30%）;

✓ 比较危险（10% ~ 20%）;

✓ 非常危险（≤ 10%）。

当然资金状况的结果并非一概而论，还要看剩余资金多少，并且受商业模式、负债状况、回款情况、付现成本等很多因素的影响。各企业的百分比定义也可根据自身行业特点而有所不同。

例如：处于高速发展阶段的企业如果负债过高，增速过快，一旦回款不够，资金链就可能断裂。

第 5 章 费用控制思维

本章导图

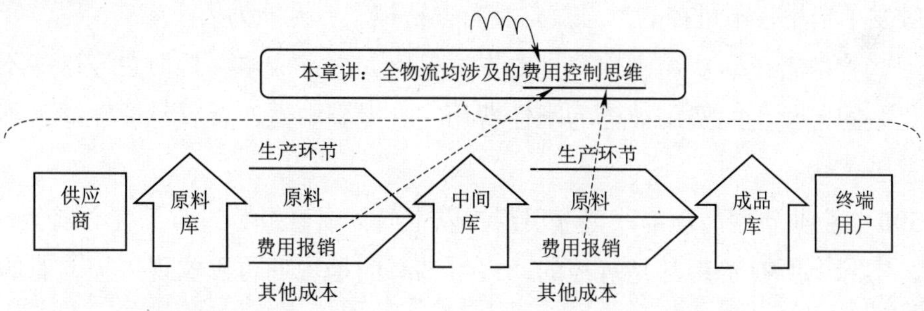

在成本管理和预算管理体系当中，费用的控制（以下简称费控）是很重要的内容。费用的一个特性，就是相对生产成本来说，更具有“不确定性”。为什么非要去碰费控？企业进行费控很重要的一个目的就是想解决费用发生的不确定性问题。其中，采用费用预算管理，其实是想解决费用发生的不确定性问题。费用不确定性问题如果可以用其他方式解决，大概就没有费用预算什么事情了。

不同行业的企业以及同一企业的不同发展阶段，其费控的侧重点应该会有所不同，所对应的费控思维会不会也是有所不同呢？您将会在本章节得到答案。

▶▶ 5.1 从亲历 500 强企业的费控说起

作为世界 500 强企业的集团费用清理与改善项目组成员，我曾经从股份公司被征召到集团专职工作一年有余。

5.1.1 企业界首创费用控制分类法

从费用的明细构成来看，实际上是公司经营过程中发生的一串费用，把这些费用进行排列组合，就形成销售费用和管理费用（简称销管费用）。

销管费用中共有的费用包括：业务招待费、会议费、公务用车费、差旅费等，而广告费、促销费等则属于销售费用所特有的。

这么多的费用类别，很多企业习惯把它们再排列组合并进行分类，叫作可控或不可控费用。很多管理者喜欢用可控还是不可控费用的提法，这种说法对不对？业务触发了费用，不可控的意思就是没有办法控制，无能为力。

一些管理者还喜欢用刚性费用的提法，比如人工成本、折旧费等这些不随产量变化，固定发生的费用被称为刚性费用。一提到刚性，就容易被理解为不好控制的意思。

500 强企业费用清理与改善项目组（以下简称项目组）纠正了这个概念。我们认为，实际上所有费用都是可控的，只不过有的是短期可以实现可控，有的是长期可以实现可控。

大家思考一个问题，折旧费可控吗？传统认为，折旧费是不可控的。因为无论你生产得多，还是生产得少，折旧费是不变的，依旧是那么多。但项目组认为，尽管折旧是长期资产的损耗，实际上也是可以控制的，比如：业务外包、经营租赁、减少闲置、技术升级、改良设备、更新换代等，都可以将折旧费优化，通过这些控制手段，长期看就可以控制折旧费了。

【例 5-1】 500 强企业费用与业务勾连的分类方法

这是一个一切费用皆可降的分类方法。

为了纠正某些费用不可控或刚性的概念，500强企业就提出一个全新的分类方法，将所有的费用分成主动型费用和被动型费用，如图5–1所示。

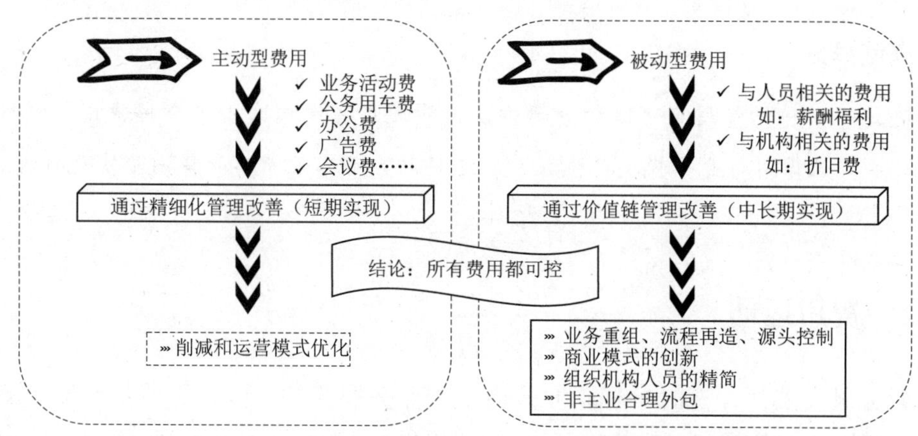

图5–1　与业务联系后一切费用皆可降，所有费用都可控的分类方法

例如：业务招待费、公务用车费、办公费、广告费，会议费等费用都是与做事的方式有联系的，属于主动型费用，主动型费用弹性系数较大。弹性系数较大的意思就是指事情如果多，费用也就跟着一起多；事情如果少，费用也就跟着一起少。也就是说，如果企业直接削减这部分费用，见效较快，有时可以立竿见影。因为这些费用与业务量和做事情的多少有线性关系，同升同降，在进行针对性削减和改善时，容易说得清楚。而薪酬福利、折旧费等图中所示的与人员相关的费用、与机构相关的费用，均属于被动型费用。被动型费用在一定周期内属于定值型，即使事情少了，变化系数也不大。只有出现重大变化时才可能发生较大变化，也就是说直接削减这一块费用是不行的，因为削减比较难，需要一个比较长的逐步变化过程。如果企业采取措施直接硬性削减，就会出现一个结果：未来可能反弹；所以只能通过长期措施逐步实现改善，例如：组织机构精简，整合重组，等等，缓慢推进。

由于业务产生费用，结合主动型、被动型的分类方式，这些费用就与业务模块产生关联。只要与业务模块产生了关联，费用的产生就说得通了。那么一旦业务模块减少，就可以理解为费用的发生源减少了，也就一切费用都可降，而且是跟着业务模块一起降，无所谓费用的可控不可控，刚性不刚性。

说清楚业务的目的是说清楚费用，但这个过程是有难度的。为什么有难度？一个是关联度确定的问题；还有一个就是费控是否被重视的问题，重视以后由高层定调，基层执行，费控才会更有效率。

项目组的这种分类法解决了费用与业务挂钩的问题和关联度的问题，并使费控成为一项基础工作。

点滴思维

这是一个一切费用皆可降的分类方法，管理者可考虑减少不可控费用、刚性费用的提法，让费用与业务模块产生联系，这种联系可以让所有的费用都实现可控。

5.1.2 费用运动

业务触发费用，有时候相同业务但由于业务模式的不同，导致其所发生的费用对某些企业不是包袱，对某些企业却形成包袱。而形成包袱的企业还浑然不知，直到有一天通过比较才发现差距，才开始开展费用运动……见案例：

【例 5-2】 费用运动的缘起

一家 500 强 B 国企曾经组团到美国同行那里学习考察。考察团参观交流完以后，回来向集团领导汇报总结，用了很多成本对标数据，其中有一项很醒目：管理费用的收入占比。

原来，国外同行企业和 B 国企是同产量规模级别，但国外同行企业的管理人员只有 28 个人，它的业务如财务、研发、人力资源和设备等全部外包。所以人家的管理费用很少，收入占比很低。

相比之下，B 国企当时管理人员近千人，组织机构多，管理成本高。因此，B 国企管理费用收入占比很高。国外同行企业只有百分之零点几，B 国企却占 10% 以上。

受了成本对标数据的刺激后，B 国企集团领导马上决定：成立集团费用清理与改善项目组，清理整顿公司旗下近百家子公司的费用。

这个对标数据可能震动了管理层，加之当年市场形势也确实萎靡不振，市场增效潜力有限，眼睛只能向内降本，几个因素叠加影响，于是决定开始在全集团范围开展一场所谓的费用运动。

点滴思维

通过比较可以产生企业间摸清成本底细，支持决策。

当时，我被调到费用清理与改善项目组工作，项目组的核心工作就是梳理业务的合理性并提出清理与改善建议。因为我们认为业务触发费用，只有说通业务才能说通费用，业务说不通的，费用就是需要改善的。

实现业务的清理与改善是有难度的，前提要么是领导重视，老板要求这么做；要么就是市场倒逼的结果。这个前提我们已经具备，接下来就是执行。项目组做的第一件事情，就是弄清楚费用整治的思路框架，如图 5-2 所示。

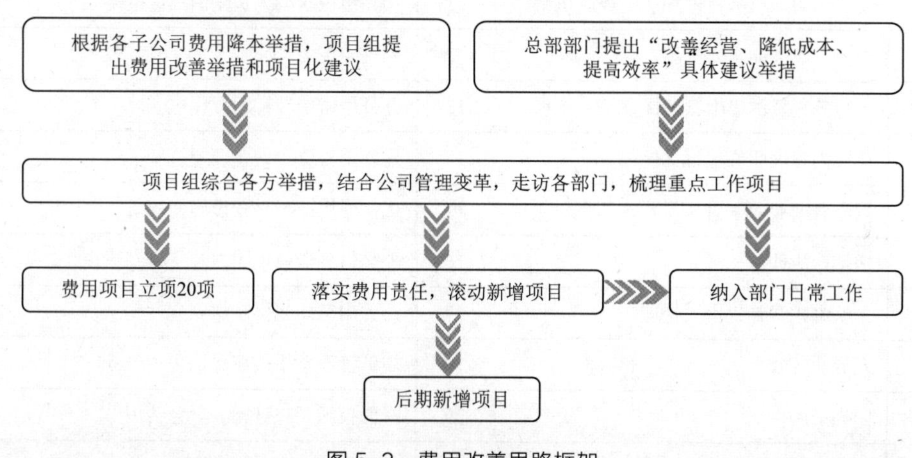

图 5-2　费用改善思路框架

图 5-2 为项目组整理的费用清理改善思路框架，概括来说就是自下而上和自上而下相结合，基层自查并提出改善措施。项目组进行项目化梳理摸底，并在搜集一线的第一手资料的基础上，进一步清理和改善，具体为：

先根据各子公司费用降本举措，项目组提出费用改善举措和项目化建议。另外，总部部门提出“改善经营、降低成本、提高效率”具体建议举措。

综合各子公司和总部部门的建议举措，项目组结合公司总体费用导向，走访各部门，梳理重点工作项目，搜集一线资料。

根据搜集来的一线资料，项目组确立费用新项目，并落实费用责任，逐步纳入部门的日常工作中。简单地说，就是“先立项再找对象”。

项目化梳理的定义是为了完成一个独特的产品、服务或成果所做的临时性努力。需要关注的侧重点为：

✓ 明确开始和结束时间；

✓ 明确的项目目标及可评估的交付成果；

✓ 独特非重复的工作；

✓ 带来组织、流程、工作方式的优化；

✓ 直接或间接降低费用，新增效益，防范费用增加风险；

✓ 与部门常态工作有区别。

项目化梳理定义 20 个摸底项目，见表 5-1。

表 5-1　项目化梳理表

1	子公司组织机构评审和业务板块重组	11	相关组织机构人员精简推进策略
2	提升专业职能人力资源效率	12	闲置固定资产清理
3	劳务外包资源集中管理探索	13	办公用房梳理和配置优化
4	集团内管理职位配置优化	14	建立闲置资产处置调配机制
5	建立各产业效率对标体系	15	优化通用办公零固设施使用
6	房地产清理	16	外购信息资料集团内共享机制建设
7	系统维护费计价模式梳理	17	公务用车外包机制建立
8	差旅业务数字化平台推广和完善	18	规范管理费用核算科目
9	阳光采购	19	降低报纸杂志订阅、学会费用
10	梳理仓储物流业务流程	20	公司品牌广告一体化管理

接下来，项目组对这 20 个项目进行任务细化，并明确具体的对口执行单位、配合单位、项目周期以及项目范围，其中，项目内容、可交付成果、降本效果见表 5-2 至表 5-21。

表 5-2　项目 1

项目内容： 1. 子公司组织机构评审和业务板块重组	对各子公司组织机构进行评审，内容包括：投资层级和管理层级是否过长；职能部门设置是否符合精干高效的原则；部门内部的管理层级是否过多；部门全口径成本。在评审基础上提出子公司组织机构优化策略建议，策划、推进相关公司的重组
可交付成果	各子公司组织机构评审报告、相关重组方案并推进实施
降本效果	（1）通过压缩层级确保对市场的快速响应，避免机构臃肿造成的效率下降； （2）通过压缩各层级总部数量和部门数量降低人力及机构成本； （3）通过减少子公司总部数量降低人力及机构成本； （4）通过专业化重组实现同类业务之间的协同运作

表 5–3　项目 2

项目内容： 2. 提升专业职能人力资源效率	基于组织体系优化，精兵简政，提升职能人员配置效率
可交付成果	总部岗位设置优化方案
降本效果	通过岗位优化，合理配置人员，降低人工费用

表 5–4　项目 3

项目内容： 3. 劳务外包资源集中管理探索	以劳务外包资源集中管理，提升劳务外包供应商管理水平为抓手，探索生产劳务外包资源集中管理模式
可交付成果	生产劳务外包资源集中管理方案探索
降本效果	改变劳务外包管理模式，降低劳务外包公司成本，降低主业劳务外包费用

表 5–5　项目 4

项目内容： 4. 集团内管理职位配置优化	全面盘点，有计划地推进各级管理者配置效率优化提升
可交付成果	各单位领导人员职数配置方案
降本效果	通过管理职位配置优化，降低管理者数量，提高管理者效率，降低人工成本

表 5–6　项目 5

项目内容： 5. 建立各产业效率对标体系	建立产业人力资源效率对标机制和效率指标框架，为成熟产业效率提升、新建并购单元的效率定员优化提供系统性指引
可交付成果	集团各产业人力资源效率对标体系
降本效果	促进各产业人力资源效率最优，实现人工成本价值最大化

表 5–7　项目 6

项目内容： 6. 房地产清理	第一目标为清理权属；第二目标为对房地产进行规划或提出处置方案，并结合各公司实际实施
可交付成果	房地产权属清理及权证办理、资产处置实施、规划编制及具体实施等情况
降本效果	（1）降低对外租房费用 （2）盘活存量对外经营获得收益

表 5-8　项目 7

项目内容： 7. 系统维护费计价模式梳理	优化公司系统维护费定价模式，发挥规模效应，有效控制系统维护费增加
可交付成果	（1）在调研分析的基础上提出系统维护费下降措施 （2）修订股份公司系统维护管理办法 （3）优化公司系统维护标准及系统维护定价模式
降本效果	降低系统维护费 ____ 亿元

表 5-9　项目 8

项目内容： 8. 差旅业务数字化平台推广和完善	（1）在集团内推广使用新引入的差旅业务数字化平台 （2）完善差旅业务数字化平台主要措施包括：①建立差旅集中采购制度；②优化国内出差协议宾馆资源及价格；③研究扩大机票协议范围；④增加出差信息查询功能，建立顺带资料传递功能，减少出差费用，提高往返效率
可交付成果	制定规定，要求集团内企业必须使用差旅平台
降本效果	降低差旅费支出

表 5-10　项目 9

项目内容： 9. 阳光采购	子项目：推进招标采购
	子项目：推进网上交易
	子项目：网络专线集中采购
	子项目：办公用软件及防病毒软件集中采购
	子项目：办公用品集中采购
	子项目：劳防用品集中采购
	子项目：汽车维修点的统一招标
	子项目：邮政快递集中采购
	子项目：手机通信费长期协议
	子项目：员工保险集中采购
	子项目：保险集中采购
	子项目：上海地区饭店，酒店度假村集中采购
可交付成果	集中采购方案制定并按方案开始实施
降本效果	降低办公费、系统维护费、折旧、公共关系费、劳防用品费、维修费

表 5-11　项目 10

项目内容： 10. 梳理仓储物流业务流程	优化采购配送管理模式；研究销售采购运输仓储集中统一规模效应的可行性
可交付成果	仓储物流业务流程优化方案并实施
降本效果	降低物流仓储费用

表 5-12　项目 11

项目内容： 11. 相关组织机构人员精简推进策略研究	针对相关组织机构（财务部、人力资源部）集中办公价值共享，共享中心模式、业务运作模式和推进策略
可交付成果	（1）相关组织机构共享中心运作模式 （2）相关组织机构共享中心的推进策略
降本效果	（1）通过共享中心的专业化运作减少人员重复配置，降低成本 （2）通过共享中心的专业化运作提高服务质量

表 5-13　项目 12

项目内容： 12. 闲置固定资产清理	全面梳理各公司固定资产，梳理出闲置固定资产清单，根据固定资产性质采取不同措施分类处理
可交付成果	（1）闲置固定资产清单 （2）闲置设备处置方案及实施
降本效果	提高固定资产使用效率，降低折旧费用，减少新购固定资产费用

表 5-14　项目 13

项目内容： 13. 办公用房梳理和配置优化	（1）全面梳理集团内办公用房情况，并制订人均使用面积的标准和办公装修标准 （2）根据区域分布，盘活超标和闲置的办公场所，降低办公用房租赁费用
可交付成果	集团办公用房标准制定及办公用房资源盘活
降本效果	（1）提高办公用房使用效率，降低房屋租金 （2）盘活存量办公用房，对外经营获得收益

表 5-15　项目 14

项目内容： 14. 建立闲置资产处置调配机制	结合集团固定资产梳理和闲置固定资产处置，建立集团内跨公司的闲置资产调配机制
可交付成果	集团内跨公司的闲置资产调配机制建立
降本效果	建立跨公司的闲置资产调配机制，有利于闲置资产集团内流动，减少新购费用

表 5-16　项目 15

项目内容： 15. 优化通用办公零星固定资产设施使用及管理	（1）对通用办公及零星固定资产设备数量、使用情况进行摸底调研 （2）采取集中管理，区域化放置的形式，提高使用效率 （3）集团办公室对通用设备维修单位实行统一招标，指定维修单位按优惠价格结算费用
可交付成果	（1）总部办公及零星固定资产设施调研情况报告 （2）总部办公设施区域化放置，集中使用方案制定并实施 （3）总部通用设备维修单位集中采购实施
降本效果	（1）降低总部办公零星固定资产设施折旧费用 （2）降低办公用品费用

表 5–17　项目 16

项目内容： 16. 外购信息资料集团内共享机制建设	建立集团外购信息的共享管理机制，外购信息统一核准，统一管理，集团内共享
可交付成果	建立集团内外购信息的共享管理机制
降本效果	避免重复外购信息，实现外购信息资源最大利用

表 5–18　项目 17

项目内容： 17. 公务用车外包机制建立	集团公务用车社会外包服务，通过招标统一选定社会服务商，逐步减少内部自有车辆和长期租赁用车
可交付成果	建立公务用车社会外包机制并实施
降本效果	降低公务用车费用

表 5–19　项目 18

项目内容： 18. 规范费用核算科目	（1）已纳入经营的固定资产规范核算，不再列支管理费用 （2）清理部分费用未细分，混起来做账的科目，进行单独做账，避免混淆 （3）涉及成本与费用分摊的进行合理分摊 （4）各家费用归类列支口径不同导致“其他”项包含内容种类繁多，“其他”科目中的费用内容与“其他”外费用科目内容、性质相同的，应统一归并
可交付成果	费用科目核算规范原则制定并纳入审计工作计划
降本效果	费用科目规范，提高对管理费用的分析、控制能力

表 5–20　项目 19

项目内容： 19. 降低报纸杂志订阅、学会费用	1. 优化公司报纸杂志订阅管理，降低公司订报费用 （1）现状调研：各单位报纸杂志订阅情况梳理；各单位对口上级部门报刊资料征订情况梳理 （2）修订员工和部门报刊订阅管理办法 （3）各子公司根据办法细化修订本单位管理办法，报集团备案，并据此编制订报预算计划 （4）梳理集团内部出版杂志，减少不必要的印刷品，鼓励微信订阅，鼓励无纸化 2. 降低学会费用 （1）实现参加学会的归口一级公司管理 （2）梳理各公司参加学会的必要性，按重要性排序 （3）建立定期清理机制和信息共享机制
可交付成果	（1）降低报刊订阅费用，在年度订报预算计划中体现 （2）减少或取消部分内部杂志的纸质印刷，以电子刊物替代
降本效果	降低资料宣传费用

表 5-21　项目 20

项目内容： 20. 公司品牌广告一体化管理	建立公司品牌广告一体化管理机制，按“集中策划、归口管理、分层实施”的原则，由公共关系部对公司的品牌广告工作进行总体策划，并对集团范围内的品牌广告需求进行归口审核，由各单位在年度广告费用预算额度内开展工作并负责具体项目的实施
可交付成果	公司品牌管理一体化机制建立
降本效果	减少广告费支出

【例 5-3】 不统一的账

说到规范费用核算科目，项目组在进行费用底细摸查的时候，就发现很多三级子公司在做账的时候，费用入账规则自行定义，做账有粗有细，科目设置也是五花八门。

例如，有的公司把整个公司发生的业务招待费，统一做账记入管理费用或销售费用，并不反映具体是哪些业务部门发生的业务招待费及金额。而有些公司只是在“凭证摘要”里，注明“某某人”就结束了，有的还忘记注明“某某人”。

项目组想要统计则需要先下载 Excel 表格式，并用 Excel 表的筛选功能，统计明细情况；即使统计了，也因为摘要信息不统一，造成结果不准确。

当时还没有全面强制推行一体化财务信息系统，各个子公司的费用科目、名称范围、入账归属等都有自己的一套做账规则。例如，很多科目虽然名称相同，但记录的内容却不一致。有的子公司秉承没有粗与细之分，只有适合与否。所以统一口径是进行费用清理与改善工作需要首先考虑的问题。

点滴思维

子公司各自为政，野蛮生长，致使总部无法按统一口径统计，获取一手实际信息。正因为如此，所以有时需要强制手段统一规则。

5.1.3　运动效果

项目组根据对费用控制类别的重新分类，并结合项目化梳理的安排，从业务的末梢成本触发点开始，对需要梳理的内容进行地毯式的摸查。

业务告诉我们干什么活，财务才知道用什么钱，经过地毯式摸查和测算各公司的业务模块，对各公司费用按与业务相联系的新分类，并按属性探测尚可优化空间，项目组提出清理与改善建议，具体见表 5–22。

表 5–22　费控最终报告、具体建议措施及预测实施成果表

实施项目	具体措施	预测实施成果（精算结论）
建立差旅预订平台	✓整合公司差旅资源，推行差旅服务集中寻源 ✓公司与各航空公司签订国内机票大客户合作协议；签订差旅住宿宾馆协议 ×× 家 ✓公司引入多家差旅管理公司为员工提供差旅预订服务并协助差旅管理	预计使用差旅平台同比实现： 1. 预计机票平均折扣为 ×× 折，比商旅市场平均折扣低 ××%，将节约差旅成本 ×× 万元 2. 预订差旅住宿与市场价格相比，预计平均降低 ××%，将节约差旅成本 ×× 万元
保险业务集中管理	✓　制定集中管理原则，建立集中管理体系 ✓　集中寻源操作流程 ✓在招标方案、承包方式、后期服务上进行创新	✓下一年以较低的保险成本分散化解风险，并将增强公司对风险的管控能力 ✓预计同比保费下降约 ×× 亿元，相关险种费率下降幅度为 ××% ~ ××%
上海地区快递业务集中管理	✓招标引进 DHL 和 EMS 两家知名快递公司为公司指定的服务商 ✓针对价格优惠、服务保障、管理到位等方面进行多次谈判与磋商后签订合同	✓预计明年国际快递与市场价相比邮寄单价根据收件国家的不同下降 ××% ~ ××% ✓EMS 的国内快递邮寄单价下降 ××%
建立统一采购平台	✓某子公司增设贸易部，将各子公司的产品统一划归贸易部采购 ✓推进工厂零库存管理模式	✓推进资源整合、供应商的筛选和统一谈判，将使得质量、数量、价格、供货及时性等方面得到有力保证 ✓预计公司的高风险库存下降近 ××%，避免本年度由于钢材价格迅速下挫而可能造成的重大损失
组织机构梳理	建立四个营运共享中心，对下属公司实行专业化与职能化相结合的管理方式	子公司组织机构将经过流程梳理而优化，预计平均每个子公司精简部门 × 个
办公楼统一使用复印机	✓统一在公司底楼复印间集中管理，配置专职复印人员 3 人负责资料的复印及维护 ✓每月根据复印单情况按部门进行分类统计，及时调整下月复印计划、维修计划	✓下一年公司复印机的使用效率将大为提高，力争每台复印机基本每天满负荷运转 ✓通过采用专人复印的形式，将减少对设备使用不熟悉而导致的误操作，将有效降低复印机的维修成本 ×× 万元
公务用车集中管理	✓公司所有公务用车由汽车通勤公司统一实施集中管理 ✓由经营财务部核定车辆租赁价格，各业务单元按需向汽车通勤公司租赁公务车	✓预计提高公务车的使用效率，清理闲置车辆对外出租增加收入 ×× 万元 ✓可以实现公务车定点维修、定点加油，相关利润留在公司 ✓通过专业单位对车辆进行维修及保养，故障率将直线下降

续上表

实施项目	具体措施	预测实施成果（精算结论）
优化内部房地产	成立房地产管理小组，对内部的房产进行梳理，积极与需要租赁的单位进行联系，及时协调内部房产资源	优化调整内部厂房、办公房、土地、商业用房的经营或使用，将增加收入 ×× 万元，减少开支 ×× 万元
整合部门资源集中管理职能	在分子公司内，不单独设立财务部和人力资源部，由本部财务部和人力资源部管理	✓预计减少管理人员的设置，降低薪酬支出 ×× 万元 ✓进一步集中管理职能，减少中间环节，提高工作效率和精度
减少劳务外协人员	对管理部门外聘的劳务工进行清理，通过内部人力资源的整合与调整，减少部分外聘劳务工的岗位	预计减少外聘 ×× 人，全年可节省 ×× 万元
节约洗涤用水	✓设立课题攻关，已形成一套洗涤工艺程序和管理标准 ✓自创节约用水措施：回收洗涤过滤中的清水，将其注入其他洗衣机洗涤的第一阶段	预计用水量节约 ××%，节省成本 ×× 万元，节能效果明显
……	……	……

最终，项目组提出按费用类别区别对待的建议，即：一部分费用根据其特有属性使用零基预算[①]；一部分费用根据其与业务的勾连程度建议减少 5% ~ 20% 不等。

【例 5-4】 领导综合考虑问题案例

项目组所提出的按费用类别区别对待的建议，最终提供给集团领导进行决策。然而，这样一个管理改善建议和预计效果的精算结果，并没有实际被领导采纳。集团领导最终决策为：考虑到操作可行性，暂不分费用类别区别对待，而是统一按照 20% 标准下降考虑（即一刀切）。“一刀切”是典型的自上而下的政策措施。管理者或许认为这样做最有效率，容易立竿见影。我们的建议虽然正确，但执行起来困难。

在很多国有企业里，最有效率的成本管理方式是自上而下贯彻执行某项管理决策。

我曾到日本企业学习考察，就发现日本企业的管理可以做到自下而上。阿米巴

① 零基预算是不考虑过去的预算项目和收支水平，以零为基点编制的预算，具体指不受以往预算安排情况的影响，一切从实际需要出发，逐项审议预算年度内各项费用的内容及其开支标准，结合财力状况，在综合平衡的基础上编制预算的一种科学的现代预算编制方法。

为什么在日本企业里面好用，但在中国的企业里面经常玩不转？大概就是因为这样一个原因吧。

这里，集团成立费用清理与改善项目组提出优化改善建议似乎是必经的操作动作。领导内心似乎早已经有了最终的决策答案，大概是为了表示决策有依据，经过了深思熟虑，于是需要成立项目组总结一个结果作为领导的决策参考依据。

这个依据只是诸多依据的其中之一，最后会和其他诸多依据同时放在领导面前，供领导进行综合考虑，最终决策。而这个项目组辛勤工作一年的结果，只是为了有这样一个参考；而有了这样一个参考，起码说明领导重视这件事，对项目组提出的建议也充分理解。

这里没有对与错，只有适合或不适合企业自身的具体情况。

所以为什么说公司很多事情，如果领导不重视，工作就难以开展。企业任何工作的有效开展，都离不开领导的重视。

点滴思维

管理者要综合考虑诸多其他因素，项目组建议只是参考因素之一。

5.1.4 摆正位置

这里说的要摆正位置，指的是财务因素并不是领导考虑的全部因素。领导会综合考虑，整体权衡利弊，财务角度只是考虑的一个方面。财务在整个管理体系中的位置，如图 5-3 所示。

例如，项目组费用清理与改善的结论，对于领导来说可能更多只是一个必要参考，但不是决定因素，甚至整个财务管理体系也不是企业管理体系的全部。财务意见不一定被采纳，但是需要提出意见。领导会综合诸多因素进行权衡，财务的意见也可能不被采纳。

【例 5-5】 财务部门是救火队

财务部门的摆正位置体现在日常工作的角色定位上，有点像消防队，财务经理好比是消防队长，财务人员好比是消防队员，这种救火的角色大致体现在以下几个方面：

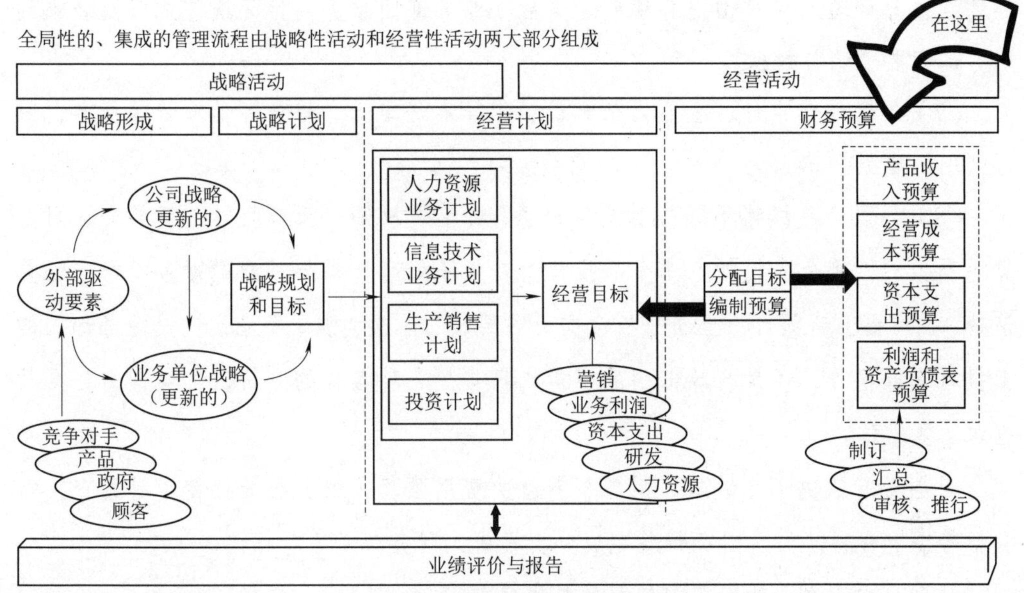

图 5-3　财务在管理体系中的位置

（1）财务人员大概有这样的经历，业务部门缺少文件时会找财务要，最典型的就是业务合同，因为财务搜集的资料比较全。例如，付款凭证后面会附合同附件（复印件），所以缺了资料都习惯找财务。

（2）经常有员工打电话问财务发票怎么开，报销时也常被问及报销单怎么填写，发票忘开了怎么办，超出标准怎么解决，补贴怎么算，钱是否到账等问题。

（3）市场不景气时，企业经营状况不好，到处缺资金，采购要钱、生产要钱、销售要钱，财务要拆东补西，资金管理好比在几个鸡蛋上跳舞。日常来看，业务人员出差有时还会向财务借走一笔钱，我们叫作备用金，这笔救急的钱也可以理解为救火。

（4）财务每月会盯着销项发票和进项发票，税率变了，税收优惠政策变了，财务要学习新政策，并将变化联系上下游企业，向领导解释变化后的影响……

（5）采购（买材料、办公用品、低值易耗品、固定资产等）超预算了问财务怎么办；领导组织活动（业务招待费、会议费）超预算了问财务怎么办；销售请客户吃饭要送礼品问财务怎么办，等等。

（6）有的企业编制预算，最后责任落到财务部门。我们知道，预算是需要全员参与，不是财务自己的事情。但是现实中很多企业的预算管理就是财务预算，甚至，很多企业的财务预算就等于财务部预算。有的管理者认为钱是财务付的，账是财务做的，预算就理所应当由财务编制。最后，业务部门预算指标无法完成时还会跑到财务部门要求调整数据。

（7）年度外部审计、企业内部审计、领导离任审计、资产评估审计等业务，财务部门都要配合。

（8）公司产品战略不明确时会问财务；决定投放哪些新产品时，领导会让财务算盈利预测，哪个先投放？哪个后投放？效果不好时，领导可能说财务没把账给算清楚；公司要上新项目、上新三板会向财务要报告、要意见；企业无论是业务部门的汇报材料或报告，还是行政部门的分析或报告，各种各样的分析，都会向财务要数据源、要支撑。

财务帮着解决资金缺口，财务帮着解决费用预算，财务帮着搞定审计稽查，财务帮着搞定资料缺失，财务帮着完成分析报告，财务帮着当背锅侠……

特别是中小企业的财务部门更像是兜底部门。

点滴思维

当救火队员本无可厚非，是应尽的本职义务。因为财务工作本身就是“上面千根线，下面一根针”，业务量化数据最终都会归集到财务形成价值化数据结果。财务部门摆正位置的体现，就在于要演好救火队员的角色。

5.2 人的不确定性

成本管理中有一个难点，就是报销费用的管理。企业为什么要进行费用管理？因为费用存在很大的不确定性，有时候会失控。

5.2.1 人盯人的费用管控

企业成本的控制相对容易些，因为标准成本法也好，作业成本法也好，发生的成本都是基本确定的，唯独费用控制相对困难，因为费用的不确定性更大。

有的企业给车间进行成本管控比较好管，因为在生产线上生产的成本一是一，二是二，比较容易量化，都是容易看得见的；而给机关进行成本管控比较难管，因为机关的工作存在不确定性，如果缺乏制度或业务数字化的强制约束，仅靠人管人、人盯人是靠不住的。

权利都在机关里，机关权利更大。权利大了，费用就不容易对管理层或权利层进行量化，也就容易缺乏明确的绩效考核、量化指标。有的企业宣传要靠自觉，靠人管人、人盯人。而人的本性有时是不愿放弃惯性的利益，因此费控成功率不高，比较原始。费用控制说到底，就是要靠精细化管理进行控制。但是从目前现状来看，很多企业在还没有业务数字化手段约束的情况下，就只能是靠人为的去管理。

我们从费控最后一道关的角度，以比较直观的费用报销为例。

很多财务人员抱怨说让财务管费用报销比较被动，根本管不住，主要有两个原因：

✓ 没有制度或者制度没有制定好、没有标准；

✓ 有制度、有标准，但业务部门或管理者没有按照制度执行。

传统意义上，财务人员在进行费用控制、执行费用预算的时候，总是在扮演刹车的角色，而刹车的办法也很简单，就是严格控制，这自然会增加很多工作量。例如：

✓ 报销审核的时候，严格审核，超标的费用，不给报销；

✓ 缺附件一定要补，要求报销的业务人员补这个，补那个……

这几个办法，大致都是在靠人管人、人盯人，如图 5-4 所示。人管人、人盯人的费控方式，实际上恰恰体现报销流程效率的低下。

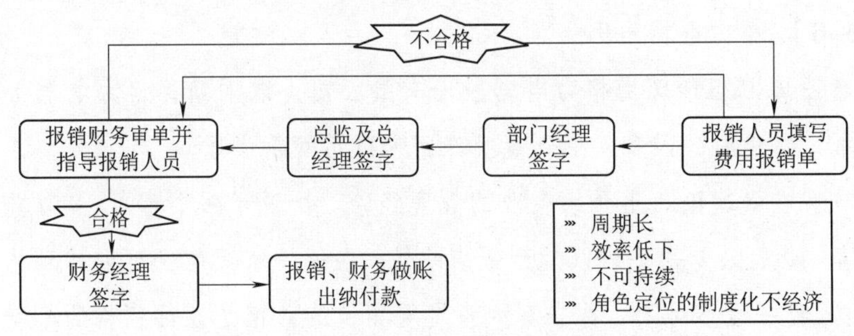

图 5-4　某企业报销流程举例

费用控制经常遇到效率低下的问题，而产生这个问题的本质原因是信息不对称。

例如，传统的费用报销一般都存在报销周期长，效率低下，反复扯皮的问题。财务人员（报销岗位）为什么喊累？这些财务岗位钱拿的不多，是最基础的财务工作之一，工作也没有什么难度，但就是喊累。因为来报销的业务人员经常会说：

“哎呀，发票忘开了。”

“那个地方只有这一家酒店，我没办法！知道价格超标但也只能住那边。”

“我去的地方，打不到出租车，只有黑车，没有发票怎么办？”

“贴发票和附件要横着贴还是竖着贴？”

……

可以看到，业务人员在报销的时候会问很多问题，有时候报销要跑上跑下好多次，工作中很多时间都用在报销上了。而且，财务人员可能要重复解释。例如：教会一拨业务人员以后，他们调走或者离职后又来一拨新的业务人员，又需要重新解释，因此费时、费力、效率低。

这时即使是缺少这个、缺少那个，一般来说也不会不给他报销的，会要求他们给财务写情况说明作为报销依据。大家应该有这样的同感，没有费用依据的时候，财务人员使用的终极大招是情况说明，然后领导签字，表示知道此事后方予以报销。

这就是所谓的财务部门把控最后一道关。财务部门如果不把好最后一道关，不扮演刹车的角色，有时费用可能发生失控。财务人员在这个现实剧情中，他们的角色定位就是扮演刹车的角色，人管人、人盯人的角色，因此一定会比较累。

【例 5-6】 格力电器案例

以前董明珠刚担任珠海格力电器股份有限公司（以下简称格力电器）总经理就开始抓成本、抓费用，很多人感到董明珠回来以后管得多了。

董明珠曾在一次论坛上介绍企业的管理经验。她说了一个现象：“以前格力电器经常要请客吃饭，只要是下班以后到饭店吃饭，在每一家饭店都可以看到格力的人。”

她说：“我一看不对劲，你来客人肯定要招待的，但是往往招待的不是别人，而是格力自己的员工。第二天就谎说请客了，回来报销。”

董明珠怎么解决这个问题呢？她想了一招：建立会客单制度。如果哪个部门今天来了客人需要请客吃饭，今天必须要填写单子申报人数，填完单子后在自己的部门做好记录，最后才能报销。如果今天谁请了客，明天或者后天才来申报人数，就不给报销了。

这个方法当然可以控制吃饭的费用，很简单，就靠管得严了，但是却是被动地需要靠人管人、人盯人才能实现费控。因为每次都要人为把关、人为判断。而且，这个吃饭的人员信息，也是需要靠人管人、人盯人得到的信息，得来不易。为什么？因为财务人员还是要追问，例如：吃饭理由，在哪里吃饭，请了谁吃饭，几个人吃饭，发票开没开……跟挤牙膏一样，这样就比较累。

人管人，人盯人的本质还是报销手段比较落后，没有实现不用见面的报销，没有实现业务数字化的报销所形成的透明化约束。

点滴思维

人管人、人盯人的费控存在挑战人性的问题，既得的惯性利益被人盯上以后，触及利益比触及灵魂还难，容易产生管理冲突。

很多企业的报销现状还停留在人盯人上，另一个问题就是报销还停留在面对面上。

【例 5-7】 报销大厅的面对面和照顾领导的面对面

我曾经到一个企业讲座，看到这家企业有一个报销大厅，这是专门给企业总部人员解决报销问题的。这有必要吗？很多企业已经实现全员报支，即员工在各自的网上申请，由相关部门审核，审核完无误后，钱直接打到员工的卡里，根本不用见面。发票等报销做账用的附件全部都电子扫描到凭证库里，审计时可调出凭证照片检查。当然，目前很多中小企业尚不具备全员报支的条件。

有些大企业报销很有意思，体现在某些领导是有费用特权的。举个例子：以前我们公司里有位财务同事很懂得照顾领导。他曾经和领导一起出差，领导还有最后一天才结束出差时，这位财务人员就把大部分费用给领导报销了。事后这位领导对财务人员印象很好，颇为欣赏。

点滴思维

报销大厅是典型面对面报销，照顾领导也是面对面报销。同样是面对面，也是有区别的：有的面对面，是让报销变慢；而有的面对面，却是让报销变快。

人盯人的费控还体现在靠不断对制度调整细化，不断地严格管理，这是目前很多企业所能想到对抗费用发生不确定性的唯一方法。

【例 5-8】 业务招待费的逐步改善

过去部分国有企业子公司有自定接待费标准的惯例。中央提出“八项规定”[①]之后，国企业务招待费由公司总部统一归口控制。总部统一规定接待标准并严控，例如：业务招待一律在食堂进行，不饮酒，餐标严格执行相应标准，将陪同人员降到最低；公司领导和机关干部到基层调研，尽量不在基层用餐，确因时间调不开必须用餐时，一律到食堂与所调研单位员工一块儿吃工作餐。

此外，部分国企还改变了机关和基层单位食堂分散采购主副食的方式。企业经过招标，由集中采购的商贸公司，统一进行配送，既降低了采购成本，又节省了分散购买时发生的相关费用。企业制定了食堂统一采购办法，努力将舌尖上的成本降到最低。

点滴思维

毋庸置疑，国企和私企在业务招待费的管理上有所区别，但似乎都存在依靠人盯人手段管控舌尖上的成本现象。

5.2.2 管理者是否愿意对自己进行费用控制

费用的不确定性归根结底是人的不确定性。为了说明人的不确定性，我们仍以典型的业务招待费为例。

【例 5-9】 触及利益比触及灵魂还难

业务招待费的管控是很多企业比较头疼的事情，存在不确定性。企业又怕影响积极性，又怕费用失控。因为各个部门对外联络，经常要建立与政府机构、客户、银行等部门的良好关系。

销售人员常说：“除了没钱和违法以外，客户永远是正确的。”

对于客户来说，销售人员有事的时候要联系，没事的时候，也要常常联系，这

---

① 2012 年 12 月 4 日，十八届中共中央政治局会议审议通过了《中央政治局关于改进工作作风、密切联系群众的八项规定》。

样才能建立良好的长期合作伙伴关系。如果有事了才想起人家，没事的时候就不理人家，最后人家很可能也不理你，所以要经常联络感情。而我们中国人联络感情习惯采用请客吃饭的方式。

但人为的尺度总是很难把控，有时候放得太开，可能出现费控的不确定性。例如有些公司可能采购100多万元的超市购物卡作为礼品赠送客户，就属于费控的不确定性。

管理比较严格的一些公司，强制要求列明吃饭的理由、人数、消费清单这些内容，并将此写进公司的《业务招待费管理办法》中。

我们以前研究业务招待费的核心点，就是控制和减少“可吃可不吃的饭”。但是执行的时候发现传统的接触式报销很难控制，最终还是靠“人管人、人盯人策略”。根本问题出现在哪里？就在于财务部门不知道请谁吃饭，吃饭理由、人数、菜单等信息，业务人员都没有提供。

以前很多企业确实不需要提供这些信息的。后来政策导向发生变化，要求把这一块管起来，很多公司开始细化制度并要求每一笔报销单据（原始凭证）都应该“明明白白”。

我以前所在的一家企业曾管得比较松弛，业务部门请客吃饭，往往叫上一个财务人员陪同——一方面是表示对财务重视，另一方面是回去报销方便，同一条船上的人报销当然方便。有的领导出去吃饭，也要叫上财务人员。我刚开始不理解，后来才知道，这大概是一种自我保护的措施，领导想得长远。

曾有一段时间企业盛行送客户消费卡，但事后发现送给谁也查无实据，常常说不清楚。财务人员在报销时经常需要“技术处理”，即让业务人员补充依据，造个签收单、串个发票（用其他发票替代真实业务或消费）等，也无从查验。

自从严禁吃喝风、送礼风以后，企业开始自上而下严控业务招待费以杜绝上述现象的发生，也从某种意义上净化了企业的报销环境。

传统的报销费用管控思路是什么？很多企业认为要想真正控制住业务招待费，就要把制度定得复杂一些，这样可以控制住了。怎么复杂呢？就是复杂到可吃可不吃的饭，大家都觉得麻烦，就不吃了。例如：以前只写人数，不写名单。现在就要求报销的人每次必须将吃饭人员的名单写上，有一人算一人，以及请客理由都写清楚，领导才审批。

这样，事前和事后都能做到把控，这就叫制度的笼子。

可吃可不吃的饭，大家觉得不值得这么麻烦地耗费精力，这样一来，可吃可不吃的饭因为多一事不如少一事就少了很多，非必要业务招待费的产生也就自然减少。

上面这些措施对不对呢？是正确的，但是会导致一个问题：需要靠人管人、人盯人才能完成，这样不仅导致心累、眼累、嘴累、腿累，还可能让费用反弹，无法形成长效机制。

而且在现实中，有的企业不愿意把制度定得这么死板。要么怕影响销售人员积极性，要么怕束缚管理者自己的职务消费，这就是典型的不愿意放弃惯性的利益。

有的国企在有关政策收紧后，仍暗地里偷偷吃饭。有位国企领导甚至曾说：不吃饭是不可能的，我不出钱，反正有老板会出钱。——可见吃喝风已到了根深蒂固的地步。

点滴思维

有些企业所产生的成本，是企业员工和管理者的习惯性利益，不太容易靠人管人、人盯人管控改善，因为触及人的利益，事关人的本性问题，即通过制度压制人的本性，只能一时，无法长效。

费控中人的不确定性体现为钻制度的空子，为了说明我们以差旅费为例：

【例 5-10】 制度总能找出漏洞钻

差旅费报销，尤其是出国差旅费的报销，问题很多。例如，海外移动费经常出现费用超标的情况，财务人员给报销还是不给报销呢？出国本来计划去一个地方，结果去了三个地方，管理者出国更改计划是常有的，因为计划赶不上变化。

有时候在制度执行中，领导的表现最为重要。有些单位的领导带头破坏制度，似乎只有领导才有权破坏制度。普通员工想破坏都破坏不了。因为没有机会，没有权利。

所以制度执行过程中，说服领导遵守制度是至关重要的。

但问题是大部分人不敢去说服领导，例如领导报销费用超标，你敢说服领导吗？——大部分人不敢。

这就是费用控制（以下简称费控）不确定性的表现形式之一。

那么我们怎么彻底解决这个问题呢？需要用非常手段，在后续章节中讨论。

点滴思维

领导带头破坏费控制度是费控的难点之一。

费控的不确定性就是人的不确定性。除了领导带头破坏制度以外，还有一种人的不确定性，体现为总有人要钻制度的漏洞，继续列举案例：

【例5-11】 两人同住一间房却报销两个房间的费用

制度定得再细，也难以面面俱到，也可以钻制度的空子。

以前有家企业的两位销售人员一同去广州出差，拜访客户，出差的当天晚上，在一家长期入住的宾馆，两个人只订了一间房同住。第二天结账的时候，要求宾馆分别开了两个房间的发票回去报销，这样两人都赚了笔外快。产生这种现象的原因就是报销信息不透明，有漏洞可钻。

有的管理者即使心里明知属下这样操作，也不捅破，认为是小事情。因此抓大放小，为了不影响员工积极性，听之任之。

这种思维在企业经营状况良好的时候普遍存在。抓大放小本无可厚非，但可能需要考虑管理前提。例如上级单位统一要求严管重点可控费用，或者市场不景气时公司决定向内挖潜降成本……这些就是管理前提。

点滴思维

产生这种现象的原因就是报销信息不透明，有漏洞可钻，上有政策，下有对策，人总能比制度活络。企业缺乏费用的精益化管控思维。

5.2.3 国家出台政策帮助企业进行费用控制

我发现国家出台的某些政策和企业的费控制度竟然是有联系的，我们就以税务政策为例：

【例5-12】 政策导向降低舌尖上的成本

税务政策的制定其实也在严禁不正当的报销，体现为：

1. 税前扣除

当业务招待费控制在一定额度内时，国家会给予所得税税前扣除上的考虑；而超过导向限额部分，则不允许税前扣除。

《中华人民共和国企业所得税法实施细则》第四十三条规定：企业发生的与生产经营活动有关的业务招待费支出，按照发生额的60%扣除，但最高不得超过当年销售（营业）收入的5‰。

政策导向作用之一是提醒企业的业务招待费是有临界点的，而很多企业视税前扣除的限额为费用控制的坐标参考值，这是政策导向的精算作用。

2. 以票控税

以前餐饮和娱乐业务可以混开一张发票，2016年起对发票进行了改革，税务局要求餐饮费、娱乐费发票必须分别开具，便于以票控税。对于企业来说，以票控税的一个显著作用就是用发票控制费用。以前餐饮和娱乐消费可以串来串去，混在一起就难以管理。而现在串不了，餐饮就是餐饮、娱乐就是娱乐，说得清楚以后，自然就便于费控。

因此，税务政策传递到企业是促进费控的政策作用，传递了一个导向。

点滴思维

税务政策似乎提醒企业对业务招待费的控制导向。

5.2.4 暴露在阳光下

很多重点可控费用如果暴露在阳光下，有些人就不敢胡乱报销，费用自然就得到有效控制。

【例5-13】 人管人、人盯人不如业务数字化

我认为人管人、人盯人、面对面的费控治理方法，其实都不如业务数字化的威力改善效果大。换句话说，都不如业务数字化统一支付平台的改善效果大。

费用报销的信息化和业务数字化是不同的概念。费用报销信息化侧重于从面对面到不用见面的费控，其本质还是没有解决人盯人的问题。费用报销业务数字化侧重于利用业务数字化系统将相关业务信息透明化，解决了业务合理性的问题，从而

倒逼人的自觉性，可以弥补信息化的不足，堵住可能出现人为钻空子的漏洞。

因为描述业务、说清楚业务合理性恰恰就是业务数字化的核心功能之一。

使用业务数字化统一支付平台以后，业务招待费的内容就暴露在阳光下了，基本上可将人管人、人盯人的弊端解决。

那么怎么解决人管人、人盯人的弊端呢？所谓靠人管人、人盯人不如靠业务数字化，实现费控化被动为主动。

对中小企业来说，很典型的方法就是可以使用业务数字化费控平台。公开透明的基因与生俱来地被整合在业务数字化费控平台里。人管人、人盯人变系统盯人，业务招待费的报销就变得公开透明了。

公开透明以后，也能实现可吃可不吃的饭因制度复杂而不吃的效果。所以，靠业务数字化解决费用产生的不确定性问题，归根结底是解决了人的不确定性问题。

点滴思维

凡事就怕暴露在阳光下。

业务数字化可以堵漏洞，原因就在于业务数字化提供了对称的信息。企业只要利用数字化平台的相关信息，就可以堵住漏洞。继续列举案例：

【例5-14】 被下架的滴滴出行

2021年7月，滴滴打车软件滴滴出行App被中共中央网络安全和信息化委员会办公室勒令下架。滴滴作为数字化平台，将费控所需的所有消费信息搜集得一览无余。这个软件不知道各位曾经用过没有，它是可以开电子发票的，而且很有意思，用户什么时候想开发票，发票就可以写什么日期。

举个例子，一年前用户使用了滴滴出行App打车以后，没有要求开票。时隔一年以后，用户仍然可以就一年前未开票的消费进行开票，但开票的日期，写的是现在的日期，而不是当时实际的消费发生日期，这样就有可以钻空子的空间了。

我有一位朋友年年都用滴滴出行App，但一次发票都没有开过。后来他跳槽到一家新单位，而这家新单位可以报销出租车打车费用。正因为可以按照现在的日期开发票，于是他把一年前使用滴滴打车的消费也给报销了。——这就是漏洞。

怎么杜绝呢？也很简单，打印滴滴提供的行程单，这就看企业自身规定是否完善。有的公司就管得比较细，滴滴打车的任何一张发票的背后，都要求打印行程单。行程单一打印，就没有空子可以钻了。

但是据我了解，很多大公司都没有硬性要求打印行程单；反倒是部分小公司比较细致，要求打印发票所对应的行程单。

我举这个案例是什么意思呢？就是很多费用报销还是要靠人管人、人盯人，会很累。因为都能找到漏洞。那么好，传统解决钻空子的方法就是完善制度，其结果必然是时间、精力等管理成本的增加。于是，企业陷入一个死循环。为什么是死循环？因为开始认为管不住就是因为制度定得不够复杂，不够详细；然后就将制度进行细化，细化的结果就是费用报销变得高频、琐碎，增加财务人员的时间和精力；最终，费控的根本问题还是没有解决。

这里面报销为什么说是琐碎的事情呢？

我们以典型的出差补贴为例。出差补贴含餐费补贴和交通补贴。那么，既然有餐费补贴，出差吃饭还拿发票回来报销，可以吗？既然有交通补贴，出差叫出租车的车费还能回来报销吗？再比如不同城市的出差补贴一般是不一样的。所以财务人员总是要帮着出差的人计算出差天数，是算半天还是算一天？计算标准应该给多少？

点滴思维

有时候差旅费的费控漏洞靠制度可能压不住，需要用透明化的非常手段彻底解决。此外，很多报销业务并不难，但很琐碎、累人。

管理者采取的传统差旅费管控措施，无非就是这样几点，例如：

✓ 统一按地区制订差旅各项费用标准；

✓ 减少不必要的出差人次费用；

✓ 增加集中出差地区的出差信息查询功能，建立顺带资料传递功能，提高往返效率；

✓ 仅有公司内部人员参加的部门会议原则上在公司内召开；

✓ 减少出国团组，严格控制出国批次、人数及在外时间；

✓ 整合公司差旅资源，推行差旅服务集中寻源。建立差旅集中采购制度，优化国内出差协议宾馆资源及价格。

这些是完全正确的，但可能解决不了根本问题。因为这些都要靠人为控制，本质上还是人管人、人盯人的方式，总会出现漏洞。因为漏洞无处不在，所以需要非常手段，这个非常手段就是将费用的产生暴露在阳光下。而具体实现暴露在阳光下的透明化方式是将业务数字化。

5.2.5　业务数字化抵抗不确定性

业务触发成本和费用。无论是大企业，还是中小企业，能够有效堵住费用漏洞的非常手段，都是将业务的发生数字化。业务数字化是解决费用发生不确定性的有效手段；而费用发生的不确定性归根结底是由于人的不确定性引发的。

非常手段一般是把需要管控的费用（如差旅费、业务招待费等）都暴露在阳光下。技术手段是通过业务数字化费控平台解决。费控思维比较超前的中小企业，一般会考虑用业务数字化费控平台的技术手段解决费控问题。

什么叫作业务数字化费控平台？我称之为“让费用透明的业务数字化平台”。

这个平台既可以是企业自行开发的，也可以是直接使用第三方的专业平台。凡是涉及企业的费用报销，如小额购物、会议安排、机票差旅、业务招待等业务费用的申请、审批、支付，都由企业统一纳入平台进行管理。

报销的审批权只针对部分人员放开的权限。以前只有财务有一套费用报销的账，使用业务数字化费控平台之后，意味着将发生的费用进行了透明化记账。大家可以理解为复制一套费用账到业务数字化费控平台。

这样一来，你报销的费用在业务数字化费控平台都被记录下来，相关人员都可以看见你的消费记录，其结果就是费用控制变得透明化了，能够有效杜绝费用失控的便利性，那些超出范围的、隐含的消费就无所遁形了。

费用发生者要开始掂量费用发生是否能够经得起推敲，这样一来，可吃可不吃的饭、可开可不开的会、可出可不出的差，就减少了。这就是为什么传统费控手段不如业务数字化费控平台优势大的原因。

【例5-15】　费用的身正不怕影子斜

我与一家使用业务数字化费控平台企业的财务总监一起吃饭的时候，就问他：

“企业的有些费用是比较隐私的，一般只有财务部门和报销的当事人知道。因为财务人员是有职业操守的，例如领导的消费，财务人员知道了也是会保密的。你用了这个费控平台以后，信息都传到网上了，其他人也能看到，是不是不太好？”

他说：“一般公司的费用报销都有水分。为什么会有水分？就是因为没有把这些费用的发生放在阳光下面。老板要求我现在这么干的原因就是要挤水分，这是有效的对策，尤其针对管理者。”

他说：“像我们这种中小企业没有什么不可公开的秘密费用。那些理所应当该发生的费用，自然身正不怕影子斜。那么反过来，不该发生的费用就留下证据，暴露出来了。所以用了费控平台以后，以前很多有漏洞的事情就不好再做了。因为管理者要想一想当费用暴露在阳光下面之后，那些可花可不花的钱，就会因为多一事不如少一事，而不花了。”听了他的话，我感到私企相对比较灵活，敢于尝新。这家私企这样做以后，费控效果很好，年度费用节约近百万元。

点滴思维

业务数字化带来的优势是传统费控手段所无法比拟的，它解决了费用透明化的问题。费用一旦透明化，被暴露在阳光下，管理者就会掂量费用发生的合理性了。

从报销费用公开化与节省成本来看，目前很多知名餐饮公司、科技类公司都已经开始使用业务数字化费控平台。这些企业都将其公务消费账本，例如：办公用品采购、大额支付、公务礼品、出差客票、住宿餐饮，交给独立的“业务数字化费控平台”进行集中管理以获得管理优势。这些管理优势包括：

✓ 计划、执行、审批、采购、反馈等；

✓ 发放职工的补助、福利等；

✓ 集中资源优势；

✓ 解决钱出一门，数出一门的问题；

✓ 获得大数据分析的功能。

业务数字化费控平台能够集中资源优势，为什么？

因为平台的业务体量大，可以与服务商谈到大体量的规模优惠。很多企业还没有到跟服务商议价的能级，而且单个企业谈会很难。由于体量小，还不一定谈得到优惠。所以企业可以利用业务数字化费控平台集合多家用户的力量去统一议价。

业务数字化费控平台，好比是“大哥干正事，这种费用报销的小事，就让小弟来提供一站式服务——垫资、软件设计、联系服务商等杂事都由小弟负责，大哥一门心思主业”——这就是业务数字化费控平台的真实写照。

5.3　精益化费用控制

精益化费用控制较超前的公司可以做到全员参与。全员参与的威力是什么？例如，想要完成5%的降本增效目标很难，但是如果发动50个人每人取得0.1%的降本增效成果却是容易做到的。

企业要做到全员参与，势必需要有成本文化的氛围。文化氛围形成的标志之一，就是员工不再认为降本增效和他们无关。文化不是喊口号就能形成的，它的背后要有经营主体触及利益的设计。

手段自然就是和精算投入产出比的利益挂钩，并做到两手都要硬：一是制度考核要硬，二是奖励激励要硬。

前面说到业务触发费用，只有说通业务的合理性才能表明通费用发生也是合理的；业务说不通的，费用需要改善。说通业务模块的合理性就需要数据分析，数据分析就是一个桥梁和工具。数据分析具体就是指效益分析和成本分析。

有时候，说通业务的合理性恰恰是市场倒逼的结果。例如：2021年年底的互联网企业普遍裁员，很大原因就是某些互联网行业不赚钱了，这就是典型的市场倒逼。

前几年躺着都赚钱的时候，你去管小费用，可能被人指责，觉得你是没事找事。但当市场不景气时，外部萧条了，眼睛只能向内看，不得不去做精益化费用控制了，这时，很多企业就会进行组织机构精简甚至裁员，等等。

5.3.1　对费用规则进行细化

费用有时就像一个淘气的孩子，不及时约束则可能失控，约束需要耐心和引导。精益化费控的表现形式之一是要定义每种费用的细化规则，即管理制度或办法。有了内部控制制度，就有了笼子，起码在发生费用的时候有约束的依据。

这里说的精益化费控，一般是特指控制付现成本或费用[①]。

付现成本或费用，从大类来看可分为付现的销售费用、管理费用等；从具体类别看可分为付现的人工费、水电费等。由于付现的费用直接影响现金流，所以无论从资金的角度，还是从成本的角度，都更需要精益化管理。哪怕细水长流，也终能形成可观的降本效果。

下面列举典型的公司费用管理制度作为借鉴与参考，看看如何对相关费用进行细化。

【例 5-16】 某有限公司费用管理制度（试行）

1 目的

为了加强 ×× 有限公司（以下简称公司）的财务管理，规范和控制费用支出，提高员工办事效率，保证各项管理工作的正常开展，结合总部有关规定，特制定本管理制度。

2 费用管理

2.1 费用申请

2.1.1 公司员工因工作需要出差及业务招待等，根据年度费用预算及月度工作计划，填写费用申请单（附件一），报部门负责人审核后同借款申请单一并报公司总经理批准后方可执行。

2.1.2 批准后的费用申请单在 2 000 元以下的一般不得借支，2 000 元以上的一般借支 80%，单笔最高借款一般不超过 10 000 元（含 10 000 元）。

2.2 费用报销

2.2.1 费用开支事宜完毕后两个工作日内到财务部核销，核销后有结余款立即归还。

2.2.2 根据出差情况拟定出差报告，报部门负责人审核后，随同报销单报总经理审批。

2.2.3 借款出差人回公司，招待事宜完毕 5 个工作日内，应到财务部办理核销手续；逾期财务部将按照借款金额以每天万分之三的标准收取利息。如超过 15 天仍未办理核销手续的，由财务部填写扣款通知单（含借款和利息），委托人事部在其工资

① 付现成本或费用指的是企业在经营期以现金支付的成本或费用。

内扣款。

2.2.4 报销款项首先归还公司借款，费用发票超过三个月的，原则上应出具相关说明，由总经理签字后报销。

2.2.5 各项费用按预算分部门列支。

3 差旅费标准

3.1 乘坐交通工具的标准

3.1.1 公司部门经理（不含）以上可乘坐飞机经济舱，其他员工特殊情况需乘坐飞机的，需填写乘坐飞机申请，得到公司总经理批准后方可乘坐，并将申请单附于报销单据，否则不予报销。（特殊情况包含：陪同公司领导出差；出现紧急事宜需要马上处理；机票折扣出差成本小于其他交通方式等）

3.1.2 公司其他员工可乘坐高铁、动车，火车普通座位和硬卧，轮船三等舱及以下，长途汽车。如果该路段无硬卧并且需要连续乘坐6小时以上火车的，可按软卧标准报销。

3.2 出差补贴标准

3.2.1 外埠市内交通补贴实行包干使用，按出差天数标准为每天120元；在途及住勤期间的伙食补贴每天100元。一般不得使用出租车，如遇特殊情况确需发生外埠市内出租车费用的，由总经理审批同意后予以报销。发生业务招待费用的，当天伙食补贴不报销。

3.2.2 出差人员在晚上8点以后至第二天早晨7点这一期间内，连续6小时以上乘坐长途汽车（卧铺车除外）、轮船四等舱及以下和火车普通座位等交通工具的，除享受在途补贴以外，可按180元/夜发夜间补贴，超过4小时但不足6小时的减半发放。

3.2.3 起点站至终点站，有直达列车的，而出差人员分段购票乘坐或将任意一段路程变更为卧铺的，不论其时间长短、路程远近，均不计发夜间补贴。

3.3 住宿标准

3.3.1 原则上按以下标准在限额内据实报销：

地区分类	参照城市	部门负责人费用标准	一般员工费用标准
一类地区	直辖市	450元/天	350元/天
二类地区	省会城市、计划单列城市	400元/天	300元/天
三类地区	地区城市	360元/天	280元/天

3.3.2 凡遇单独出差（参加会议由会务统一安排住宿的除外）或其他特殊原因确需单独住宿的，可根据上述标准的两倍（按双人房的标准）在限额内据实报销。

3.3.3 对确因工作需要，随同公司领导一同出差的公司其他员工的差旅费，按照相应的规定标准从严掌握，经总经理签字后，予以报销。

3.4 其他

3.4.1 出差天数的计算，按长途汽车及火车的发车、飞机起飞、轮船启航离沪时间至出差结束抵沪时间的天数计算。出发及到达时间折算如下：

时间	12:00 以前	12:00 以后
出发（离沪）	全天	半天
达到（抵沪）	半天	全天

3.4.2 出差人员因私绕道发生的差旅费，应按直线距离相应的费用报销，超支部分自理；若绕道费用低于直线费用，据实报销。因私绕道期间将不能享受交通及伙食补贴。

3.5 市内交通费及伙食补贴

3.5.1 员工市内公出发生的交通费用的报销：

3.5.1.1 公司派车不予报销；

3.5.1.2 公司未派公车，可报销公交车费；

3.5.1.3 员工外埠出差离沪前、抵沪以后乘坐的机场大巴费用可报销。

3.5.1.4 如由于工作需要或时间紧迫需要乘坐出租车的，需事先申请，经总经理同意后可予以报销。

3.5.1.5 市内伙食补贴为 60 元 /（天·人），早餐不补贴，午餐及晚餐各补贴 30 元 /（餐·人）。

3.5.2 市内公出原则上不得住宿，若确因条件限制、工作需要（如赴远郊或交通不便的地区），经总经理批准后按市外出差住宿标准报销。

4 业务招待费标准及审批

4.1 公司各业务部门的业务招待费，由总经理根据预算整体平衡，由各部门经理掌握使用。各部门应本着小额、合理、必需、从简的原则，统筹安排，节约使用。业务招待费用不得超过预算。

4.2 原则上每次来客只安排一次宴请，标准为 200 元 /（份·人）。

4.3 在业务招待中，必须严格控制宴请陪餐人数。宴请陪餐人数不得超过被宴请人数的三分之一，不得重复宴请同一批客人。

4.4 在业务招待活动中，原则上不赠送纪念品。确需赠送纪念品的，必须遵循少量、必需、有效的原则，标准控制在200元/（份·人）以内。对外馈赠纪念品应报公司总经理批准，公司内部人员不得随同发放纪念品。

4.5 业务活动经费，一律不得用于内部各部门之间的招待。

4.6 业务招待费用报销必须有税务部门的正式发票，数字分明，先由经办人签名，部门经理审核，财务部审批，最后总经理批准，方能付款报销。

5 通信费用报销及补贴

5.1 公司总经理助理及以上领导通信费用据实报销，特殊情况由总经理审批后予以报销。

5.2 享受通信补贴的人员一般不再报销通信费。如因长期出差等原因电话漫游话费过高，可根据电话费账单及话费漫游清单由部门经理审核、总经理批准后予以报销，但要扣减市话通信补贴结余款。

5.3 公司其他未享受通信补贴人员的出差期间通信费，可根据电话费账单及话费漫游清单，由总经理批准后予以报销。

6 会议费

6.1 参加会议所发生的会务费用及资料费用，经总经理审核批准，予以报销。

6.2 参加外埠召开的会议，凡是由会议统一安排住宿的，凭会议通知、发票等有关证明，予以报销；会议未统一安排食宿或无会议证明的按3.5规定的出差住宿费用标准执行。

6.3 会议期间的伙食补贴，按出差标准执行（缴纳会务费的，无伙食补贴）；外埠市内交通费不予补贴，由与会人员自理。

6.4 参加在沪召开的会议，一般情况下住宿费不予报销，若确需发生，凭会议证明和部门经理以上领导审核，总经理批准，予以报销。

7 员工培训实习费用

7.1 员工培训严格按人事部门年度培训计划执行，参加各种专修班、进修班、培训班发生的实习、培训费，在预算内可予以报销。

7.2 外埠培训，享受出差食宿标准，外埠培训一律不得享受市内交通补贴。

附件：

<table>
<tr><td colspan="2" align="center">费　用　申　请　单</td></tr>
<tr><td colspan="2">1. 费用事宜的说明（主要解决事宜、出差期间等）：</td></tr>
<tr><td colspan="2">2. 交通住宿费预算
住宿费用　　元 /（人 · 天）=
交通费用
其他费用
合计：</td></tr>
<tr><td colspan="2">3. 业务招待费用预算</td></tr>
<tr><td colspan="2">4. 业务宣传费用预算</td></tr>
<tr><td colspan="2">5. 零星采购预算</td></tr>
<tr><td colspan="2">6. 其他</td></tr>
<tr><td>部门审核：</td><td>出差申请人：</td></tr>
</table>

点滴思维

细化制度有时候“有之不必然，无之必不然”，有了制度不一定严格执行，但没有制度似乎又不行。

5.3.2　触及利益的设计

精益化费控和激励结合起来，成功率就会大幅度提高。因为触及利益比触及灵魂还难，经过规划和设计的激励方案，能激发降本增效的蝴蝶效应。

【例 5-17】 合理化建议奖

某钢铁企业实行合理化建议奖制度。合理化建议奖就是给降本增效有贡献的员工直接发钱。

企业采用员工合理化建议实施的降本增效措施，只要有效益，按照公司与员工共赢的原则，依据市场价格折算，计算合理化建议奖。

员工因挖掘出降成本的措施或提出有效的成本改善建议而获得合理化建议奖。经统计，很多降成本的措施竟然是机组上的普通操作工想出来的。原因是他们直接接触“末梢成本发生点”，他们是成本一线践行者。一线操作人员是最了解底细的，即最了解成本发生在哪里，节省成本的潜力点在哪里。

例如，很多细小材料的能省则省，和放弃保守生产从而让产量能增则增，有时都在一线操作人员的一念之间。

基层的降本增效潜力是强大的，一线人员操作水平的提高也能降成本。给了奖励以后，他们更能起劲地降低成本。

某钢铁企业非常注重挖掘一线人员的潜力，具体方式就是利用合理化建议奖调动他们的积极性。

合理化建议奖按内部模拟市场化原则计算，例如工人节省的原材料，全部按市场价格计算，并在此基础上，进行折算给予奖励。

层层考核，层层激励，奖罚分明是成本管理目标落地的关键环节，即：建立了上下衔接、左右配套、分工管理、责权明确、全员参与的成本控制体系，并形成“千斤重担大家挑，人人肩上扛指标”的责任制以后，使得成本管理目标真正落地的重要措施之一，就是完善激励机制。

点滴思维

合理化建议奖励按市场化原则算奖励具备可操作性，利用给个人的小奖励换企业的大效益，我称之为降本增效的蝴蝶效应。

奖惩方案需要合理的规划、设计才能长效；未经设计的奖惩方案可能带来短期有效，长期失效的结果。

【例 5-18】 老公晚归案例

有一个笑话，恰能说明制度设计的重要性。

丈夫喜欢打牌，有时很晚回家。太太不高兴了，有一次对丈夫说："你打牌可以，晚上 11 点必须回来。你不回来，我就把门锁上睡觉！"

刚开始，丈夫晚上出去打牌都赶着 11 点前回家，否则过了 11 点他就回不了家。

但是有一天丈夫打牌忘了时间，回来晚了，过 11 点才回家。这时，太太已经把门反锁，丈夫进不了门。

他转而一想，出去再玩，打了一夜的牌。

第二天丈夫回家，老婆问："你怎么现在才回来？"

丈夫说："你把门关了，让我怎么回来？"

太太想了一想，觉得原来的政策还是有漏洞，失效了。

她想了一天，晚上又重新定规矩。

太太对丈夫说："从今天开始，你到 11 点还不回来，我把门开着睡觉！"

这样丈夫就真正害怕了，因为触动了他的利益：家里东西被人偷了怎么办？大人小孩在家里出了事怎么办？

从此之后，丈夫都是 11 点之前赶紧回家关门睡觉，再也未出现过 11 点后回家的情形。

点滴思维

触动利益的制度容易产生效果，不触动利益的制度不容易产生效果。

5.3.3 能争取的一定要争取

精益化费用管控不仅体现在从细小处着手改善，还体现在主动争取避免相关费用的增加。

政策有时候可能因为一刀切而使有些企业躺枪，然而这些企业努力争取后，也可以免受政策牵连。

【例 5-19】 三峡电力基金征缴案例

我以前在 500 强钢厂工作，这家企业一年耗电量近 100 亿千瓦·时。这么大的电量，靠社会供电，肯定是不行的。于是当年建厂规划时，企业考虑到不能影响居民用电，自己花钱专门投资建设了供自用的自备电厂，专供本企业生产。自备电厂目前装机容量约 1 000 MW，虽然是主要靠煤炭发电，但是其综合利用节能环保发电量占比近三分之一。

国家当时发文要求按 6 分钱 / 千瓦·时向自备电厂征收三峡电力基金。如果按此标准征收，企业当年要增加将近 5 亿元的成本支出。

为了争取免缴三峡电力基金，公司成立了争取免缴项目组（以下简称项目组）。项目组经过对政策出台背景的了解，发现国家是为了从宏观层面防止企业乱建新自备电厂，才采取征收政府性基金的办法加以控制，具体原因如下：

（1）在目前普遍缺电的形势下，部分企业考虑自身生产的持续稳定与节约成本等因素，开始争建小机组自备电厂。如今后电网出现电力过剩，自备电厂企业不需要电网的电，则会出现资源不能综合利用，用电秩序混乱等问题。

（2）电网的用户承担了国家或地方与电相关的基金，而自备电厂未承担，导致目前外资企业纷纷投建自备电厂，在利用中国廉价能源的同时规避税费，给国家带来损失。

（3）有些企业只有自备电厂的机组出问题时才用电网的电，大部分时间是在无偿占用电网的备用资源，无形中加大了电网的运行成本。

（4）随电费收取的政府性基金是用于国家和地方建设的，是企业应尽的义务。电网的用户缴纳相关基金，而自备电厂的用户不缴纳是违反公平税费原则的。从企业公平竞争的角度出发，国家应对所有用电的用户收取政府性基金；

（5）部分自备电厂的企业片面追求效益最大化，缺乏除尘、脱硫等最起码的环保投入，忽视了污染问题。

项目组发现，公司基本不属于上述五点所针对的对象，于是开始努力争取免缴三峡电力基金的各项工作。

这项工作实施的压力大，时间节点紧张。在公司领导的支持下，各部门密切配合，历时半年时间，项目组做了如下工作：

✓ 详细研究国家相关政策，比照政策对宝钢电厂情况进行剖析；

✓ 调研兄弟钢厂的相关情况，准备了大量具有说服力的材料；

✓ 先后与国家发改委、上海市发改委、经委、中国钢铁协会、上海市资源综合利用协会等部门和组织进行多次沟通，使公司三台发电机组取得了《资源综合利用发电机组证书》，而靠资源综合利用发电是国家鼓励的。

经过上述努力后，企业最终得到政府相关部门的理解，免缴三峡电力基金，避免了公司的巨额成本支出。

事后，项目组向公司递交了奖励申请报告，每位组员都得到了专项奖励。

点滴思维

能避免的成本要争取避免。

第 6 章

人力组织成本思维

本章导图

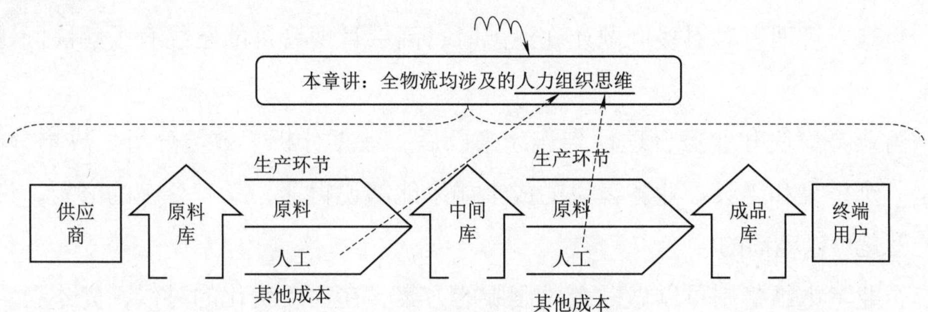

组织是资源的载体，人力是组织的要素。企业全物流人力组织成本由生产环节存货成本构成，还包括除生产环节组织机构之外的所有人力组织成本。所谓的大企业病问题正是企业在人力组织成本上付出较多的表现。

▶▶ 6.1 组织的精简和人员的优化

业务触发成本，也触发人力和组织成本。如果业务活动没有了，因业务活动而发生的人力和组织成本大概就需要优化了。

6.1.1 组织精简与扑克牌方案

成本管理中，最难做的就是组织机构精简，尤其是国有企业有着比较特殊的成本体质，就是既要求维稳，又要求降成本。

部门的管理者容易站在自己的立场考虑问题，认为自己部门的成本是合理的，且都与业务有关，所以降不了。但领导会站在战略层面考虑这些业务是不是重叠，是不是都必要，哪些业务可以从战略层面精简。

因为高层管理者获取信息的渠道比较多，信息来源比较多元，能达到信息对称。当基层管理者对很多问题还在迷惑时，高层管理者可能已经有了解决问题的答案。

当业务模块和业务合理性勾连起来以后，数据分析（效益分析、成本分析）就是一个桥梁和工具。业务模块的成本如果能够说得通，就有存在的必要，说不通的就是可以精简的。

企业考虑维稳则可以做一个过渡版的方案，在需要优化的时候，先不讨论应该有几个部门，而是请每个部门讲出自己有哪些业务模块；然后把业务模块像扑克牌一样摊在桌面上，排列组合，相似的模块放在一起，业务有衔接的放在一起，最终供管理者决策。

什么叫部门？所谓部门无非是按领导的喜好把相近的业务模块放在一个组织里就叫作“某某部”而已，这种排列组合我们称之为重新洗牌。

【例 6-1】 科龙案例

《大败局》一书中对科龙电器股份有限公司（以下简称科龙）的顾维军有一段描述：

他先是在成本控制上下猛药。他常挂在嘴边的一句话是："花科龙的一块钱，里面有我顾雏军的两毛。"

经过前面这些折腾，科龙的内部管理已乱成一团，管理失效、牟利的现象比比皆是。

顾雏军铁面行事，重整秩序。他先管理财务，然后对科室部门进行撤并，在部件采购等容易产生腐败的环节上实行透明化。

这些措施一实施，半年采购 5 000 万元的部件成本就比以前节省了 1 000 万元。

他还大砍行政和营销部门的预算。何志毛在其《红黑科龙》一书中记录，徐铁峰担任总负责人时，副总裁以上坐的都是奔驰车，每年每车的维修费近 20 万元。

顾雏军入主科龙半年后，同类车辆的维修费同比下降 70%，而营销部门的营销费用则比以前下降 30%。在生产一线，他大力推行价值工程，对产品的功能和性能进行全面剖析，剔除过剩功能，从而合理节约原材料或加工成本。有一款 F 型电冰箱产品，经他重新规划流程，每台成本就下降 70 ~ 80 元。在公司中高层会议上，他说："我来了，能够毫不留情地处理问题。要么你能降低成本，要么你下课。过去有人打招呼，你不能不给面子，现在连打招呼的人都没有了。"他还半开玩笑半认真地对跟随他进入科龙高层的干部说："你们一定得搞好，否则，我跳楼之前，得先把你们推下去。"

在他的强势领导下，一大批科龙旧臣纷纷离去，而企业运营则日渐正常化。从他正式上任的 2002 年 3 月起，半年之内，科龙内部设置从 11 个部门缩编为 7 个，科室从 34 个变为 22 个，查处内部违规款项 2.6 亿元，空调成本下降 25.3%，电冰箱成本下降 40.6%。

也是在这半年里，顾雏军头发白了一半，看上去比实际年龄几乎老 10 岁。2003 年度中报披露，科龙电器赢利 1.12 亿元，一举扭转了几年来亏损的局面。

点滴思维

顾雏军的无氟空调对中国的空调产业有着较大贡献，这个案例说明敢对组织成本下手的管理者需要雷霆手段。

6.1.2　精简人员的妥协

离职成本是指企业在员工离职时，可能支付给员工的离职津贴、一定时期的生活费、离职交通费等费用，也包括解聘、辞退费用及因工作暂停而造成的损失等。

离职成本作为人工成本的组成部分，包括离职补偿成本、离职前低效成本、空职成本等，如图 6-1 所示。

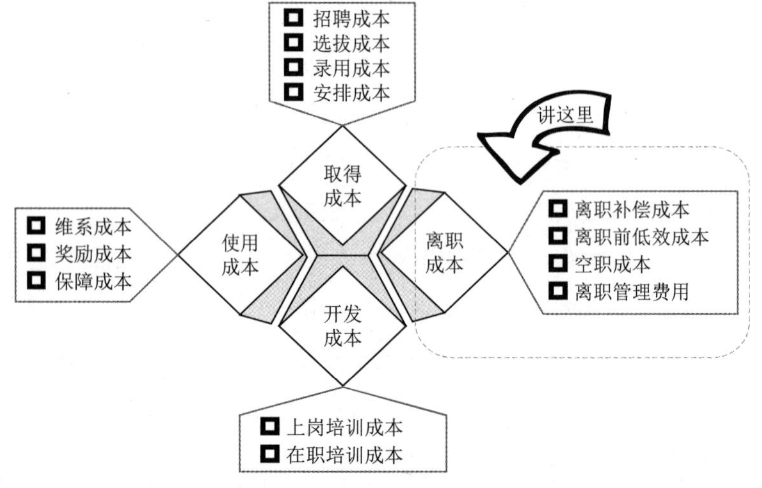

图 6-1　人工成本全景地图

离职成本的具体构成如下：

（1）离职补偿成本：是指企业辞退员工或员工自动辞职时，企业所应补偿给员工的费用，包括至离职时间止应付给员工的工资、一次性付给员工的离职金、必要的离职人员安置费用等支出。

（2）离职前低效成本：是指员工即将离开企业时或离开企业后，给企业造成的工作或生产低效率损失的费用。

（3）空职成本：是指员工离职后，职位空缺所造成的损失费用。某职位出现空缺后，可能使某项工作或任务的完成，受到不良影响，从而给企业造成损失。

（4）离职管理费用：是指在员工离职过程中，管理部门为这件事所发生的费用。

【例 6-2】 协议解除劳动合同案例

有一家国企子公司由于经营不善，被母公司宣布企业破产并解散，所有员工均要另行自谋职业。

当时企业参照的辞退员工经济补偿金正常标准是一年算一个月，也就是按劳动者在本单位工作的年限，每满一年支付一个月工资的标准作为协议，解除劳动合同的补偿金向劳动者支付，另外，再考虑一些零星的补偿。

子公司本想按照正常标准的经济补偿金与员工签订协议解除劳动合同，即一年算一个月进行补偿。

结果员工不愿意，甚至出现静坐、打标语、在上级单位门口请愿等情况。

经过反复协商，最后确定经济补偿金定为按正常协议解除劳动合同政策标准的 1.5 倍予以执行。这时员工才都没有了意见，太太平平地办理了离职手续。

有一位私企科技公司的员工离职，在得到一定的经济补偿以后，说感谢这家科技公司。这家科技公司的创始人说："不需要员工感谢公司，员工感谢公司，说明公司给的比他应得的多了！我们就是简单的市场雇佣关系。"

可见，国企和私企在处理离职补偿问题的时候，都不约而同地做了成本妥协的宽容处理。

减员分流有时会涉及稳定，成本的原则性如果太强则会引发冲突。离职问题如果处置不当，会带来风险递延的成本，也就是未来可能要用更多的成本弥补离职过程中的处置不当。

点滴思维

有的企业对于离职成本会选择成本妥协。

6.1.3　人员安置工作有难度

曾经有段时间，国有企业最难解决的问题之一就是人员的下岗分流及安置问题，直接看案例：

【例 6-3】 人民机械厂精简人员案例

为了了解关于国有企业精简人员的案例，我曾拜访某省人民机械厂（以下简称机械厂）原党委书记，讨论关于精简人员的问题。

这位党委书记曾被从上海总部外派到某省 A 市的机械厂工作长达 10 年时间，直至机械厂破产改制、人员安置协解结束时才返回上海。

"凡涉及精简人员的问题是有管理难度的，甚至牵一发而动全身"，他对破产企业职工的安置问题，有着切身的体会和深刻的感悟。"这个厂有将近 80% 的职工，是当年从上海千里迢迢来这里支援建设的，现在这部分人要下岗分流"。

这位党委书记将这段时间经历的心路历程，写在了《回忆录》中；据了解，其《回忆录》并未公开发表。我认为在这里将其《回忆录》中事关精简人员的章节改写后首次发表，将对国有企业改制过程中遇到的被收购公司人员分流和精简问题，有借鉴意义。

他的《回忆录》里对这段人员安置的难忘经历这样写道：

某集团人民机械厂，原属某省国防科工办管辖的一个地方军工企业，以后军转民生产钢制无缝气瓶，还开发了系列小钢瓶和石油钻杆接头坯。

当时全厂 1 800 多人，有 400 多人是离退休人员。

自机械厂加入 A 集团 10 年以来，由于产品结构单调，债务重，冗员多，加之不能适应市场要求，除其中一年稍有盈利外，其他年份都大幅度亏损，面对这种窘况，怎么办？后经 A 集团与机械厂领导共同研究决定改制并设立新公司，同时制定相应人员分流方案。

人民厂改制最大的难题是富余人员的安置。几个公司组建后，富余 1 000 多人，为了做好这些人的分流工作，集团公司领导多次指示，既要对国家负责，又要对职工负责，还要保持社会稳定，千方百计做好安置工作。集团公司工作组多次到某省，同人民厂领导班子一起，耐心细致做思想工作，帮助解决具体问题，先后几次到省市劳动及社保部门落实职工协解后的社保问题。

经过各方面的努力，2××7 年 11 月 19 日，集团公司批复同意成立改制后的新公司，注册资本 1 500 万元，资本结构中，集团占比 55%，职工个人占比 45%。

集团作为实际控制方，还是不利于员工积极性的根本发挥，因此，在安置富余人员的同时，按《中华人民共和国公司法》要求，对新公司重新组建。

组建的原则是：集团在新公司不占股、不控股；新公司的员工必须同人民厂解除劳动合同，同新公司签订劳动合同；新公司由职工持股，管理者控股。

新公司组建的程序是：员工带资入股，出资人组成股东，股东大会选出董事会、监事会；董事会选出董事长，董事长聘任总经理；中层管理人员和一般人员均按招聘条件，本着公开、公正、公平的原则，按程序招聘。

为了将机械厂滞留在再就业中心的 1 100 多人分流出去，厂领导绞尽脑汁。根据条件，他们中 500 多人可以办理提前退休或离岗退养手续。难度比较大的是男的在 50 岁以下，女的在 45 岁以下的人员，这部分人相对比较年轻，既不能提前退休，工厂又不能安排岗位，唯一的办法是走向社会，自主就业，这一部分就有

700 多人。

机械厂要研究出他们能够接受的协商解除劳动合同的办法。集团公司有一个专门文件，对集团公司所属单位减员分流做了详细部署。文件规定在沪子公司人员协解工龄一年按 4 500 元标准算协解补偿，沪外子公司按当地政策办理。

最后，经过各方面的努力，1 200 多富余人员中，已有 540 多人办了离岗退养手续，710 多人办了协商解除劳动合同手续。

改制的第一年，新公司主营业务收入达 9 600 万元，利润 140 万元，上缴各种税金 300 万元，人均年收入也有 12 000 多元，这些指标都超出改制组建时的计划。改制的第二年，机械厂的 51% 股份从几个公司抽出，协解人员入股，管理人员控股，完全民营化的新机制、新企业正在运行。改制后的新企业在这一年的利润达到 480 多万元，上缴税金 800 多万元。

点滴思维

本案例沉浸式体会什么叫国企改制的阵痛过后，轻装上阵，可深入了解国企与私企在解决人员分流问题上的差别。

6.1.4　无业务即无成本

企业组织成本也是由业务触发的，组织机构只要与业务勾连，就能说清楚成本的触发因素。跟业务勾连以后，只要业务的成本触发因素没有了，组织成本是可以优化的。

我们把成本、费用分成了“与做事相关的”和“与人相关的”，目的就是要与业务的成本触发因素挂起钩，便于管理者挤干水分。管理者能够更多地从战略角度看出这个业务是必要的，还是不必要的，依靠的就是业务数字化分析。

这个业务数字化分析，可以是企业内部的分析评价系统，也可以是第三方数字化信息平台。

【例 6-4】 岗位说明书是信号

某企业要精简 20% 的人员，为了避免人心不稳从而影响公司业务，于是想出了分五步走的“软着陆”方法。

第一步，提前一年让各个岗位的每位员工提交岗位说明书（手顺书）；每位员工将每天到岗后做的每件相关业务，有一件算一件，详尽描述。

第二步，进行岗位压力测试摸底。这里，每位员工的岗位说明书（手顺书）是站在自身角度，可能认为自己所做的每项工作是必要的、不可或缺的。然而管理者，会从业务链整体效率的角度分解各个业务模块，然后把每个人工作所涉及的业务模块，进行排列组合。

什么叫作岗位？岗位就是把各个业务模块的具体事项交给某某员工去做，就叫做岗位。

由于业务触发成本，所以如果业务没有了，成本也就可以精简。评价业务模块是否有存在价值的桥梁，依靠成本效益的分析，并以此作为评判依据。

管理者会从更高层面对业务模块进行判断，哪些是重叠的重复劳动，哪些是无用的业务，哪些是对整体产出无效的业务，进而提出优化或整合方案。

第三步，大约过一年时间以后，提出人员结构优化精简方案，并由领导拍板决定，做好离职成本预算。此时，大部分员工可能已经遗忘曾经提交过岗位说明书（手顺书）一事了。

第四步，找部分员工进行岗位调整谈话。

第五步，人员结构优化精简以后，下一步要解决如何与绩效利益挂钩的问题。此时，原提交的各岗位说明书（手顺书）可以作为员工的工作指导手册。

点滴思维

不经意间润物细无声式的人员及岗位压力测试摸底，是某些企业精简人员的软着陆思维。

管理者需要知道部门和员工的工作负荷情况，因为存在信息失真和隐瞒信息的问题，有时可能要定时摸底、测试。而业务数字化信息平台对工作负荷底细的掌握，优势在于其数据流中就已留下痕迹，杜绝了信息失真的问题。继续列举案例：

【例 6-5】 第三方业务数字化信息平台案例

这里举一个业务数字化费控平台的案例。有家企业利用第三方业务数字化信息平台进行人员的优化，信息平台有一个业务数字化费控模块。这家企业的出差人员报销业务，都放到费控模块集中处理，包括餐饮、住宿、机票交通等消费和报销业务，统一在费控模块集中支付。

费控模块还提供一项功能，即可以对出差人员的大数据进行分析，从而支持管理决策。怎么支持决策呢？举个例子：营销部门原先有 3 位售后服务人员经常要出差，处理产品售后服务事宜。企业通过业务数字化费控平台的记录，可以看到这 3 位售后服务人员每个月的平均出差天数加在一起，是月均 20 天，剩余时间则留在本地工作。

于是，管理者根据这个费控平台的出差记录，对人员进行调整，将原来 3 个人月均出差 20 天，改成 2 个人月均出差 20 天，另外 1 个人安排其他工作，这样就增加了工作效率，减少了支出成本。

这就是通过分析业务数字化费控平台记录带来的决策支撑。费控平台相当于将企业的部分费用报销账本，放到第三方业务数字化信息平台进行透明化记账。这样做有什么好处？一是可以使企业的费控从事后提前到事前；二是数据公开，防止舞弊行为发生，节省成本的效果也比较显著。

点滴思维

合理使用第三方信息平台可以提升效率降成本。

6.1.5 成立过渡中心

人员精简并非一蹴而就，需要一个过程。然而企业的信息化系统替代人工的趋势潮流是不以员工的意志为转移的，员工有时候只能顺从潮流。

【例 6-6】 某集团依靠财务共享中心精简人员案例

以前某集团各子公司财务均各自有出纳、报销、资金收付岗位。集团花重金在全公司范围内历时多年投建了财务一体化信息系统。集团将上百家子公司的出纳、报销、资金收付等标准化、同质化，将简单重复劳动的财务岗位人员，全部集中到一个新成立的单位：财务共享中心。于是各子公司的普通财务人员大量分流减少，从而精简管理费用。

这里的普通财务人员特指：长期从事简单重复财务基础工作并在原始单据、会计记账、凭证录入、交易结算、资金收付方面积累丰富的实战经验的一线人员。

因此有了信息系统，计算机把会计岗位的活都干了。各子公司基础财务的普通财务岗位就多了出来，然后就是如何安置这些岗位人员的问题了。于是就有了一个新单位财务共享中心作为过渡来安置这些人员。这就叫信息系统带来组织机构的重组与人员的精简。

点滴思维

信息化具有精简人员的效果。

6.2 非核心主业合理外包

成本精细化管控有两个方面：一是管得有多细；二是管得有多深。管得细，并不是管得面面俱到，而是看管得住还是管不住。

非主业的成本消耗业务是可以合理外包的，这是成本精细化管理的重要体现。

例如，日常报销业务可能是财务的非核心主业，非核心的业务是可以外包的。外包的意思就是你不用管得那么细了，外包后人不是你的，成本不是你的，压力不是你的，某种程度上这也是一种商业模式创新的体现。

6.2.1 甩包成本案例

我们看看商业模式创新带来的成本管理。

【例 6-7】 某运动品牌公司甩包成本案例

某运动品牌公司（以下简称 A 公司）采用成本甩包的外包经营模式，这跟它的商业模式有很大关系。A 公司的成本已经非常精简，很多成本都甩包袱甩掉了。A 公司是怎么用成本甩包的经营模式完成供应链循环的呢？

财务管理就是这么简单的道理：当给你钱了，有收入了就开心；当用你钱了，有成本了就难过。企业基本上都是这样的，大家都是先把钱往自己兜里揣，然后像挤牙膏一样地给人家付钱。

尽管大家都如此，但企业与企业之间也略有不同，即小企业和大企业略有不同，国内企业和欧美企业略有不同。不同之处就在于遵守契约的程度和商业模式的创新上。

有的企业缺少契约精神。他们跟供应商讲：我这样的企业还能欠你这俩钱？但是结果就是欠着不给人家，这就是典型的缺少契约精神。

A 公司的商业模式，也是先把钱拿到自己手里。

其一，成为 A 公司的代理商基本都赚钱，所以大家都拼命地要成为 A 公司的代理商。想要成为 A 公司的代理商必须先通过代理商的评审，A 公司会选择有一定资金实力的合作伙伴，成为 A 公司的代理商。因为这些合作伙伴，需要先交保证金。

其二，并不是你成为 A 公司的代理商以后就能够销售 A 公司的产品，卖 A 公司的产品，必须先把货款支付给 A 公司，这样才能得到商品去卖。A 公司会根据代理商打来的货款，进行配货，然后送到代理商的终端。

这时，保证金和货款都提前进了 A 公司的账户，也就是 A 公司把钱先拿到自己手里了。然后 A 公司怎么给人家钱呢？又是如何产生成本呢？A 公司没有自己的工厂，都是外包给代工厂，先给代工厂 10% 的货款，要求代工厂先把产品生产出来。代工厂把产品生产出来以后，还要帮着 A 公司把货送到 A 公司的代理商，这时 A 公司才把剩余的欠款支付给代工厂。因此，A 公司也不用考虑库存成本了。

A 公司也没有自己的研发部门，其研发亦为外包模式。A 公司向发布设计招标公告进行招标，很多知名的设计机构都给 A 公司进行创新设计。设计完成以后，A 公司才把设计费支付给这些设计机构。

所以 A 公司没有生产、没有销售、没有研发设计这些成本包袱，这种不用养人的商业创新模式，就把包袱都甩了出去，成本负担就很轻。

那么 A 公司经营的核心是什么呢？第一，是它的商标；第二，拥有庞大的物流体系。

所以我们要研究商业模式的创新，不能总是把成本留给自己。当然，并不是所有企业都拥有像 A 公司那样的商业模式，很多企业做不到，所以才要耗费精力进行内部成本管理。

点滴思维

管理者要学会用外包模式甩成本包袱。

6.2.2　外包的素质

管理者的成本意识有了，但也要注重成本素质。意识是指要有降成本的意识；

素质是指并非所有降成本的事情都要做。

这里列举一个挖空心思筹划的人工费成本案例。

【例 6-8】 外卖平台案例

某外卖平台的外包模式可谓挖空心思地节约成本。挖空心思算计成本无可厚非，但有时要看针对的具体对象。撇开经济学角度，在社会主义核心价值观背景下，由于聚集近千万相关从业者的规模太大，这家外卖平台因为太过于挖空心思算计成本而成为众矢之的。

为了节约成本，很多企业使用成本甩包模式——外包。政策上对应的叫法，是劳务派遣。用工企业特别是现在的新兴企业、劳动力密集型企业，大多采用这种方式。前面说过外包对企业最大的好处就是甩成本包袱，不需要企业文化，不需要企业关怀，不用承担社会责任，因为不是我的人。

这家外卖平台的成本管得精，除了挖空心思用大数据分析不留余地地挖掘每一位外卖骑手的使用价值外，在专送这一块，并没有和快递小哥建立劳动关系，外卖平台都外包给合作商了。所以如果出了事，外卖平台概不负责赔偿，因为属于临时工，属于外包人员。

而且如果发生问题，比如快递小哥出了工伤事故，供应商也不负责赔偿。谁赔偿？由商业保险赔偿。

精于算计还体现在羊毛出在羊身上。保险费是外卖小哥每人每天三块钱自己出的，从快递小哥当天上线接的第一单佣金中直接扣三块钱，这三块钱包含事故险，伤残险，还有医疗费用。实际上保险是成本管理中一个比较另类的事情。企业的很多潜在成本预计损失，都可以用保险对冲。这家外卖平台用羊毛出在羊身上的保险对冲风险，降低企业的工伤等事故成本。

外卖平台还有一个成本算计，你做外卖可以，装备成本自己搞定，平台概不负责。一些好的承包商有的会提供车和住的地方，当然不提供的也大有人在。外卖小哥的电动车要自己买，要不就是租车送快餐，租一个月四五百元。所以你看这家外卖平台的模式，就是没有什么成本的模式，基本上就把自己定位在只等着收钱模式。

互联网外卖平台模式可以看作是颠覆性的互联网经济模式，以这种模式去赚钱是无可厚非的。但随之而来有个问题，低调赚钱的前提是：要处理好各方面的关系，不应是资本对近百万骑手不留余地式的成本挖潜。

在我国，很多资本的行为并不是“法无禁止，即为允许”，涉及人数众多时，出现问题是会被约谈的。这家外卖平台在成为众矢之的之前，就曾经被国家市场监管总局约谈。

点滴思维

这个案例告诉我们，管理者在用外包降成本时可能要注意各国的特定国情。

6.2.3　合理外包解决成本内耗

非核心业务的合理外包是解决成本内耗的有效手段。外包其实就是压力甩包。甩包以后，谁压力大呢？当然是外包单位的压力大。所以，其实我们只要管住外包单位就行了。

合理外包可以有效解决成本不确定性的问题。还有一个效果，合理外包还可以解决成本内耗问题。例如，我们在第 5 章曾讲过日常报销产生很多成本内耗，而日常报销又是财务的非核心主业，是可以外包的，外包后就不用管得那么细了。

但是如果外包不当反而会产生大量的安全生产成本以及事故成本。

【例 6-9】 不当外包案例

常州市某塑胶公司因企业安全生产管理混乱、规章制度不健全，主要负责人朱某指使个体包工头（瓦工）胡某对聚氯乙烯发泡板烘房实施改造。胡某又转包，临时雇用梅某等 4 名社会无业工匠，并由公司机修工电焊作业配合，在未采取任何防范措施的情况下，对一旧烘房违规动火切割钢架。因施工紧临处于工作状态的三个烘房，由于加温烘蒸产生的甲苯与空气形成了已达爆炸极限的爆炸性混合气体，这些气体遇明火后迅即发生爆炸事故。厂区近 50 米范围内的烘房全部夷为平地，造成梅某及公司电工王某等 5 人当场死亡，2 人受伤。

再列举一个相类似的案例，常州某化工公司的外包单位由于安全管理不到位、提供外包服务过程中因设备设施存在缺陷，在劳务派遣公司劳务工沈某使用电动葫芦进行电石投料过程中，乙炔发生器加料系统蝶阀不密闭，泄漏的乙炔气体与空气形成爆炸性混合气体，被电动葫芦运行控制箱产生的电火花引燃而发生爆炸，大的冲击波导致厂房、生产装置严重破坏，事故导致 1 人死亡，2 人受伤。

点滴思维

外包不当体现为外包给不专业的承包方、外包单位安全管理不到位以及外包人员缺乏安全意识。

上述这些案例说明合理外包中安全管理的重要性。

很多事故的背后都有外包的影子。很多外包目的就是为了降成本，但“一分价格一分货”的同时也突破了安全的底线。管理者可能要考虑一分价格，一分货和不出安全问题的平衡点在哪里。因为一旦出了安全问题，得不偿失。

【例 6-10】 某企业外包安全管理的对策措施举例

外包用工要重视安全管理，这里列举某企业对于外包用工的安全对策和措施，参考如下：

第一，建立“全员、全过程、全方位”的管理体系。首先，要建立健全全员安全责任制。生产安全需要全员参与，无论是单位职工还是外包用工，任何一个环节、一个工序、一个人的工作质量，都会不同程度地直接或间接地影响安全生产；其次落实全员的安全生产责任是关键，必须层层签订安全生产目标责任状，将安全责任分解落实到各部门、各岗位、各环节和每一个人，形成一级抓一级、一级对一级负责的责任链条，建立完善的安全生产责任体系。

第二，由于外包单位采用独立的承包经营方式，日常管理和安全管理有很大难度。有时候，工人在一个企业做工，短的十天半月，长的三四个月就跳槽，很不稳定，流动性大，培训工作弱化，职工素质低下，特殊风险工种的持证上岗率低。因此，用工单位安全管理岗位人员必须严格履职。一要严格审查外包单位资质，包括法人营业执照、安全资质、特种作业人员资格等；二要签订劳务合同，合同书中要有明确的安全协议，明确双方在生产施工中的责任和义务；三要进行安全培训，针对工作内容和企业各项安全管理制度严格把关；四要全程监管，配备专职的安全员对企业内重点区域或危险岗位实行专人负责，全程监管，以减少事故隐患、严防事故发生。

第三，切实加强外包用工特点规律的研究和监管。一要按照“谁用工谁负责”，谁主管谁负责的原则，落实企业安全生产主体责任，发包和分包单位应把对外包工的教育、管理纳入本单位行政管理之中；二要坚决杜绝以包代管。劳务作业必须发包给具备相应资质等级的劳务分包企业，分包企业承包后必须自行完成，不得将劳务作业再分包。严禁个人承接劳务分包工程业务。安全监管部门要对外包单位的施工资质及其主要领导的安全资格证书等进行审查，不合格者不得承包项目，不得从事施工作业；三要坚持以人为本，不断加强对外包队伍的安全教育和人文关怀；四要积极探索建立多层次的劳动关系协调机制，规范劳动力市场。发包单位将劳务作业分包给劳务公司或外协队伍承担的应与其签订安全生产协议书，明确安全生产的责任和义务，指导和监督分包单位严格按照《中华人民共和国劳动法》的规定签订用工和劳动合同，依法建立劳动关系。

点滴思维

有时候管理者如果能像对待自己员工一样的对待外包工，可能会减少风险隐患。

▶▶ 6.3　组织成本和交易成本

有的企业存在组织效率低下，组织内耗严重的现象，这与内部责任中心是否合理划分有很大关系。如图 6-2 所示，如果内部责任中心划分得太粗糙，成本容易说不清楚，导致组织成本高；如果内部责任中心划分得太细，互相之间可能出现信息隐瞒，导致交易成本高。

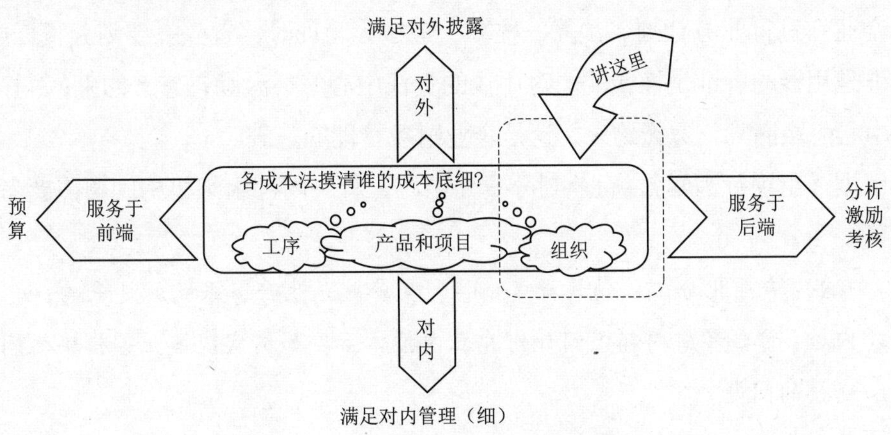

图 6-2　十字形定位：激励与组织效率

6.3.1　成本内耗与折腾成本

关于成本内耗，我们从每天工作的第一分钟起开始打电话、处理事情，有多少成本浪费呢？从某种角度看，无用功的成本内耗似乎是一种交易成本。

所谓交易成本就是在一定的社会关系中，人们自愿交往、彼此合作而达成交易，所支付的成本。人与人的关系成本是交易成本的一种。

耶鲁大学教授威廉姆森[①]指出七项交易成本的来源，其实可以理解为企业成本内耗的常见表现形式，即：

（1）有限理性。遇到身心、智能、情绪糟糕的同事。

（2）投机主义。因本位主义而采取的各种手法，一眼识破的也只能“呵呵”；识不破的，那是道行浅。

（3）资产专用性。别妄图想增加我的工作，而提高你的效率，哪怕只是举手之劳。

（4）不确定性与复杂性。简单的事非要弄个复杂的流程还提议最好出个制度，人家想有章可循有错吗？

（5）少数交易。我说他实就是实，我说他虚就虚，我的地盘我做主。

（6）信息不对称。例如部门之间要故意隐瞒信息，要真想弄清楚问题根源，要花费大量时间和精力成本。

（7）气氛。互不信任，紧张对立，无法营造一个令人满意的关系。

高成本内耗产生折腾成本，从而使交易成本增加。

企业在进行业务计划、预算、核算、考核等管理时，首先需要划分责任中心，明确谁是用钱的、谁是挣钱的。对用钱的责任中心怎么激励，怎么约束；对挣钱的责任中心怎么激励，怎么约束，这是企业财务管理的基础。

根据《组织行为学》，企业划分责任中心、解决内部组织机构问题需要考虑三个因素。

✓ 专业：专业化分工，销售就是销售，生产就是生产，采购就是采购；

✓ 内控：需要考虑内部之间如何建立内控体系，如何实现各业务模块之间无缝连接的问题。

✓ 负荷均衡：不要有的部门很忙，有的部门很闲。

所以，内部责任中心的划分问题，也是企业诸多管理的基础。如果划分不合理，

---

① 威廉姆森（Oliver Williamson）是美国耶鲁大学经济学教授，获诺贝尔经济学奖。

就会产生很多折腾成本或内耗，不利于企业管理，这里面的折腾成本经常被企业所忽视。

实际上折腾成本就是《新制度经济学》里最重要的思想。折腾成本的本质就是交易成本和组织成本的理论。

企业可能更多地会考虑显性的成本，即生产成本、产品成本，而没有考虑折腾成本，没有考虑交易成本和组织成本之间的关系。

交易成本和组织成本之间的关系是《新制度经济学》的核心理论，提出这个理论的两个学者分别获得 1991 年度和 2009 年度的诺贝尔经济学奖。

【例 6-11】 逛街案例

为了更好理解交易成本，这里列举一个生活案例。

丈夫老王陪太太去逛街，可能感到是一件很遭罪的事情。太太平时走了 5 公里就走不动了，但是逛街逛 10 公里却一身是劲。为什么太太逛街不累呢？她看看也舒服，摸摸也舒服，试穿也舒服，一路舒服，所以不觉得累，回家才累。

而丈夫买东西，直奔主题买完拉倒。丈夫走 10 公里没问题，但逛街逛 1 公里却逛不动，这是天生的差别。

丈夫老王后来发现，陪太太逛街原来要用到《经济学》的原理。逛街分几个步骤：第一个是寻找，要花时间；第二个是找到以后试穿，要花时间；第三个是讨价还价，还要花时间；第四，成交。

太太买了一件衣服，假设花了 1 000 元钱，对商家来说叫价格，对消费者来说叫商品成本。除了花这 1 000 元钱以外，还耗费了时间和精力。那么这些时间精力和 1 000 元钱的有形成本，有什么区别？

共同点：这些成本都客观存在。

差异：有形成本 1 000 元可以计量，时间和精力是无形的成本，无法计量。

对这些客观存在的成本，我们不能忽视，在经济交往过程中，要分析“有形成本＋时间精力”，于是给它取了一个新的名字：交易成本。交易成本——因交易活动而产生的客观存在的成本。

点滴思维

管理者需要考虑时间和精力等无形的成本，并要有交易成本的思维。

我一直认为不同学科之间有着奇妙的联系，例如我发现经济学的交易成本概念竟然和财务管理中的成本管理有联系。企业的财务成本都或多或少、直接或间接地受到交易成本、沉没成本或机会成本的影响，似乎有着某种联系。继续列举案例：

【例 6-12】 信息不对称产生交易成本，增大不确定性

为什么会产生交易成本？原因在于信息不对称。

例如，消费者不知道哪个地方有适合穿的衣服，也不知道这件衣服与消费者的年龄、职业、身材是不是匹配，也不知道衣服的成本到底是多少，所以才要讨价还价。因此，消耗的时间精力是由于信息不对称造成的。如果信息对称，事情就简单得多。例如，随着年龄的增长，经验的不断增加，消费者买衣服花的时间与精力就会变少。因为消费者知道哪个地方有适合的衣服，就直接去买了；同时也知道哪个品牌、哪个款式比较匹配自己。

这里，信息不对称又分两种：天然的信息不对称和人为的信息不对称，这些都消耗时间和精力。

例如，寻找衣服阶段就是天然的信息不对称；试穿和讨价还价就是人为的信息不对称。

为什么会出现信息不对称的现象呢？因为各主体之间是不同的利益主体，你是你，我是我。如果变成一家人，则不会出现信息不对称的问题。例如：这个服装店的老板就是自己，就简单多了。自己买衣服就不用寻找，直接就到自家店里去挑选；因为对进货了解，试穿时就可以快速找到合适的衣服；也不用讨价还价，因为自己进的货成本最清楚。

点滴思维

正是因为不同的利益主体导致信息不对称；而信息不对称又导致交易成本的增加，进而导致增加不确定性。

所以，企业为什么要进行公关，为什么要和政府部门、税务局、用户、银行等协调关系，都是为了减少信息不对称，降低交易费用。相处好的，交易费用就低，相处不好，就要吃力一些。

例如和政府相关部门协调得好，信息畅通，审批盖章就很快，交易费用就会降低；与税务局协调得好，该享受的税收优惠政策，第一时间知晓，交易费用也会降低；和用户有着协调的关系，用户需求识别准确，价格容易锁定，成本也就容易锁定。和银行的关系协调得好，放贷就快，提高资金效率，交易费用自然减少。

因此，企业公关的目的是降低交易费用，减少不确定性，这些都应该是管理者需要考虑的问题。

需要注意的是，消除这样的不对称可能要耗费人力物力，很多部门说没有多余的人去做这些事。这里除了制度的规定和约束以外，还要考虑实现降低交易费用、减少不确定性的投入产出等经济性问题。

6.3.2　信息失真和组织沟通

企业越大，组织机构越多，管理难度就越大。那么为什么还要开办企业？甚至还要将企业做大成为集团呢？

因为开办企业除了有规模效应、集中资源优势外，还有一个目的：降低交易成本。

个体工商户是单个的利益主体，容易互相隐瞒信息，信息不对称问题突出。结果使得交易成本增加，资源配置效率低下。单个利益主体被整合为一个公司以后，由公司管理层统一调配资源，互相之间就不容易隐瞒信息，信息不对称的问题得以解决，最终使得交易成本减少。

但企业规模大的话，不仅组织成本增加，还可能由于边际效益逐渐下降反而使规模不经济。

个体户工商的形式没有什么组织成本，而企业大了以后，组织成本有股东会、董事会、监事会、经理层、中层、初级管理人员等，如图 6-3 所示。

这些组织机构产生的第一个问题是管理费用增加；第二个问题是容易信息失真；第三个问题是激励不足，即有贡献的组织得不到应有的奖励；此外还会存在大企业病严重以及容易形成高沉没成本等弊端。

什么是信息失真呢？我们以年度预算编制为例，在报任务的时候，基层部门的心态往往是这样的：今年能做 10 亿元的销售额，肯定会上报 8 亿元的销售额。报上去以后，领导加 2 亿元变成 10 亿元的销售额，正好。我们将此行为称为“头戴三尺帽”现象，意为给自己留些余地。

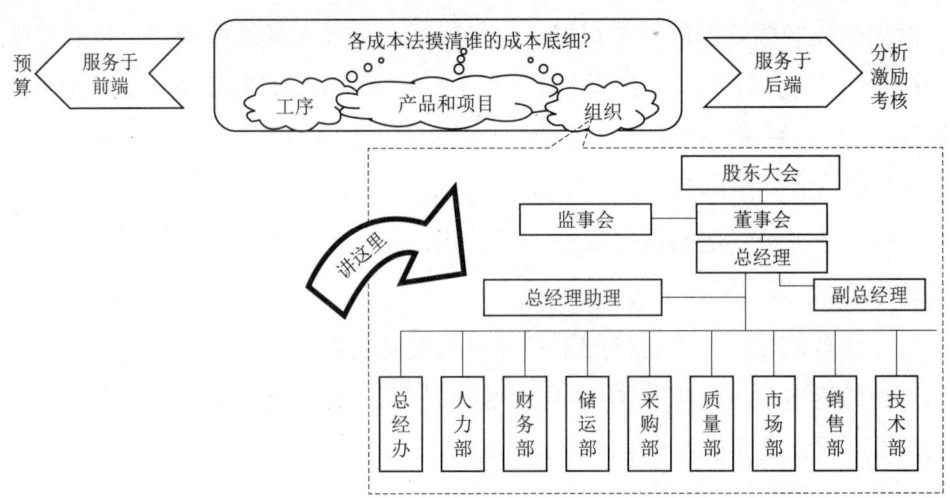

图 6-3　组织成本的源头

如果谁真的能做 10 亿元，就老老实实报 10 亿元，报上去以后领导不相信，再加 2 亿元，就变成自己给自己找麻烦了。所以第二年就学会给自己留些余地上报了。

基层组织的心态是在领任务的时候更愿意接受业务量较少的、较轻松的任务，并最好占有较多的公司资源。

有的基层组织还存在一种心态，就算得到轻松的任务也会掩饰自己占了便宜，表示完成任务存在很多困难。这些心态都是基层组织常有的组织心态，我们称之为信息失真。

此外，组织沟通也存在一定的信息接口不匹配问题。

彼得·德鲁克在其《卓有成效的管理者》一书中写道：

如果一位成本会计人员能提供对他来说一目了然的数据，对需要这些数字的经理人来说却是完全陌生的内容。他也会发现，有些数字在他看来很重要，然而经营部门却用不上。他还可能发现，有不少资料是别人每天都需要的，但是他的报表中却没有。

制药工厂的生物化学家也会发现他的研究报告应该采用临床医师熟悉的语言，而不能采用生物化学的语言。生物化学家的研究能否发展成为一种新药，是要经过临床试验才能决定的。

因此，不同组织之间为了减少无效沟通成本，需要通过言简意赅、图文并茂等方式实现在同一个频道交流，避免鸡同鸭讲，提高组织沟通效率。

6.3.3　划小核算单元

怎么解决组织划分过大所暴露的管理费用增加、信息失真、激励不足的问题呢？有效的方法是合理放权和划小核算单元。放权和划小核算单元以后，管理费用会减少；由于信息交流变得充分，因此信息没有失真现象；做得好可以获得充分的激励。因此一般认为解决大企业病的办法，就是合理划小核算单元。

【例 6-13】 阿米巴经营与留住人才

有一个民营企业家小学毕业，他的企业上一年销售近百亿元。一次财经记者采访这位民营企业家在经营管理上的心得体会。

民营企业家："你知道我的集团是怎么来的吗？"

记者："你的集团不是你干出来的吗？"

民营企业家："不是的，我的集团是被逼出来的。"

记者问："谁逼你了？"

民营企业家："人才逼的，我发现公司里面有两个人都很能干，是旗鼓相当的水平，这时两个人就要开始斗。两败俱伤也好，一胜一败也好，对我来讲都是损失。所以我没有什么文化，但有一个长处就是能够吸引人才，留住人才。"

记者问："怎么留住人才呢？"

民营企业家："我留住人才的办法，只有一招：就是我对他尊重，尊重，再尊重，一直尊重到他不好意思不干活为止。我就是用这一招。"

记者问："如果他两个一胜一败，走了一个怎么办呢？"

民营企业家："当我发现他俩都旗鼓相当，就在他俩斗的时候，我赶紧成立一个新公司，其中一位到新公司，这两个人不就分开了吗？如果又出现一对旗鼓相当的人，那我就又成立一个新公司，然后其中一位到新公司里去干……所以我一下子开了 18 家子公司。"

管理会计经常会听说阿米巴经营。到底什么是阿米巴经营，很多人理解得并不直观。而上述这个案例，就是一个典型的阿米巴经营案例。当年稻盛和夫在京瓷时的干法，可以说和这位民营企业家如出一辙，当时京瓷就成立很多分公司。

实际上，这位民营企业家并没有学过组织行为学。组织行为学中有一个经典理论：一个企业稳定的结构就是一个金字塔的结构，即一个领头人带着大家撸起袖子加油干，这才是一个稳定的企业。如果金字塔顶端的优秀人才太多，容易内卷，有的企业可能容易乱，这时就需要对这批优秀人才进行合理安排。

点滴思维

划小核算单元，放权可有效提升组织积极性和组织效率。此外，尊重人才体现在合理有效地安排人才，避免人才内卷，使其发挥最大潜力和价值。

同企业规模太大存在弊端一样，如果划小核算单元划分得过小，也会有弊端，会暴露出以下问题。

✓ 费用无法分摊：企业的费用要分摊给责任中心，划分太细则容易缺乏分摊的依据，责任中心就会赖账；

✓ 效率低下：各个利益主体之间会隐瞒信息，导致效率低下，增加交易成本；

✓ 短期行为严重。

因此，内部责任中心的合理划分，就是交易成本和组织成本之间的比较和平衡。怎样在规模经济与规模不经济之间找到平衡，这些管理者需要重点考虑的问题，不但要考虑组织的专业性、有效内控以及业务的负荷均衡，还要考虑交易成本和组织成本之间的关系，从而确保组织效率。

6.4 沉没成本

在成本中有一个重要的概念叫沉没成本，意思是人们在决定是否去做一件事情的时候，不仅看这件事对自己有没有好处，而且也看过去是不是已经在这件事情上有过投入。我们把这些已经发生且不可收回的支出，如时间、金钱、精力等称为沉没成本。

【例 6-14】 票钱白花了

2008 年的北京奥运会 110 米栏比赛项目格外引人关注，因为一位明星运动员要在鸟巢比赛。原价 800 元 / 张的 110 米栏门票，一度被炒到 8 000 元 / 张。粉丝和观众不惜天价从票贩子手中买到一张门票，只为一睹巨星风采。8 月 18 日临近正午时分，人们聚焦鸟巢田径赛场，期待已久的男子 110 米栏开始了。然而令粉丝和观众始料未及的是，这位明星运动员因脚伤复发过早地离开了赛场。观众的心一下子冷了，继续看下去显然不能达到预期目的，这可以理解为沉没成本。

点滴思维

沉没成本表现为空欢喜一场。

6.4.1　企业越大，沉没成本越高

企业越大，生产工艺越复杂，供应链环节越多，成本不容易说清楚，会产生沉没成本。因此，企业越大越要进行成本管理。直接看案例：

【例 6-15】　沉没成本案例

美国的奥兰治县曾是美国最富裕的县之一，奥兰治县曾用 80 亿美元（直接投资成本）投资于金融市场，结果亏了 20 亿美元，这个昔日富裕的县被迫宣布破产。我个人的理解是，这 20 亿美元就叫作沉没成本。

一位浙江金华的老板 2007 年在山西投资 17 亿元人民币（直接成本 + 间接成本）建了一家焦化厂，还盘了一座煤矿。2008 年，受金融危机的冲击，该焦化厂没法再经营下去，无奈之下不得不废弃。后来这位老板用了六七年时间才把焦化厂处理掉，一核算才发现总共只收回 1 亿元，16 亿元没有了。我认为这 16 亿元就叫作沉没成本。

点滴思维

对沉没成本的直观理解，就是投入的钱打了水漂。

6.4.2　沉没成本的预判

某人去外地出差，想品尝当地美食，于是拿出手机，打开了某美食点评 App 经过一番搜索后，最终去了当地一家好评如潮的网红打卡店用餐。我认为这实际上就是一种减少沉没成本发生的方式。

【例 6-16】　退票与相声

郭德纲和于谦搭档德云社相声演出时被观众开玩笑喊退票，郭德纲直接说：“不

退票是我们的服务宗旨。”他经常用到的笑哏：“退票可以，但要支付150%的手续费”“退票窗口在阿富汗”。

这种互相逗乐不禁让我想到如果有些演出令人失望时的退票成本问题。大多数时候，理性的消费者后悔买票的下一步决定应该是基于是否想继续看演出，而不是为这个演出付了多少钱。此时的决定不应该考虑买票的事，而应该以免费看演出的心态作出判断，忍受得了就看，忍受不了就走。经济学家往往建议选择不看，离开演出场所，这样你只是花了点冤枉钱；而选择留下来看演出，你还要继续煎熬。

显然，我们意识到沉没成本，并据此采取下一个行动只是一种权宜之计，是一种补救措施，只不过为了不让结果变得更糟而已。

那么，如何从根本上避免这一问题呢？就要提前考虑可能产生沉没成本的原因，提前做功课是一种有效手段，这是成本预判。

这时，我们可能去看某消费平台App的评价，去某短视频平台App看免费试看片段，去播客听听点评……这些提前做功课目的就是为要不要买票看的成本决策提供依据。

点滴思维

企业决策进行详尽的市场调研，实地摸底考察，搜集第一手资料，对市场趋势的预判以及做可行性分析等都是在提前做功课，预防沉没成本的发生。

尽管通过提前做功课或许能够减少沉没成本发生的概率，但沉没成本有时是难以预测的，发生的时候只能让它发生。继续列举案例：

【例6-17】 受新冠肺炎疫情影响的日本奥运会

日本用举国之力准备举办2020年奥运会，但受到2020年初新冠肺炎疫情的影响，推迟一年举办。后虽然举办，但因无观众门票收入、防疫支出增加、广告商缩减广告或撤档使广告收入减少等诸多因素，都使得很多投入无法收回，成为沉没成本。

此次，东京奥运会也采用很多降成本的措施。例如：整个奥运村的床具，像床头、床板、床架等主要材料都是纸板制成。经过验证，床的质量问题不大，承重也没问题。一位运动员表示，这个床其实睡着挺舒服，挺适合运动员睡觉。此外屋内有不少用具都是由再生材料制成。据央视报道，奖牌都是由二手电器中的材料制成。

这里面的沉没成本，是受到不可抗力的影响，这种一般是无法提前成本预判的。

影响沉没成本体现为：推迟奥运会是一项巨大的工程。许多问题将提交给主办方和主办城市东京，最直接的损失是许多项目的违约。东京奥运村，原计划会后改建为公寓出售。4 000 多套房子中很多已经售出，交付时间为 2023 年 3 月。如果奥运会延期，很多买家肯定会要求赔偿损失。

《日本时报》报道延迟奥运会造成的损失约 58 亿美元，损失在 54 亿美元到 63 亿美元之间，这些损失只是推迟造成的损失和拖延一年造成的财政消耗。如果奥运会取消，损失将达到 410 亿美元。

影响我们的沉没成本体现为不少中国人在疫情前想借助东京奥运会的契机进行投资，例如到日本买房、开民宿，甚至有天使投资人在日本鸭川附近买下一条街的老町屋，众筹后作为民宿经营。疫情暴发、樱花季彻底泡汤后，一位民宿主说："已经谈不上自救了，东拼西凑借的钱，最多再支撑 5 个月。不要把鸡蛋放在同一个篮子的道理，这次被彻底证实了。"

点滴思维

黑天鹅事件及不可抗力因素将导致严重的沉没成本。

6.4.3　割肉，还是不割肉

所谓沉没成本陷阱，就是不愿意割肉，继续任其亏下去，即厌恶割肉止损，结果掉进沉没成本的陷阱，就干脆让它继续亏。迷恋赌博的人大概都有这种体会，越是输得一塌糊涂越幻想有机会赢回来。这是一种赌博心态，赌场可不会同情你，若赌下去只能是越输越多，直至倾家荡产，这时理性的做法是立即停止，绝不能再继续赌了。

其实，避开沉没成本陷阱并不是件难事。首先，发现苗头不对应该马上转向。由于双方信息的不对称，我们有上当受骗的可能。一旦发现，应当立即停止合作，以避免更大损失。拿得起，放得下是一种风度，更是一种品质。其次，理性和谨慎，尤其是大的交易，前期投入一定要谨慎。例如，充分了解对方情况、签订规范的合同、建立完善合法的合作程序等都是必要的。

6.5 激励规划与组织效率

人工成本中，对员工进行激励属于使用成本的组成部分，如图 6-4 所示。

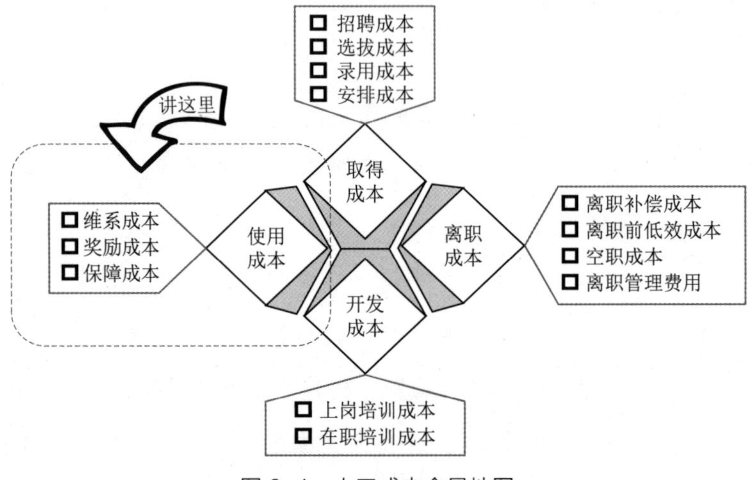

图 6-4 人工成本全景地图

【例 6-18】 组织为何缺乏效率？

假设一家企业有100个员工，为了提高这个100个员工的效率，就选了一个领导；有了领导后，还要匹配组织机构，于是就有了宣传员、记工分员、考核员、监督员等，一下子弄了 60 个人干管理，40 个人干活。

原来那 100 个员工的活，经过组织分工后，就只让 40 个员工干活，于是这 40 个员工完不成任务。因为组织成本太高，这就是典型的部分大企业病。

点滴思维

某些大企业病往往伴随激励不足、信息失真、管理费用较高、组织缺乏效率等问题。

合适的激励能够提高组织效率，解决企业内部活力的方法中，现金奖励似乎是屡试不爽的方法。

【例 6-19】 沃尔玛激励规划案例

《基业长青》[1]一书列举了沃尔玛通过合适的激励提高组织效率的案例：

沃尔玛创始人沃尔顿珍视变革、试验和不断地完善，但是他不只是宣扬这些价值观，还制定坚强的组织机制，刺激变革和进步。沃尔顿运用一种叫作“店中店”的想法，授予部门经理经营各自部门的权威和自由，就好像这个部门是经理自己的企业一样。对于那些有助于节省成本的服务，可供其他商店仿效的同仁，他实行现金奖励和公开褒扬的制度。

沃尔顿以“量产项目竞赛”鼓励同仁进行创造性的尝试。他召开商品会议，讨论挑选应该用在整个连锁体系里的试验性做法。他还制定星期六早晨的会议制度，在这种会议上，主角经常是一位尝试创新，而且确实取得良好效果的员工。对于新构想使整个公司获益的员工，他用分红和员工持股作为直接的奖励。同事想出的点子和构想都刊登在沃尔玛的内部杂志里。沃尔玛甚至斥资设置卫星通信系统，“好把所有细节尽快传布到全公司各处”。

沃尔玛员工在鼓励变革的环境里工作。无论哪一位卖场的同事提出和商品销售或节省成本有关的建议，这些建议都会迅速地传播出去。设想 750 多家商店和 8 万多名员工（都有可能提出建议），仿效建议中的做法，这样会促使多大幅度的销售增加、成本降低和生产力提高。

点滴思维

充分挖掘基层员工的潜力，需要激励规划；合理的激励规划能够大大提升组织效率并实现降本增效。

6.5.1　组织设计匹配用人之所长

一个组织能够做到“用人之所长，容人之所短”实属不易。

彼得·德鲁克在其《卓有成效的管理者》中说道：

---

① 《基业长青》是美国管理学家詹姆斯·柯林斯、杰里·波拉斯创作的管理类著作，于 1994 年首次出版发行。

人际关系专家有一句俗语："你要雇用一个人的手，就得雇用他整个的人。"同样的道理，一个人不可能只有长处，他必然也有短处。

但是我们可以设置一个组织，使得身处其中的人的弱点不致影响其工作和成就，换言之，我们可以把组织设置得有利于充分发挥员工的长处。一位优秀的税务会计师，自行执业时可能因拙于待人而遇到挫折。但是在一个组织中，他可以自设一间办公室，不与其他人直接接触。人的长处可在组织中产生实效，而人的短处可以使其不产生作用。

同样的道理，一位小企业家精通财务，但可能因不懂产销而受困。而在较大规模的企业中，一位仅懂财务的人却可能极具竞争力。

有效的管理者并不是不知道人有缺点，他了解他自己的任务在于如何使某人充分发挥其税务会计的才干，而不去斤斤计较他不善于与人打交道。因此，他不会贸然指派这个人出任经理的职位。要与人打交道，完全可以找别人，而第一流的税务会计师则是不可多得的人才。所以，这个人能够做什么，才是组织器重他的原因。而他不能做什么，则是他的限制，仅此而已。

我对这段话的解读是先有业务，才有从事业务的人。找到合适业务的人以后，组织才会保证效率。也正因为先有业务，所以找到合适、匹配业务的人才有难度。

俗话说：尺有所短，寸有所长。管理者能做的大概就是知人善任，人尽其才。现实中管理者如果真正能够做到这一点，就能够提升组织效率，而提升组织效率就是降低组织成本。

6.5.2 除了"抓两头"，还要注重过程

有的时候，企业的制度可能形同虚设，原因是制度的设计没有和利益挂钩。一个是事前的利益，如部门的优先权利。一个是事后的利益，如绩效奖励。

制度有了以后，很多时候并不是管不起来，而是不想管。解决这一问题的方式就是建立防赖账[①]体系，即把绩效管理的办法拉进来。如图 6-5 所指的十字形定位图，横向看需要承前启后"抓两头"，即服务于前端和目标挂钩，服务于后端和考核挂钩，我们称之为目标绩效管理。前面说过，这个目标是市场倒逼的结果。

---

① 赖账：管理者对考核指标不认账，指标结果的分析对管理者没有约束力。

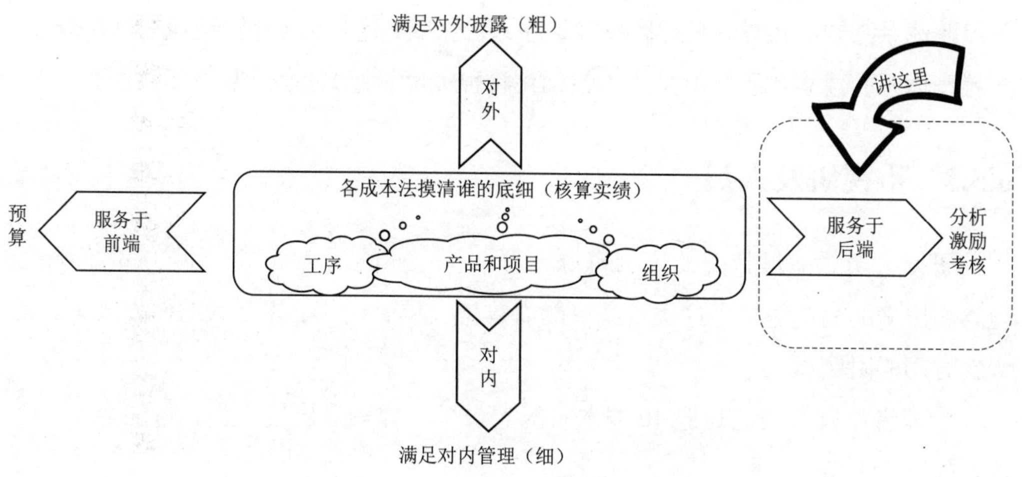

图 6-5 十字形定位：激励与组织效率

这个方法的好处是减少了繁琐的过程。因为目标确定了，考核方案也确定了，那么结果拿来和目标一对应，干得好就奖励，干不好就考核。——就是这么简单。

所以这个方法简单粗暴，但有效果，因此在刚开始的时候很受欢迎。但是这个方法经过十多年的发展以后，发现只抓两头也有问题：

第一个问题：对于目标的设定由于不管过程，因此无法取数，也就无法形成闭环管理，效果不好。例如，它设定的往往是单一的财务目标，反映不了业务的真实发生情况。

第二个问题：资源的匹配不清晰。如张三赚了 1 亿元，用了公司 5 亿元的资源，李四赚了 1 亿元，但只用了公司 1 亿元的资源。谁的价值高呢？在只“抓两头”的情形下看不清楚。

第三个问题：短期行为比较严重。经常造成只管结果，自己给自己的未来“埋雷”，将风险递延到以后。

正因为这些问题，只“抓两头”的模式存在弊端。怎么解决这些问题呢？

答案就是实行战略、计划、预算、绩效、薪酬一体化的模式，向前和计划链接、战略挂钩，向后和绩效链接、薪酬挂钩，打造一个动态的开放体系就可以增加环境的适应性，提高面对不确定性的能力，这个办法被大家广泛接受。更有趣的是，我不经意间发现当把战略、计划、预算、绩效、薪酬一体化的这条线折弯，变成一个环，并转动起来的时候，就神奇地变成了 PDCA 循环。

内部成本管控采用防赖账体系设计，外部成本管控采用挖掘潜在用户设计。

防赖账体系需要靠预算、靠对标找差距并分析原因，这时，成本管理就用到预算了。防赖账体系的建立本质上就是成本精细化管控能够管起来的体现。

6.5.3 重视研发人员

研发人员是一群特殊的人力资源人群，是企业的另类资产。他们靠时间和经验累积出来的另类资产，这类资产可能岁数越大越值钱。很多伟大的研发成果，都来自时间的附魔[①]。

管理者如果像劝退其他 40 岁左右的老员工一样劝退研发人员，可能造成人力成本的巨大浪费。

【例 6-20】“硅仙人”吉姆·凯勒

半导体业界传奇人物，被称为“硅仙人”的吉姆·凯勒，有着传奇的芯片人生，被称为翻盘大师，他到哪里，哪里就打翻身仗，实现逆袭。

吉姆·凯勒的职业生涯开始于数字设备公司（Digital Equipment Corporation，简称 DEC），从 1980 年到 1998 年在 DEC 公司做了 18 年的芯片架构师，他在那里从事 Alpha 处理器的设计工作。中国超级计算机神威·太湖之光的处理器就是从 DEC Alpha 处理器衍生出来的。

之后他跳槽到芯片产业中总排名第二的先进微器件公司（Advanced Micro Devices，InC 简称 AMD）工作两年，推出 K7 和 K8 芯片，就是当年的速龙系列，AMD 公司打了一个漂亮的翻身仗。AMD 的 K7 和 K8 芯片火了一把，风头直接盖过 Intel 公司的奔腾 4 代芯片。至此，AMD 才有了和英特尔公司（Intel Corporation，简称 Intel）继续竞争的技术火种。

随后，他又跳槽到 SiByte[②] 和博通公司[③] 担任首席架构师、在 PA Semi 公司[④] 担任工程副总裁。

---

① 游戏用语，指时间长了会有奇迹般的创造灵感。

② Sibyte 公司是全球领先的互联网系统高速数据、音频与视频传输领域半导体公司。

③ 博通公司（Broadcom Corporation）是全球领先的有线和无线通信半导体公司。

④ P.A Semi 公司是一家专门从事 RISC 处理器设计的美国技术型企业。

2008 年，P.A. Semi 被苹果公司收购。吉姆·凯勒随着 P.A. Semi 一起加入苹果公司，领导原公司团队开发出苹果 A 系列处理器的开山之作 A4，以及第二代 A5（对应 iPhone 4 和 iPhone 4S），帮助苹果走上辉煌的造芯之路。从 A4 至今这么多年，苹果手机处理器一直是业界顶尖水平。

2012 年，开始，他回到 AMD 担任公司副总裁和首席核心架构师，负责打造新一代 CPU 架构 K12 和 Zen，是 AMD 再次翻身的关键人物，成为 Zen 架框之父。

2016 年到 2018 年，他又跳槽加入特斯拉公司（以下简称特斯拉），担任自动驾驶硬件副总裁。在特斯拉研发 FSD 自动驾驶芯片，该芯片性能是它替换的英伟达方案的 20 多倍。毫无疑问，他是特斯拉自动驾驶芯片 FSD 背后的功臣。

2018 年 4 月，吉姆·凯勒从特斯拉回到英特尔。他在英特尔领导 1 万多人的芯片团队，在那里工作两年，是英特尔新架构的策划者，并提出颠覆性的架构：3D 堆叠芯片。

2021 年，他又组建 AI 芯片的研发公司 Tenstorrent① 担任总裁兼首席技术官，这家初创公司刚创建的估值就已经超过 10 亿美元。

“硅仙人”吉姆·凯勒好像很随意就能带来一个全新架构的芯片，为什么呢？答案就是我们的古人所描述的那样：“无他，惟手熟尔。”

吉姆·凯勒研发芯片 40 多年，从芯片最底层的指令集到汇编语言，再到各种高级语言，都烂熟于心。

硬件上的晶体管组成，逻辑门构成逻辑单元，逻辑单元组合成复杂的处理单元，他能像炒菜一样熟悉，能够在大脑里想象出芯片的设计图，然后设计成电路。

产业研发很多不是靠天才，而是靠时间和经验累积出有经验的研发者。

吉姆·凯勒说：芯片架构就应该 5 年推倒重来一次。AMD 和 Intel 有成千上万个研发二三十年芯片的工程师。这些真正对芯片烂熟于心的人，才能在吉姆·凯勒的带领下将芯片架构推倒重来。

对于企业来说，技术优势有时候需要靠长期持续地投入。

每个公司的薪酬委员会在决定研发人员的工资待遇时，应该考虑研发人员这类特殊人群的成本属性：培养一个不容易，走了反而可能便宜竞争对手，对公司不利。

① Tenstorrentinc.：2016 年创立于加拿大，是从事人工智能和机器学习新算法和体系架构研发的公司。

管理者有时会将公司里40多岁的部分员工劝退。

有的企业一遇到困难，就先裁减研发人员，逼岁数大的研发人员走人。研发人员静不下心一心一意进行创新研发，反而对企业造成巨大的潜在损失。

例如：AMD公司被Intel公司打压很多年，如果AMD不重视研发人员，AMD又岂能打翻身仗？恐怕吉姆·凯勒都不太愿意回去，因为吉姆·凯勒需要的团队就是依靠那些靠时间和经验堆积出来的老研发人员。

点滴思维

一位老研发人员的价值需要进行慎重精算。

前面说了，稳定的金字塔组织结构是一个最能干的人领着能干的人，能干的人再带领着较能干的人，这个组织才是一个稳定的企业。如果金字塔顶端的优秀人才太多，容易内卷，有的企业可能容易乱。我发现这种现象似乎也适用于科技研发人员。

【例6-21】 研发天才梁孟松

出身台积电的研发天才梁孟松，凭借对芯片良率的完美把控，把台积电送上晶圆代工市场老大的宝座，在台积电创下芯片制造的奇迹。而在感到被台积电挤压后，梁孟松毅然离开台积电，并于2011年在与台积电的竞业条款结束后加入三星电子有限公司（简称三星）担任研发副总经理，使三星与台积电的技术差距急速缩短。梁孟松的跳槽不仅仅带走了核心技术，还带走一批芯片尖端人才。

正是由于梁孟松的加盟使韩国三星在台积电之前便量产了14纳米制程的芯片，并率先用于手机应用，不仅拿下苹果的大部分订单，而且拿下了高通的订单。而此时台积电只进行到16纳米，三星一举反超近十年一直处于垄断地位的台积电，这是身在三星的梁孟松第二次创造芯片的制造奇迹，被评价为：带走台积电核心技术，帮助三星创造奇迹。

梁孟松在三星刚入职不久，台积电便正式起诉并指控梁孟松不断将台积电的核心技术和营业秘密泄露给三星。台积电法务部长曾说，哪怕是梁孟松不主动泄露台积电的秘密，只要三星在选择发展方向时，梁孟松稍微提醒一句，这个方向不用走了，这便能使三星节省大量财力、物力、人力。最终台积电起诉梁孟松成功，梁孟松被判决不能继续为三星服务。

梁孟松很快接到我国芯片企业中芯国际控股有限公司（简称中芯国际）的邀请，并加入中芯国际，被称为中国半导体业具有划时代的事件，中国半导体进入梁孟松时代。梁孟松成为中芯国际起飞的火箭助推器。在他的助推下，中芯国际建成国内首条 14 纳米、月均产量 3.5 万片芯片的优质生产线，企业市值已经突破 6 000 亿元大关。

中芯国际在梁孟松的带领下，正在全力突破 7 纳米技术，并向着实现我国芯片的自给自足，形成相对完善的产业生态，彻底打破美国垄断的目标前进。

点滴思维

中国企业找准时机，挖来科技大牛，助力中国芯片的弯道超车。

6.5.4 管理者的综合思维

管理者考虑问题应基于多方面因素综合考虑，不仅要考虑自己的前途，也要考虑企业效益，社会责任，舆论影响，等等，最终决策选取效益最大或影响损失最小的方案。从这一点上看，管理者的决策不是一件轻松的事情，所谓权衡各方利益，择优而定。

我们以预算考核为例。企业在预算执行完毕，一切尘埃落定以后，就会有一个预算评价考核的问题。

而在进行评价的时候，有的领导会做“放水”的事情。

【例 6-22】 奖与惩的辩证思维

有一个热门的连续剧叫《少年派》，剧中的这家女儿学习成绩不好。父亲对女儿说：“考好了就给你 1 000 块钱奖励。”母亲说：“考不好就不让你住校，我还来学校陪读。”

所以，我感觉这个父亲更像总经理，大笔一挥，做好就给奖励；母亲更像 CFO，费用从严，都是一些惩罚的手段。

很多企业的组织机构里都有一个很重要的委员会，叫作薪酬考核委员会。而薪酬考核委员会里面，有的公司并没有把 CFO 放在里面。CFO 是预算价值化评价的重要角色，CFO 通常习惯地扮演刹车的角色。总经理并不单单只考虑财务因素，有时会扮演“放水”的角色，做人为调整。

例如，财务部门跟业务部门年初为了 KPI 指标定争得面红耳赤，好不容易定好指标，年底对业务部门进行评价考核的时候，业务部门即使有些指标没有完成也很可能不会被考核。为什么？因为这时总经理可能会放水。

大家知道，业务部门管理者的奖金、绩效都是保密的，由人力部门单独向总经理或党委书记汇报的；也就是说大多数公司的预算考核是归人力资源部主管，而人力资源部又通常是由总经理或党委书记分管。

总经理可能考虑问题更宏观、更全面，会说：“这几位同志工作确实很辛苦，客观环境也的确发生一些变化。所以我做一些调整，即使指标没有完成，也不要扣奖金了。”

领导为什么要放水？就是基于综合评价，有点像平衡计分卡思维一样评价一个下属，而不是只看你一个指标完成的优与劣。因此预算指标对于领导来说，更多的可能只是一个必要参考，但不是决定因素。甚至整个财务管理也是这样的，并不是高层管理者考虑的全部。

结果可能造成有的企业财务指标流于形式，这也是预算考核时可能出现的问题，归根结底是由于高层管理者和 CFO 看问题的角度有时并不一样。

点滴思维

管理者制定决策一定是综合考虑的，财务指标结果只是必要参考而不是决定性因素，但对管理者制定决策或有很大影响，影响程度取决于管理者对于财务的重视程度。

第 7 章 税务成本思维

本章导图

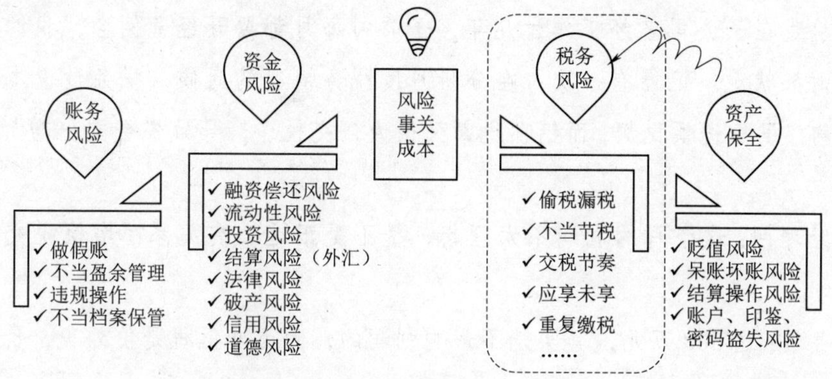

避税是违法的，而节税筹划很可能是“醉翁之意不在酒”。因为税费是企业成本，但却是国家的利益；规避自己的成本，而损害国家的利益，意味着多占国家的钱。我在给中国财务管理协会的《税务筹划》课程上曾总结节税筹划的真正含义：能合规节税的业务架构，要提前设计；能节税筹划的潜在业务，要尽量挖掘。归根结底就是能享受的税收优惠政策，要应享尽享；能避免重复缴纳冤枉税，要尽量避免。

▶▶ 7.1 企业交税的机会成本

管理者有时候更看重经济利润，财务人员则更注重会计利润。而有的税只影响经济利润，却不影响会计利润，例如增值税。

7.1.1 我没学过税，你别蒙我

税务是一个相对专业的财务领域，因此非财务管理者无须精通税法，但要了解；了解之后起码可以知道产品价格到底含税还是不含税，起码可以出趟差能开对发票，也能知道企业一个月因为税交了多少钱。

管理者对几个方面的税务问题需要特别关注，直接看案例：

【例 7-1】 增值税是否影响利润

以前我在子公司曾经工作过几年，子公司每月都要开经营例会，我们每月都要汇报财务状况。记得有一次，在分析月度税务情况的时候，税务员说本月因为没有采购，没啥进项税额；而销项税额又很大，交税多，导致资金支出增加 500 万元……

总经理问：这个月的利润不太理想，是不是跟这个有关系？增值税交了那么多钱。

税务员：这 500 万元，其实是不影响利润的，因为增值税是价外税，价外税不影响利润。

总经理：什么叫价外税？

税务员：价外税就是……

总经理听完之后，仍是一脸疑惑的样子，说：“怎么可能？ 500 万元钱都没有，都是公司的钱，只要付出去，应该都是公司的成本啊”。

税务员：“价外税就是不影响成本的……”

看到这个情形，有点僵持，于是我解释道：“刘总，其实你理解得也对！我们增

值税多交钱了，其实就是一种税的机会成本，是会影响经济利润[①]的”。

管理者有时候更看重经济利润，财务人员则更注重会计利润。

这里面，会计利润和经济利润是不一样的，于是容易产生错觉。我理解管理者其实不需要了解过多细节，有时候只要知道结果就行了。这个结果是增值税是税的机会成本，影响经济利润，而不影响会计利润。

交税容易被理解是一种成本，即税务成本。税务成本是指因为涉税业务而产生的与税相关的成本，也就是可以影响利润的税务成本。

一般可分为直接影响利润的税务成本和间接影响利润的税务成本，这里的利润，一般是指会计利润。企业交的大部分税，是可以直接影响利润的。

点滴思维

管理者大概需要知道经济利润与会计利润的区别。

因此对企业来说，税对利润都是有影响的。因为很多税都是企业的成本，包括在税上面耗费的精力也是企业的成本。

经营企业不容易的地方，还体现在要严格按照税法的要求购买税控设备、安装税控系统并严格按要求在系统上操作。例如，进行一系列的电子申报、统计、开票、汇算清缴、缴纳税款、接受稽查等业务，还要不断更新随时变化的税法政策。从这一点上看，体现国家对税的重视。

【例 7-2】 列举对会计利润有影响的税

直接影响会计利润的税有：企业所得税、城镇土地使用税、房产税、印花税、车船税、土地增值税、附加税、消费税、资源税等，这些税都直接计入利润表（“所得税费用”科目、“税金及附加”科目），自然直接影响会计利润。

还有一些税是间接影响会计利润，例如：耕地占用税、车辆购置税、关税、契税等，可能先计入相关资产的成本，再慢慢逐年变成费用影响利润。

增值税对利润的影响最奇葩，既可以直接或间接影响会计利润，也可以不影响

① 经济利润：经济学概念，一般理解是指厂商的收益与它的成本之差。我理解这里的成本是一个广义的概念，包括机会成本、沉没成本、交易成本等。

会计利润而只影响经济利润。例如：增值税中，外购的产品用于发放给职工当福利，就直接影响会计利润；增值税返还也直接影响会计利润；而一些资本化了的增值税则间接影响会计利润。

每月销售商品、采购商品所产生的增值税销项税额和增值税进项税额，则出现不影响会计利润而只影响经济利润的现象。

点滴思维

不是所有的税都影响会计利润，但似乎都影响经济利润。

7.1.2 管理者如何看思维导图

管理者如何看思维导图？答案是：不必要很详细看。税务相对比较专业，规则繁杂，规定繁多。学税法的人一般会被支线繁多的税务思维导图洗脑，这样才能分得清楚税收规定，如图 7-1 所示。

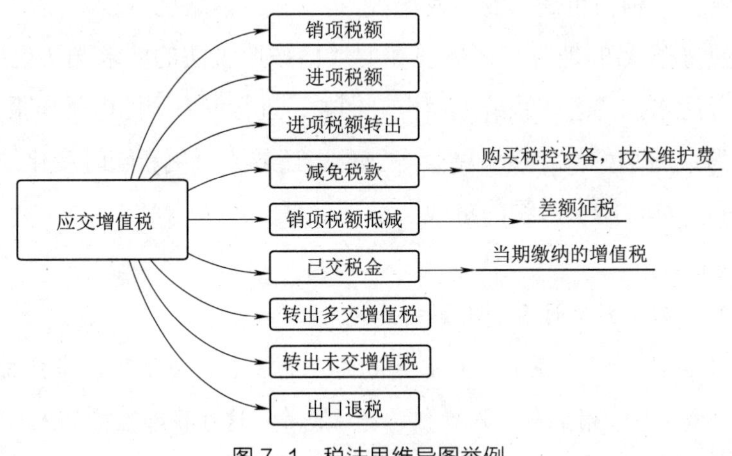

图 7-1 税法思维导图举例

当一些财务或税务状况需要分析、需要解释原因的时候，财务人员可能需要拿出思维导图才能分得清楚、解释清楚。财务人员有时给管理者解释的时候，为了说得更清楚，可能按照税务思维导图的思路解释，结果越解释就越解释不清。

管理者有时候，不需要知道那么多细节、过程，也没那么多时间。例如，税务对于老板，简单说就是什么事情都搞得那么清楚干什么？老板真正要考虑的是企业如何生存的大问题。财务人员则需要化繁为简，抽丝剥茧，告知管理者结论性的东西即可，参见“例 7–1：增值税是否影响利润”。

7.1.3　税的成本可以动态调节

接下来讲一讲税的机会成本影响经济利润的思维。企业交税的机会成本就是指钱用于交税了，用于其他方面的机会就会减少。

众所周知，货款可以拖欠，但税无法拖欠。以增值税为例，应交增值税公式为：

应交增值税＝销项税额－进项税额

这可以理解为销项税额越大，交的税就越多；进项税额越大，交的税就越少。交增值税是真金白银的流出，交得越多企业资金成本压力自然就越大。这时，交增值税就会因为税的机会成本影响经济利润。

企业采购成本高（例如战略备货）也会增大资金压力。而采购环节有个减少增值税资金压力的事项，根据公式可以看出，因为采购而增加的进项税额，可用于抵扣从而少交增值税。就拿气球举例，气球好比是交增值税的资金压力，气球越大则资金压力就越大。动态的过程有点像给气球吹气增压，代表增值税销项税额增加；给气球放气减压，代表增值税进项税额增加。

企业的累计销项税额一般都是大于进项税额的，所以气球才会有压力。

对于增值税来说，不能“进气”太多，也不能“放气”太多，好比人的身材太瘦也不好，太胖也不好。因为“太瘦或太胖”，都会对资金管理造成影响，因此需要对进项税额和销项税额进行资金上的维持和控制。气球的进气和放气过程，其实都不影响会计利润（附加税除外）。什么时候影响呢？就是拿根针戳破这个气球的时候（如：项目结题、产品结束或企业重组、破产清算等）才影响会计利润。

▶▶ 7.2　管理者要有的税法成本思维

管理者要有的税法成本思维主要体现在要有智慧的税法意识，该享受的税收优惠政策要应享尽享，该节税筹划的潜在业务要尽量挖掘等方面。

7.2.1　管理者要有智慧的税法意识

每个人对税的理解大概都不一样，这本无可厚非。但作为管理者，要注意回避容易引起歧义的涉税事项。直接看案例：

【例 7-3】 税率高才卖得贵

有一家世界 500 强企业 B 的管理者，在被问及为什么其公司新上市产品在国内的售价比其在国外的同款要卖得贵？

这位管理者解释说：因为我国增值税税率高的原因，产品价格于是就定得高了些，这个税率比我们的毛利率都高，建议国家降低增值税税率。

事实也确实有这一因素的影响，例如，美国亚马逊网站的同品牌、同款商品的价格就可以比较出来。不只是 B 公司产品，其他企业产品都有此情况：国外卖得比国内便宜，这也是为什么那么多人愿意出国买同品牌、同款产品的原因。但这样回答似乎缺少智慧，这样说没有什么不对，但可能引起歧义，有引发公关危机的风险。

一般来说，大企业的管理者不太会说因为国家税率高才价格贵，换句话说，在公开场合很多管理者不会以此为借口。有意识的管理者对于敏感话题，可能会灵活处理，换个更得体的说法。企业经营为什么难？为什么累？公关必备素质的要求也是原因之一吧。

大企业应有大企业的纳税意识，企业越大，责任越大，越有回馈社会，支持国家税收的责任。管理者在解释公司产品为什么比同款产品贵的时候，或许可以：

（1）偷换概念，避重就轻地说一说产品在地区差异化和用户个性化满足上的差异。

（2）比较巧妙的回答，是反问记者：请告诉我亚马逊网站那么多的商品为什么在中国贵，在国外便宜？我们的原因与此也是一样的。

点滴思维

管理者需保有智慧的税法意识，避免引起不必要的歧义。

7.2.2 税务成本：左手右手一个慢动作

经济学中，税收调节很多经济关系，是财政政策的调控手段之一。政府通过调节税收力度的大小、节奏的快慢，既可以营造宽松或紧缩的企业营商环境，也可以调节居民收入分配从而在一定程度缓解贫富差距。

税收政策对纳税人来说可能就是“左手翻云，右手覆雨”。有的带来烦恼，有的带来快乐。税收政策既有加速收税的快动作，也有减缓收税的慢动作。

减缓收税的慢动作在鼓励企业发展和营造宽松营商环境方面起到很大的作用。例如，很多递延纳税政策也是一种税收优惠，如图 7-2 所示。

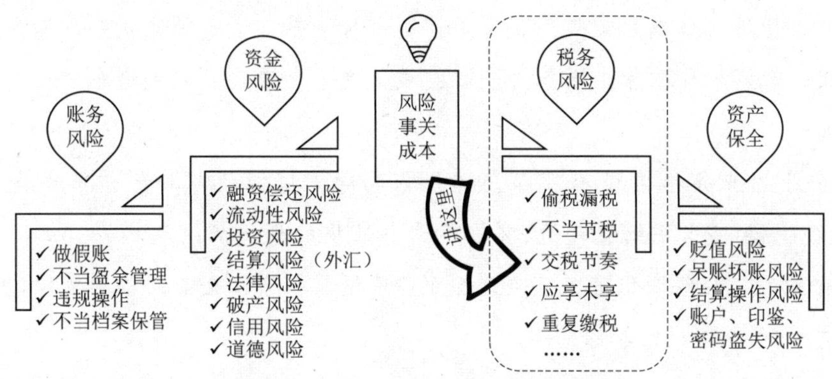

图 7-2　税务成本左手右手一个慢动作

【例 7-4】“温柔”的企业所得税政策

“温柔”在企业所得税的税收政策上有所体现。

企业有些当年所得如果全部交税会造成一定资金压力。国家税务总局考虑到这一点，允许企业可以次年或分几年分摊当年的所得税，这样就可以在当年少交企业所得税，缓解企业资金支出成本在单个年度骤增的压力。我称之为分期分摊，减少负担，举几个例子：

✓ 商铺出租一次性收到几年的租金收入，可以分几年（分期分摊）计算，从而少交当年的所得税；

✓ 健身会所一次性收取健身贵宾多年卡的收入，可以分几年（分期分摊）计算，少交当年的所得税。

税收慢动作还体现在允许企业用当年的利润弥补以前年度的亏损，意思是企业可以用当年的所得减去以前年度未抵扣完的亏损后算税，直至当年利润减到 0 为止，这样当年就不用交企业所得税了。

如果还有剩余亏损未扣完，不用着急，在 5 年内还可以慢慢扣，直至扣完为止。而且这项优惠政策的力度还在不断加大，如：近年来国家为了照顾交通运输行业、餐饮行业、旅游行业、住宿行业企业，曾经允许弥补以前年度亏损的年限从原来的 5 年提高至 8 年；高新技术企业更是可以用 10 年时间慢慢地弥补以前年度的亏损。

我也发现有些企业所得税政策是紧缩中带着宽松的政策。国家允许企业的很多成本、费用从收入中扣除，从而实现少交税，我们称之为税前扣除。可以税前扣除成本、费用，一方面使企业交的税减少；另一方面也会使企业为了少交税而刻意多产生成本、费用，造成列支失控。为了控制这种失控，于是国家税务总局又会采用紧缩政策，规定税前扣除上限作为刹车红线，这个上限还可以倒逼企业进行成本控制。例如：

✓ 企业的业务招待费不可以全部税前扣除，仅能税前扣除“当年发生额的60%”和“当年销售额的3‰”两者相比少的那一个；

✓ 企业的工会经费仅能按实发工资的2%税前扣除，企业的福利费仅能按实发工资的14%税前扣除。

但国家在紧缩的同时又会使用宽松政策，即允许当年剩余的没有税前扣除的成本、费用，在未来几年中逐年扣除。例如：

✓ 企业的职工教育经费，当年允许扣除的费用，仅限制为工资总额的8%；但当年超过部分，却允许在未来年度跨年扣除。

✓ 企业的广告费、宣传费，当年允许扣除的费用，仅限收入的15%；但当年超过部分，也可以在未来年度跨年扣除。

需要说明的是，税收目标政策调节手段各有不同，目的性强，可谓多谋善断，种类繁多，例如：与收入上实行慢动作政策有异曲同工效果的是在成本上实行快动作。

因为收入确认越慢，交税越少；成本确认越快，交税越少。

有的成本当年算得少，使企业利润增加而多交税，从而对企业造成一定的税收压力。所以优惠政策体现在让企业可以从原来“慢腾腾，看着就心急”的分几年分摊费用，变成当年一次性计入费用，这样就可以少交税。例如：

✓ 500万元以下的固定资产采购，税法允许一次性计入成本（快动作），而不是逐年计提折旧算税，从而少交税。

✓ 所得税有研发费用加计扣除政策，可以在正常费用扣除的基础上，再加计扣除一部分费用，从而减少所得税负担。

点滴思维

近年来，国家为扶植中小企业及小型微利企业，不断滚动出台很多税收优惠政策，以及优惠继续延期的政策，管理者要充分利用这些优惠政策，应享尽享，不交冤枉税。

除了企业所得税，个人所得税也有很多“慢动作”。例如，符合条件的员工股权激励可享受递延纳税的优惠政策；转让专利权时考虑技术入股可享受递延纳税的优惠政策；个人房屋租金的修缮费可递延扣除的优惠政策等。

除了所得税一次应缴纳的税可以分几次交，那么增值税也可以这样做吗？继续列举案例：

【例 7–5】“直爽”的增值税

我认为增值税没有企业所得税那么“温柔”。增值税基本没有分期缴纳，该交多少就交多少，很少运用时间讨价还价，更多是给予实打实的优惠，例如：

✓ 税率、征收率的直接下降；

✓ 进项税抵扣的宽松政策。

增值税不像企业所得税那样在时间分期上给予“温柔”的宽限。增值税要么直接征税，要么直接减免，所以说更像是直爽的税种。增值税的“友善”常表现为直接少交增值税的宽松政策上，从某种意义上看也是一种慢动作。

例如：企业如果增值税销项税额越多，交税就越多；进项税额越多，交税就越少。而且增值税的缴纳频率相对较高，要实打实地支付真金白银。所以税务局通过控制销项税额和进项税额这两个“阀门”平衡税收政策，例如：

✓ 通过直接降低税率减少销项税额，或通过直接允许抵扣增加进项税额等，就能实现少交增值税，切实缓解企业的资金压力。

✓ 有的企业采购上用钱过猛，进项税发票拿得多，同时销售额少导致销项税票少，结果就是进项税抵扣不完，造成企业资金压力大。为缓解资金压力，对于销项税少、进项税多，而导致进项税额用不完的现象，给予退税退钱（在满足某些条件的前提下）——叫作增值税的留抵退税目标政策。

✓ 与所得税的费用加计扣除类似，增值税也有加计抵减政策，即可以在正常的抵扣进项税金额基础上，再加计抵扣一部分进项税，从而少交税，减少企业资金压力。

点滴思维

增值税是最“敏感”的税种，也是很多刑事案件的多发税种，增值税容易出现重大案件，如虚开增值税专用发票罪。增值税尤其不能非法节税，但可以应享尽享国家给予的优惠政策。

国家为了给中小企业减少税负以及鼓励某些行业的发展，在企业所得税和增值税政策上都会考虑给予一定的优惠政策。同样，国家为了给工薪收入群体减税负，在个人所得税政策上亦给予一定的优惠政策。继续列举案例：

【例 7-6】 嫌富爱贫的个人所得税

在现实中，调节贫富差距的政策手段之一就是调整个人所得税，即利用个人综合所得超额累进税率表，使得收入低的少交或不交税；收入高的人多交税；也就是说个人所得税政策在很多具体操作上体现贫富区别对待的态度。例如：

✓ 个人所得税不仅将可扣除额标准提高至 5 000 元 / 月，还增加了专项附加扣除。而且个人所得税的综合所得，亦如企业所得税一样，开始采用汇算清缴政策（可以理解为秋后算账政策），即在次年汇算清缴后多退少补，从某个角度上看也是一种放慢税收节奏的体现；

✓ 国家为鼓励进行创业投资的合伙企业个人投资者，允许个人投资者在计算交个税的所得时，加计扣除其创业投资额的 70% 作为成本，从而减少计算个税的所得额，而且允许对加计扣除创业投资额的 70% 中，当年未扣完的部分，结转到未来年度继续扣除；

✓ 个人购买铁路债利息减半收税政策、个人股息红利的差别化个税政策、个人技术成果转让换股可选分期纳税或递延纳税等，都体现了税收慢动作。

点滴思维

个人所得税是“嫌富爱贫”的税种，即对低收入群体更多地展现温柔的一面，对于高收入群体则展现削高和提升税负率的一面。高收入群体如果在个人所得税上偷税漏税，得不偿失。

上述这些税种在税收上的慢动作，考虑企业发展的现实情况，体现政策温柔的一面，给纳税人带来快乐，践行了和谐、共进的科学发展观。

一个国家的经济处于什么情况和阶段，才能出现上述这些税收慢动作呢？我认为在一个处于百年未遇大变局时期的中国，一个蒸蒸日上的经济体，一个即将在世界舞台上扮演主导角色的强国，一个能够集中力量办大事的政府，才能常常发布这样的税收政策。

7.2.3　税收优惠政策要应享尽享

管理者要节税筹划而不是避税策划，避税是不合法的，节税筹划更多指应享尽享。因此，典型的节税筹划应享尽享税收优惠政策是核心，如图 7–3 所示。

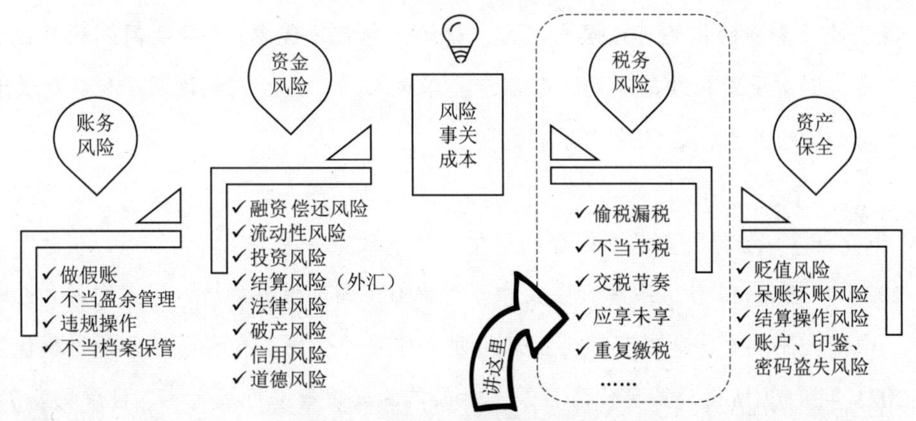

图 7–3　税收优惠政策要应享尽享

【例 7–7】 好一个“加”字了得

税收优惠政策中有一种方式就是“加成本”，让你做大成本，这样就减少利润，从而少交税，我称之为：加成本少交税。例如，研发加计扣除，允许将研发费用做大，即做大成本，少交企业所得税；又如，固定资产加速折旧，允许将固定资产的使用年限缩短，从而做大折旧额，亦为做大成本，少交企业所得税；再如个人所得税的专项附加扣除政策……

还有一种是增值税的加计扣抵，分别为：

✓ 土地增值税加计扣除政策。

房地产企业允许对取得土地使用权所支付的成本和开发成本，在计算土地增值税时加计扣除，从而做大成本，少交土地增值税。

✓ 增值税加计抵减政策。

✓ 农产品增值税可加计抵扣 1%……

增值税的大致交税公式是：增值税实际交税额 = 销项税额 – 进项税额；增值税加计抵减政策允许将进项税额做大，本质可以理解为做大产生增值税的采购成本

（增加进项），从而少交增值税。

前面提到关于增值税的进项税还有一个增量留抵退税的优惠政策，意思就是有的企业采购成本过大，致使进项税产生得多用不完，可以留下等待以后有销项税了，再用于抵减销项税，这个过程简称留抵。这用不完的留抵中，针对多出的部分，国家直接退给企业，称为增量留抵退税，其本质也是一个加成本、少交税的优惠措施。

点滴思维

税法政策翻新的措施可谓层出不穷，说给优惠就给优惠；企业要做到税收优惠的应享尽享，则需要紧跟政策风向，管理者要跟风而动。另外，也说明了税务机关和纳税人之间和谐的关系，这就是“有温度”。

【例 7–8】 应享尽享资源综合利用税收优惠政策

2021 年 12 月 16 日，中华人民共和国财政部、国家税务总局、国家发展和改革委员会、中华人民共和国生态环境部四部门联合印发《资源综合利用企业所得税优惠目录（2021 年版）》所得税减免优惠目录，对以前的老政策进行了完善。目录见表 7–1。

表 7–1 资源综合利用企业所得税优惠目录（2021 年版）

类别	序号	综合利用的资源	生产的产品
一、共生、伴生矿产资源	1.1	煤系共生、伴生矿产资源，瓦斯	高岭岩、铝矾土、膨润土，电力、热力及燃气
	1.2	黑金属矿，有色金属矿，非金属矿共生，伴生矿产资源	共生、伴生矿产资源产品
二、废水（液）、废气、废渣	2.1	煤矸石、煤泥、化工废渣、粉煤灰、尾矿、废石、冶炼渣（钢铁渣、有色冶炼渣、赤泥等）、工业副产石膏、港口航道的疏浚物、江河（渠）道的淤泥淤沙等，风积沙、建筑垃圾、生活垃圾、焚烧炉渣	砖（瓦）、电力、热力、煤矸石井下充填开采置换出的呆滞煤量、砌块、新型墙体材料、石膏类制品以及商品粉煤灰、建筑砂石骨料、道路用建筑垃圾再生骨料、再生级配骨料、再生骨料无机混合料、预拌商品混凝土、干混砂浆、预拌砂浆、砂浆预制件、混凝土预制件、盾构土、粒化高炉矿渣、钢渣微粉、微晶玻璃、岩棉、矿渣棉、氧化铝、水泥熟料
	2.2	社会回收的废金属（废钢铁、废铜、废铝等）、冶炼渣（钢铁渣、有色冶炼渣、赤泥等）、化工废渣	金属（含稀贵金属）、铁合金料、精矿粉、氯盐（氯化钾、氯化钠等）、硅酸盐及其衍生产品
	2.3	化工、纺织、造纸工业废液及废渣	银、盐、锌、纤维、碱、羊毛脂、聚乙烯醇、硫化钠、亚硫酸钠、硫氰酸钠、硝酸、铁盐、铬盐、木素磺酸盐、乙酸、乙二酸、乙酸钠、盐酸、黏合剂、酒精、香兰素、饲料酵母、肥料、甘油、乙氰

续上表

类别	序号	综合利用的资源	生产的产品
二、废水（液）、废气、废渣	2.4	制盐液（苦卤）及硼酸废液	氯化钾、硝酸钾、溴素、氯化镁、氢氧化镁、无水硝、石膏、硫酸镁、硫酸钾、肥料
	2.5	工矿废水、城镇污水污泥	再生水、土地改良剂、有机肥料
	2.6	焦炉煤气、转炉煤气、高炉煤气、矿热炉尾气、化工废气、石油（炼油）化工废气、发酵废气、炭黑尾气、二氧化碳、氯化氢废气，生物质合成气	电力、热力、硫黄、硫酸、磷铵、硫铵、脱硫石膏、可燃气、轻烃、氢气、硫酸亚铁、有色金属、二氧化碳（纯度≥ 99.9%）、干冰、甲醇、合成氨、甲烷、变性燃料乙醇（纯度≥ 99.5%）、乙醇梭菌蛋白与菌体蛋白（粗蛋白≥ 80%）、天然气、氯气（含液氯）
三、再生资源	3.1	废弃电器电子产品、废旧电池、废感光材料、废灯泡（管）、废旧太阳能光伏板、风电机组	金属（含稀贵金属）、非金属产品
	3.2	废塑料	塑料制品、塑木（木塑）产品
	3.3	废旧轮胎、废橡胶	再制造轮胎、胶粉、再生橡胶等
	3.4	废弃天然纤维、化学纤维、多种废弃纤维混合物及其制品、废弃聚酯瓶及瓶片	浆粕、纤维纱及织物、无纺布、毡、黏合剂、再生聚酯及其制品、再生纤维、燃料块、复合板材、生态修复材料、工程塑料等
	3.5	农作物秸秆及壳皮（粮食作物秸秆、粮食壳皮、玉米芯等）、林业三剩物、次小薪材、蔗渣、糠醛渣、菌糠、酒糟、粗糟、中药渣、废旧家具、畜禽养殖废弃物、畜禽屠宰废弃物、农产品加工有机废弃物	纤维板、刨花板、细木工板、生物质压块，生物质破碎料、生物天然气、热解燃气、沼气、生物油、电力、热力、生物炭、活性炭、栲胶、水解酒精、纤维素、木质素、木糖、阿拉伯糖、糠醛、土壤调理剂、有机肥、膨化饲料、颗粒饲料、菌棒、纸浆、秸秆浆、纸制品等
	3.6	废生物质油、废弃润滑油	生物柴油、工业级混合油等
	3.7	废玻璃、废玻璃纤维	玻璃熟料、玻璃纤维制品、真空绝热板芯材
	3.8	废旧汽车、废旧办公设备、废旧工业装备、废旧机电设备	通过再制造方式生产的发动机、变速箱、转向器、起动机、发电机、电动机等汽车零部件、办公设备、工业装备、机电设备零部件等
	3.9	厨余垃圾	有机肥料、粗油脂、沼气等
	3.10	铸造废砂	再生砂型覆膜砂、低氨覆膜砂、再生砂
	3.11	废纸	纸浆、纸制品

税法规定，利用上表中的综合利用资源生产产品的收入可以优惠 10% 后交税，即按收入的 90% 计算应纳税所得额。举个例子，假设综合利用资源生产产品取得的收入为 200 万元，这一项目的成本费用为 95 万元，公司应该如何享受减计 90% 收入的企业所得税优惠政策呢？

《中华人民共和国企业所得税法》第三十三条规定，企业综合利用资源，生产符合国家产业政策规定的产品所取得的收入，可以在计算应纳税所得额时减计收入。《中华人民共和国企业所得税法实施条例》第九十九条第一款规定，企业所得税第三十三条所称减计收，是指企业以《资源综合利用企业所得税优惠目录》规定的资源作为主要原材料，生产国家非限制和禁止并符合国家和行业相关标准的产品取得的收入，减按90%计入收入总额。

因此，假设企业所得税率为25%的条件下，公司应纳税所得额=200×90%−95=85（万元），应纳所得税额=85×25%=21.25（万元）。

点滴思维

鼓励资源综合利用是我国的一项重大导向政策，既可以保护环境，也有助于国民经济的持续发展。大型基础工业生产企业对三废（即废水、废气、废渣等废弃物）的综合利用是重要业务。国家对企业进行资源综合利用规定有税收优惠政策，企业要应享尽享。应享尽享是节税筹划的核心内容之一，当然还有避免重复缴税。

7.2.4 避免重复缴税

避免重复缴税也是节税筹划的内容之一。有的企业交了很多冤枉税，原因在于有的涉税业务会出现重复缴税的情形，如图7–4所示。

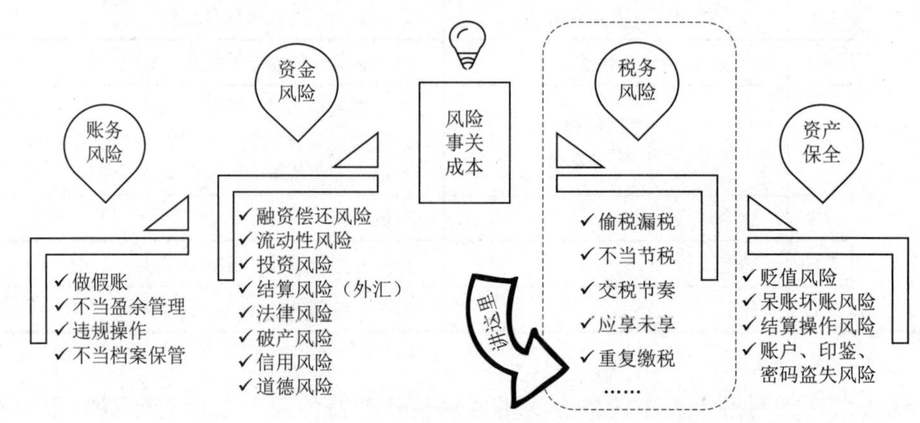

图7–4 重复缴税的税务风险

【例7–9】 选择企业形式需作综合考虑

管理者在投资兴办企业时，往往考虑利用企业组织形式进行纳税筹划。由于税法对不同企业组织形式的税收待遇不完全相同，投资者确实可以通过组织形式的纳税筹划获得税收利益。

按照我国税法的规定，合伙企业应“先分后税”，即先区分这家合伙企业是公司制企业还是个人经营性质企业？公司制企业的利润则交企业所得税，个人经营性质企业的利润则交个人所得税。

例如，甲、乙、丙、丁、戊 5 人合伙经营一家影视公司，该影视公司注册形式为合伙企业，并区分为个人经营性质企业。假设该影视公司年盈利 500 万元，则 5 人平均分配利润，每人分得 100 万元。假设可税前扣除项共 10 万元，依现行经营所得税率表，每个合伙人需缴纳的个人所得税为 24.95 万元（超额累进计算），每人的税后所得为 75.05 万元，5 人合计税后收入为 375.25 万元。

如果该影视公司注册为公司制企业（有限责任公司），其所得首先需征收企业所得税，假设税率为 25%（不考虑特殊情况及地方性税收优惠），即需缴纳 125 万元的企业所得税，税后利润为 375 万元。如果将全部税后利润作为股息、红利平均分配给投资者，则每人的股息、红利收入为 75 万元。每人需要按股息、红利所得再缴纳个人所得税 15 万元（75 × 20%），每人的税后收入为 60 万元，5 人的税后收入合计为 300 万元。在这个过程中，每人分得的钱既扣了一次企业所得税，也扣了一次个人所得税。

两者相比，公司制企业要比个人经营性质企业多负担 75.25 万元（375.25–300）的所得税。

由于公司制企业存在经济性重复征税问题，因此其税负重于个人经营性质的企业。从税负角度看，投资者似乎应该选择后者。但是投资者在选择企业组织形式时，不仅要考虑税收利益，还要考虑企业控制权、责任承担和管理需要等问题。

在利用组织形式进行纳税筹划时，投资者必须考虑企业是否具有法人资格，自身对企业债务负担何种责任。公司制企业具有法人资格，投资者以投入公司的资本为限对公司债务承担有限责任，公司以资产为限对公司债务承担有限责任；而合伙企业则不具有法人资格，投资者要以个人财产对企业债务承担无限责任。如果投资者为避免公司制企业的经济性重复征税而选择合伙企业形式，则一旦企业经营出现问题，投资者就可能遭受巨额损失，甚至血本无归。

投资者应根据面临的风险选择合适的组织形式。如果投资的行业为高风险行业，如高科技企业，则应选择公司制企业形式；如果投资的行业为餐饮业、零售业，则可以选择合伙企业的形式。

总之，投资者在利用企业组织形式进行纳税筹划时，必须考虑不同组织形式的利弊，综合平衡后，选择有利的企业组织形式，而不能因税收利益而丧失企业整体利益。

点滴思维

节税筹划也存在提前进行成本设计，考虑成本精算的问题。

7.2.5 被谴责的税收优惠享受

管理者重视不重视成本，还体现在成本的素质和成熟度上。

【例 7-10】 社区团购案例

前段时间有的电商把“触手”伸到菜篮子工程，打造所谓社区团购，同时也享受很多税收优惠政策，这些电商后来就受到舆论的谴责。为什么舆论要谴责他们呢？

搞社区团购，实际上是在跟菜场的商贩们抢市场，并享受和商贩一样的税收优惠政策。国家早在 2012 年就对蔬菜以及部分鲜活肉蛋的收购、批发、零售等全流通环节实行了免征增值税政策，这本质上是对农民、中小商户的一种扶植、鼓励和补贴。

可见，有的电商非常重视成本，不但借助资本的力量抢市场，还享受税收优惠政策；不但与菜场小贩抢饭碗，一旦将来控制市场并形成垄断，大概率会控制价格，控制“菜篮子工程”，这实际上是经济学告诉我们的必然结果。

点滴思维

管理者节税也要考虑舆论影响。

经济学的税收调节有稳定经济的作用。税收政策的制定会考虑公平原则和扶植部分企业发展等因素。例如，会考虑照顾部分弱势群体，给予一定的税收优惠。继续列举案例：

【例 7-11】 利用残疾人节税

合理节税，是很多人都在使用的一个方法，从某种意义上看，也是一种成本管理的内容。比如，有些企业雇佣一些残疾人员工，其实这也可以节税。因为政策规定，对安置残疾人工作的企业可以享受增值税的优惠。

当然，很多企业这么做是为残疾人员工考虑，但是不排除有这种现象：有一些不良的老板因为残疾人找不到工作，就按当地最低的工资雇佣他们，以利自身节税从而节约其成本。

这就是老板在消费国家的好政策，比如消费残疾人的优惠政策，这就是资本，资本是永远逐利的。

点滴思维

这个案例告诉我们，管理者的节税吃相不能太难看。

7.3 管理者要有的违法成本思维

管理者需要充分知晓违法的成本，尤其是触犯税法的成本。很多案例说明有的管理者并不知道有关雷区红线，不经意间、无意识地就违法了，如图 7-5 所示。

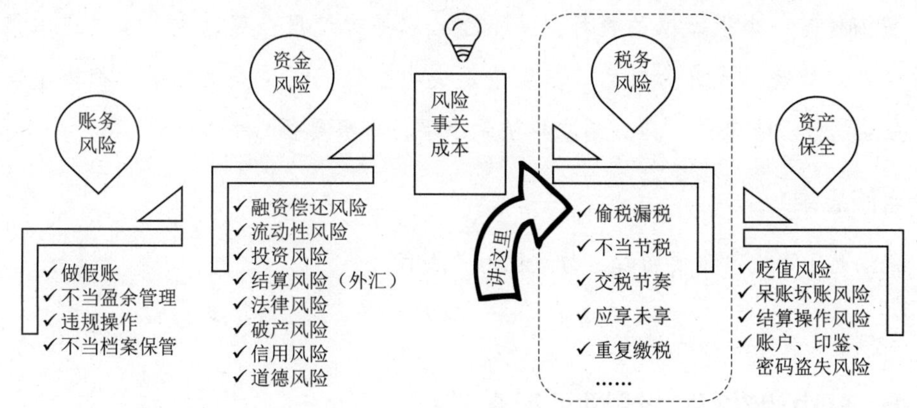

图 7-5　偷税漏税的税务风险

7.3.1 沉浸式体验违法成本

管理者能够触动灵魂、深刻预判、充分知晓违反税法的成本，最好的方法可能就是沉浸式的体验，从而防患于未然。

【例 7-12】 沉浸式体验

一家单位的党支部曾组织员工参观当地监狱，接受廉政教育，沉浸式地体验违法成本。员工们反映不看不知道，大家都有所震撼和触动。

员工们看到每间牢房的门口，都贴着标牌，列明这间牢房里服刑人员的名单、服刑时间、入狱原因。每间牢房大概住 16 名服刑人员，里面总有 2 ~ 5 名不等的服刑人员是因为资金诈骗、虚开发票、收受贿赂等经济问题入狱的，其中 1 ~ 2 名是虚开发票罪，不仅有财务人员，也有企业老板或企业管理者。据介绍，有的服刑人员刚入狱的前几个月至半年时间曾想过轻生，后来经过监狱的心理疏导，慢慢想开了。

狱所安排一位犯人给参观者做汇报、讲体会，这位汇报者入狱前是一个公司的老板。他介绍说入狱的原因是虚开发票，当时并不知道这件事情的严重性，被关以后努力学习财务和税法方面的知识，后来在服刑期间还考过了 CPA（注册会计师），学了以后后悔不已。这位老板本来不是财务人员，在监狱里面，发奋学习，成为监区的学习标兵，还获得减刑。他感慨道：关了几年，自己的“三高”（高血脂、高血压、高血糖）都没有了；进去的时候是肥胖症，在监狱里面成功减肥，体检指标也全都正常了；服刑期间生活规律，戒烟戒酒，营养均衡，自己感觉较入狱前可以多活好多年。

增值税是一个很敏感的税种，一不小心容易掉坑里，可以说，违法成本很高。有时候事后知晓，或许为时已晚。无论是失去金钱，还是失去自由，都得不偿失。对于企业的管理者来说，应该树立税法无小事，事事要留心的意识。

点滴思维

税法无小事，事事要留心，勿做税的“法盲”。

7.3.2 自由没失去，钱罚了很多

与虚开增值税发票相比，个人所得税等税种有缓冲，即有“首次违反税法在补缴后不追究刑事责任”的规定，但罚款的数额巨大（1 ~ 5 倍罚金）。

【例 7-13】 自由没失去，钱罚了许多

网红主播雪某、林某因偷逃税款被依法追缴税款、加收滞纳金并处罚款分别

计 6 555.31 万元和 2 767.25 万元，未追究刑事责任。明星郑某案的偷逃税被追缴税款、加收滞纳金并处罚款共计 2.99 亿元，未追究刑责。明星范某某案亦因偷逃税被税务部门作出追缴税款、加收滞纳金并处罚款共计 8 亿余元的处罚决定，未追究刑责。

判罚依据是《中华人民共和国刑事诉讼法》第二百零三条，纳税人欠缴应纳税款，采取转移或者隐匿财产的手段，致使税务机关无法追缴欠缴的税款，数额在一万元以上不满十万元的，处三年以下有期徒刑或者拘役，并处或者单处欠缴税款一倍以上五倍以下罚金；数额在十万元以上的，处三年以上七年以下有期徒刑，并处欠缴税款一倍以上五倍以下罚金。

不过，2009 年 2 月《中华人民共和国刑法修正案（七）》对逃税罪作出修改，在刑法第二百零一条中增加了初次违法免罪规定，只要按税务机关要求补缴应纳税款、滞纳金、罚款，已受到行政处罚，就不予追究刑事责任。

剔除自身的成本支出后，可能赚到的钱还没有罚的多。这个案例告诉我们违法成本是：自由没失去，钱罚了许多。

点滴思维

税务问题切勿有侥幸心理，因为其违法成本会得不偿失。

如图 7-6 所指，在税务风险中，有一种风险是不当节税。

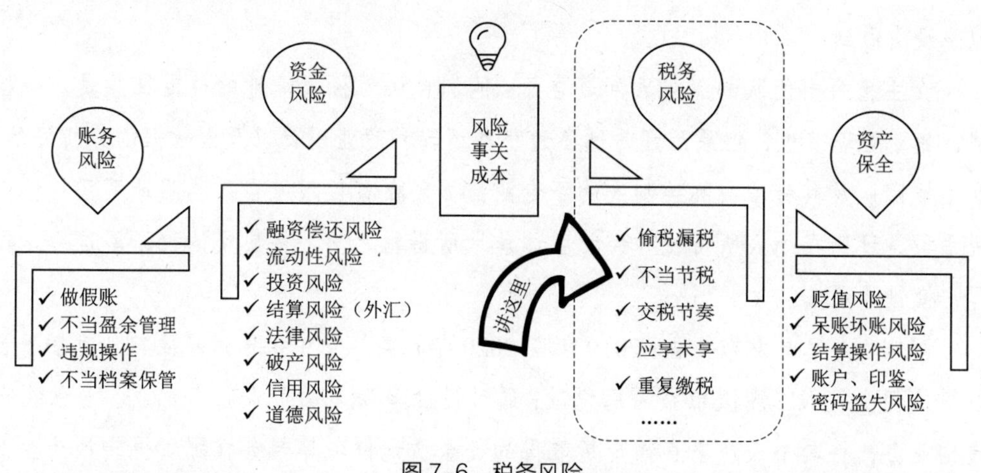

图 7-6　税务风险

我们提倡合理的节税筹划，但不能请专业机构进行违法节税策划。

【例 7-14】 女主播违法案例

2021 年，税务机关经税收大数据分析发现某主播涉嫌不当避税并偷逃税款，在相关税务机关协作配合下，依法对其开展全面深入的税务检查，最终连补带罚十几亿元。

以下是我对此案例的深入解读，发现女主播整个团队，缺乏税务专业力量的支撑。什么叫作专业的力量？我在第四章列举的吉利收购沃尔沃案例中总结说："福特很注意利用专业的力量。例如福特在收购案中，聘请高盛当投资顾问，聘请罗斯柴尔德银行当收购顾问，聘请摩根大通当财务顾问，聘请普华永道当审计和税务顾问等。"

这些专业机构的专业性，最值钱的价值主要体现在对未来敏感的嗅觉上。

早在 2021 年的五六月份时，我就接到很多老板的电话。他们反映税务局对他们公司原来实行税收洼地的核定征收，不再核定征收了，并要求他们按大数据显示的实际收入补缴税款。

于是，我当时就认为这是一个重大信号，也就是生活在中国 2 亿多灵活就业人员海洋里中的一些老板们要小心了。

女主播公司背后的投资人（大股东）与女主播公司自然是一荣俱荣，一损俱损的关系。实际上，这和本书第四章列举黑石公司案例的核心思想是一个意思，即投资人要全心全意扶植被投资人做大做强，抑或共渡难关，共同进退，最终实现双赢。因此大股东更应动用更广泛专业的资源帮助女主播公司规避税务风险，但从结果看，似乎没有做到。

女主播公司团队的深层次问题在于：他们自认为税收洼地的核定征收是灰色区域，属于合理节税，但最后还是逃不过税务逻辑和商业逻辑以及大数据的分析评估。女主播团队及其背后实际控制人的不专业，体现在盲目跟风自作聪明地用了一些节税手段，迂回在个人所得税和经营主体洼地所得税之间，将应交的税，用这潭水搅浑，模糊界限。

国家税务总局发布公告：2019 年至 2020 年期间，女主播通过隐匿其从直播平台取得的佣金收入，虚假申报偷逃税款；通过设立上海多家个人独资企业、合伙企业虚构业务，将其个人从事直播带货取得的佣金、坑位费等劳务报酬所得转换为企业经营所得进行虚假申报并偷逃税款；从事其他生产经营活动取得收入，未依法申报纳税。

女主播收入高，如果按照劳务报酬所得征收，汇算清缴时要按最高 45% 税率征收。但是如果收入属于女主播旗下的个人独资公司，按经营所得可以核定征收。举个例子，个人独资公司年收入额 100 万元，税务部门按 10% 核定所得率认定利润，再按最高 35% 税率交税。按此测算，综合税负率将低于 4%。——我们把按 10% 低核定所得率征收的地方称为税收洼地。

在这个例子中，一个是按最高档 45% 交税，另一个是低于 4% 综合税负率交税。

女主播的公司在 45% 和 4% 间闪展腾挪后，很多收入就可以少交超 40% 的税。节税筹划结构设计看似是合理的，但设计合理不等于操作合理。——他们没有“嗅到”核定征收政策的严查风险。

现实是有的企业吃相太难看。部分胆大的企业甚至还做大成本（虚开发票），再少交一笔税。

习惯直线思维的女主播背后团队大概认为：以前这样做都没事啊，所以觉得以后也没事。——但没事不等于没错。

女主播团队做到带货行业数一数二地位时，在中国的国情下，就有了榜样的力量。带头人就要有带头人的规矩，这时，依旧惯性保有初创时期的那些小聪明，终究聪明反被聪明误。

女主播团队似乎没有税收危机、国家税收导向的“嗅觉”。

我们早在 2021 年上半年就已经“嗅到”女主播们的老做法，即把高税率的个税闪展腾挪地转移到低税率的核定税率上，就已经有问题了。而当闪展腾挪转移的金额巨大时，这个“雷”难免就爆了。

专业的力量在于很多时候可以较为准确地预测，而有的管理者却擅长无视。

女主播继续原来的节税手段出现以下问题。

问题 1：女主播个人的模块出现问题，绕来绕去就是个税的偷逃问题。

问题 2：女主播这时候还犯了一个错误——一部分收入连个人独资企业和合伙企业也没放，隐匿个人收入，估计很多收入放在账外，没有申报。

对于问题 1：女主播隐匿收入偷税且未主动补缴部分，性质恶劣，严重危害国家税收安全，扰乱税收征管秩序，对其予以从重处罚，处 4 倍罚款；

对于问题 2：女主播虚构业务转换收入性质虚假申报偷税部分，较隐匿收入不申报行为，违法情节和危害程度相对较轻，处 1 倍罚款。

节税筹划和避税是两个不同的概念，避税是违法的，税是逃不掉的。税务局里的人皆高智商精英，眼睫毛都是空的，个顶个的聪明。数字化税收以后，逃税的老板们，可以醒醒了。税务局按国家政策取消低税率的核定征收政策了，老板们要依法交税。国家收紧，税务局就收紧；国家给优惠，税务局就给优惠。

点滴思维

排名靠前的行业翘楚们要顺应国情，承担应有的带头作用，不只要注意与税相关的政策，其他所有相关的国家政策都要关注，一定要慎之又慎，注重风险管控，听从专业力量嗅到的预测变化、政策导向，早采取措施防患于未然。

7.3.3 钱没罚多少，但自由没了

这是一个虚开几十亿元，只罚几十万元，但同一公司的一群人要坐牢好多年的案例。

【例 7-15】 钱没罚多少，但自由没了

上海的一家知名人力资源公司就因为虚开发票 25 亿余元，这家公司的老板、员工数十人群体被判刑，包括：法定代表人、副总裁、助理总裁、杭州分部销售负责人、销售部经理、运营部经理、技术部经理、运营部员工、业务员均被逮捕并羁押，判处有期徒刑 1 ~ 6 年不等并处罚金人民币一万元至三十万元不等。

公司法定代表人、实际经营人秦某犯虚开发票罪，判处有期徒刑六年，并处罚金人民币三十万元。

公司副总裁赵某犯虚开发票罪，判处有期徒刑四年三个月，并处罚金人民币二十万元。

助理总裁冯某某犯虚开发票罪，判处有期徒刑三年九个月，并处罚金人民币十五万元。

公司销售部经理杜某某犯虚开发票罪，判处有期徒刑四年，并处罚金人民币十六万元。

公司杭州分部销售负责人奚某某犯虚开发票罪，判处有期徒刑二年六个月，并处罚金人民币十万元。

公司运营部经理许某某犯虚开发票罪，判处有期徒刑二年六个月，并处罚金人

民币五万元。

公司技术部经理蒋某某犯虚开发票罪，判处有期徒刑一年十个月，并处罚金人民币二万元。

公司运营部员工王某犯虚开发票罪，判处有期徒刑一年三个月，并处罚金人民币二万元。

公司业务员葛某某、张某某、张某、梁某某、汪某、姜某某、王某某、朱某、郑某某犯虚开发票罪，判处有期徒刑一年多至两年多不等，并处罚金人民币二万元或一万元……

点滴思维

发票虚开的红线碰不得，这个同一公司一群人都同时被判刑的案例告诉我们的违法成本是：钱没罚多少，但自由没了。

朝阳群众[①]现象告诉我们，很多不良行为被放置在人民群众的汪洋大海中，就无所遁形了。

7.3.4　税务举报

群众举报的税务案件，不仅是各级税务机关确定稽查对象的主要来源，也是展现税务机关执法的一个窗口，其查处结果直接影响税务机关的形象。因此，税务机关会非常重视群众举报。

【例 7-16】 一封举报信牵出百万元偷税大案

潍坊晚报曾报道过一篇《一封举报信牵出百万偷税大案》的文章。

2013 年 3 月，安丘市公安局经侦大队接到一封举报信，信中反映某机械制造有限公司总经理孙某某利用职务便利，侵吞公司货款。由于该案件可能存在涉税问题，市公安局经侦大队将案件情况对市国税稽查局进行通报，市国税稽查局派出稽查人

① 朝阳群众：来自首都北京朝阳区的居民，曾参与破获多起明星吸毒等大案、要案，被网友称为“朝阳群众”

员协助办案。

稽查人员首先通过征管信息系统对某机械制造有限公司历年来的纳税情况进行查询，发现该公司近年税负明显低于同行业税负且税负变化非常小，有人为调节税负嫌疑。

经过对各项会计资料进行排查比对，该公司与江苏某金属制品公司购销业务三项疑点进入稽查人员视野。

疑点一是价格相近却舍近求远。从江苏某金属公司购进的钢材都是普通的不锈钢板材，与从潍坊市内企业购进的钢材相比，价格上没有明显优惠。江苏某金属公司远在江苏南部地区，加上运输费用，购进成本明显大于从潍坊市内购进的成本，该公司为何要舍近求远增加成本呢？

疑点二是打破常规即时付款。根据提供的往来账记录，延期付款是该企业的经营策略，并且常规材料的付款期限一般都在一个月左右，唯独对江苏某金属公司却几乎是即时付款，该公司为何对江苏某金属公司如此厚待呢？

疑点三是留存合同略显异常。从该公司提供的购销合同来看，像这种普通购料业务，都是通过电话联系后，用传真往来的形式确认合同，企业存档的大多都是传真件，可是对相对较远的苏某金属公司，却是保留着合同原件，并且格式规范、章戳齐全。看似十分正规的合同背后，似乎隐藏着什么秘密。

专案组将核实该公司与江苏某公司业务的真实性列为突破的关键点，迅速前往江苏某金属公司进行调查。

在江苏当地国税部门的帮助下，发现在多个月份，该公司与江苏某金属公司的钢材销售业务，发票开具的钢材品种与当月出库单所载明的出库货物种类及数量有不符之处。随着证据的出现，专案组人员确信，江苏某金属公司涉嫌虚开增值税专用发票。

为取得更加确凿的证据，专案组人员决定约谈江苏某金属公司的会计主管。面对外省远道而来的办案人员，他没有丝毫的思想准备，难以掩饰内心的紧张情绪。对于专案组提出的一个个问题，他始终无法自圆其说，最终承认公司应安丘某公司的要求，在收取对方给予的好处费后，利用本公司部分客户不索取发票的漏洞，将这些发票开给安丘某公司。至此，案件有了突破性进展，一起虚开专用发票大案浮出水面。专案组随即将这一情况向专案组大本营报告。

接到前方报告，专案组大本营立即行动，以涉嫌虚开增值税专用发票罪对某机械制造有限公司总经理孙某某采取强制措施，同时在该公司发动宣传攻势，要求其他涉案人员投案自首，该公司先后有三名涉案人员投案自首，

相关涉案人员到案后，整个案件清晰地呈现在人们面前：

为达到逃避缴纳税款的目的，该公司总经理孙某某伙同财务科科长朱某某、会计崔某某，通过中间人联系到江苏某金属公司，在没有真实货物交易的情况下，让其为公司开具虚假增值税专用发票；在近两年半时间里，共计从江苏某金属公司取得虚开的专用发票 40 份，共虚抵进项税 63 万余元；同时由于虚列经营成本近 380 万元，造成公司少缴企业所得税近 95 万元。安丘市国税稽查局依法对该公司作出追缴增值税、追缴企业所得税，并处所偷税款 0.5 倍的罚款的处理处罚决定。此外，安丘市人民法院作出一审宣判，以虚开增值税专用发票罪，分别判处总经理孙某某等四名涉案人员二年至四年不等的有期徒刑。

点滴思维

一旦被举报，很多企业是经不起税务稽查的。管理者要有税务稽查这根弦，不留把柄，与其发生得不偿失的税务问题，不如花费成本把税做规范以规避税务风险。

为了让大家积极交税，税务人员想了无数方法，最重要的一点，就是举报和告发。这就很类似我国汉朝的“告缗令”，举报其他人偷税漏税就可以获得 15% ~ 30% 赃款奖励。美国国税局的网站就明确要求大家踊跃举报偷税漏税行为（Report Tax Fraud）。

我们的税务总局局长说：想方设法打击偷逃税行为，对群众反映强烈的偷逃税多发行业和领域依法严肃查处。

这句话中，意味深长的是“群众反映”四个字。我理解这是形成全民皆兵、无死角监督之意；也意味着企业税务上如果有问题，可能被群众举报，这一点就会大大增加违法者的心理压力。

第8章

成本竞争力思维

本章导图

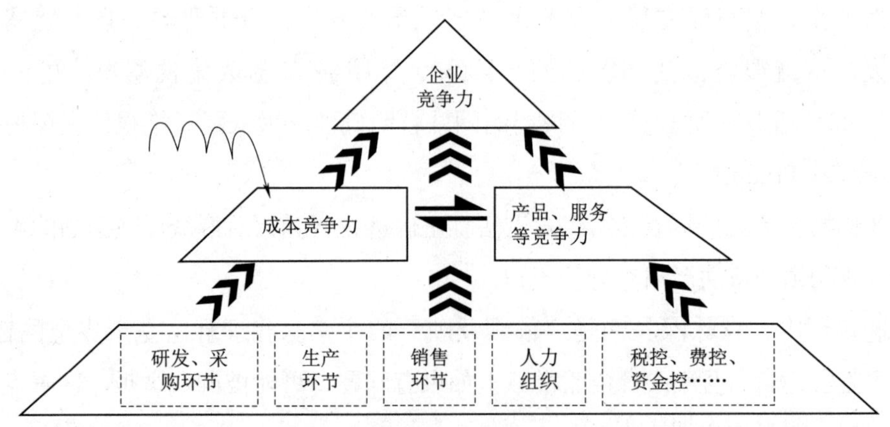

“质量是企业的生命，成本是企业的寿命”，成本竞争力来源于企业先天的“成本体质”和后天的成本管理。

先天的“成本体质”强弱可能取决于其商业模式，先天体质好，寿命易长久；后天的成本管理优劣则可能取决于管理者的态度。一家企业如果有好的商业模式则可让成本管理变成“容易模式”，自然提升成本竞争力；一家企业的领导如果重视成本管理，则更有利于企业后天成本竞争力的塑造。

▶▶ 8.1　成本竞争力的基因

成本竞争力的基因可以理解为成本的自身条件和环境条件。

自身先天成本竞争力基因较强大的企业，抑或经历过自身成本基因改造的企业，会将大量精力放在成本分析和支持成本决策上，这也是成本竞争力优势的表现形式之一。

8.1.1　分析和支持决策

企业管理重点放在成本分析和支持决策上，使其成为管理者的业务合作伙伴（Business Partner，即 BP），如图 8-1 所示。

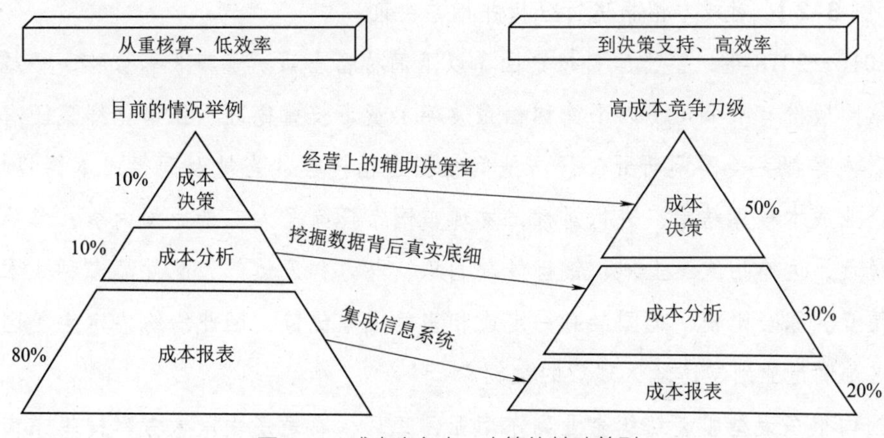

图 8-1　成本竞争力：决策的基础差别

【例 8-1】 米塔尔阿赛洛

全球最大的钢铁联合企业米塔尔阿赛洛（简称米塔尔）的会计记账业务和财务分析业务被分成两部分：一部分是会计记账，会计记账是通过其全球财务共享中心操作，简单重复的业务进行外包，比如出纳、资金收付、审单等基础会计都剥离出来集中办公；另一部分是财务分析，在其财务分析的业务中，更重要的一类业务叫 Understand Cost，就是必须协助高管理解成本，这就需要有很多的数据分析。例如，分析不同的品种、不同的成本、不同的毛利。

米塔尔每一笔业务都要降成本，所以他每一笔业务的背后都有数据分析支撑。销售背后有数据分析支撑销售定价；采购背后有数据分析决定采购策略。

米塔尔实现了1个财务人员做账，4个财务人员做分析。反过来看我们的很多企业可能仅有1个财务人员做分析，4个财务人员在做账。

点滴思维

财务管理应从烦琐的会计基础工作中解脱出来，担负更多支持决策的责任。如果没有财务共享中心（财务信息数字化系统），财务往往无法快速高效得到业务数据，容易游离于业务运营信息之外，无法对企业进行准确有效的财务分析。财务BP[①]的基本要求是要做财务分析，把精力放在做账上面是无法成为财务BP的。

成本分析是可以指导管理者进行决策的，继续列举案例：

【例8-2】 对成本情报进行分析并指导决策

2016—2018年，富士康科技集团（以下简称富士康）董事长郭台铭、福耀玻璃工业集团股份有限公司（以下简称福耀玻璃）董事长曹德旺、江南化纤集团有限公司负责人等都去美国调研开工厂。他们根据自己搜集的当地及同行成本情报信息，与本企业成本核算结果，进行对标，发现美国市场除了人工费比国内贵，其他原材料、税负、运输物流、土地、银行借款利息、电力和天然气、配件等多种成本都比国内便宜。综合比较，美国具有一定或相当的成本优势，因此纷纷决定去美国开工厂，这是制造业到发达地区建厂的案例。

国内很多大型服装纺织企业到东南亚开工厂，亦是多次派人考察搜集东南亚当地和同行成本情报信息，并与本企业成本核算结果进行对标，发现东南亚国家人工费、关税等均比国内便宜，综合比较具有一定的成本优势，因此纷纷决策去东南亚

---

① 财务BP：财务BP（Business partner）是财务转型创新模式下的新兴财务岗位，是企业BP模式的分支。财务BP模式下的财务组织，主动将财务管理的触角前置到业务活动中，成为企业管理者的智囊和参谋。

开厂，这是劳动密集型产业到相对落后地区建厂的案例[①]。我曾思考为什么他们不去中国西部相对落后的地区建厂而选择东南亚，后来发现中国西部的人工成本和效率与东南亚相比还是有差距的。

国外的跨国公司财务的工作，其中有一项是搜集市场情报信息、竞争对手情报信息、用户的情报信息，还有代理商供应商的评审、客户的评审、兼并收购等情报获取亦多为财务做的事情，这在西方国家是普遍的商业行为。

相对来说，财务人员对数字比较敏感，数字概念的专业性强，容易辨别哪些是需要的数据，也容易把对手或用户的关键数据筛选出来，因此搜集和辨识数据是财务人员的强项。

财务做对标也是强项。很多企业会在分析报告中做一件事情：对标。对标一定是需要大量数据说话的，尤其是和竞争对手的对标，是最容易博得管理者眼球的内容。除了与国内竞争对手之间的对标，与国外竞争对手的对标也有决策价值。

以前我所在的国企曾组团出国参观考察同行业企业，经常带一名财务人员随同，因为他（她）是带着搜集对标情报任务去的，回来就被要求写一份对标调查报告。

对标信息是打破壁垒的最后一根稻草。管理层想要获取的信息涉及面很多，这样才更有利于决策。如果信息资源比较全面，决策的命中率就会提高，有时某些信息情报甚至会决定成败。

对供应商的信息和情报、用户信息和情报的获取，可以让公司在招投标，价格谈判（议价）等过程中占有一定的优势；也就是说，可以打破信息的不对称，打破信息壁垒，争取商业机会，可以做到采购销售不花冤枉钱，不盲目让利，以及能抓住兼并收购时机等。

点滴思维

财务人员可能更具数据敏感性，搜集成本情报更具优势。通过对成本等数据的比较、对标、分析，可以为管理者做决策提供第一手资料。

---

① 资料来源为《中国企业报》《金十数据》等。

8.1.2 重视技术创新的威力

除了商业模式创新以外，成本竞争力的自身基因条件还包括技术创新，技术创新亦可从骨子里凸显企业的成本竞争力。

【例 8-3】 A 水泥集团案例

A 水泥集团当初年销售额仅为 5 亿元左右，在使用新的干法水泥生产线后，近年来每年的销售额都超千亿元。

当初我国水泥厂都使用湿法生产线工艺，这种工艺的缺点是效率低、损耗大、污染重、成本高。于是国家挑选几家大型水泥厂作为试点并引入国外先进的干法生产线技术，结果都非常成功。

其中，A 水泥集团的成本做到几家试点企业中成本的最低水平，其水泥成本只有 70 元 / 吨。但是，国内同样产量规模的湿法生产线生产的水泥成本约 190 元 / 吨。两者相差悬殊，这就是技术创新带来成本竞争力。

凭借成本优势，A 水泥集团完成其“T 形”扩张战略，即沿着海岸线和长江岸线建水泥原料基地，形成势如破竹之势。

A 水泥集团到一个区域市场以后，先对区域市场的竞争对手进行分析，把几家大的当地水泥厂击败。怎么击败？就是采用降价策略：这些大的当地水泥厂每吨水泥卖 190 元 ~ 200 元，A 水泥集团就卖 150 元 / 吨。由于成本是 70 元 / 吨，因此即使卖 150 元 / 吨，A 水泥集团还能赚 80 元 / 吨。

而如果这几家大的当地水泥厂要卖 150 元 / 吨，每吨就要亏损 40 元，肯定是亏不起的。

所以很多当地水泥厂看到 A 水泥集团来了以后，马上就投降，老老实实地被其兼并收购。A 水泥集团把这些使用旧工艺技术的企业兼并收购以后，先把老厂拆除，按新工艺技术重新建造新厂。

所以这就是为什么大企业赚钱比小企业容易的原因，到一个地方先把这个地方的竞争对手“吃”掉，之后就开始涨价，进行区域垄断。

点滴思维

技术进步降成本是最惊心动魄的。管理者要重视研究技术进步降成本，这也是成本竞争力的体现。

8.1.3　营商环境先天高效相当于低成本

成本竞争力的基因状况亦可体现在成本的环境条件上。如果成本环境有利于企业降成本，就意味着企业拥有的成本环境优势强化了其先天成本基因。直接看案例：

【例 8-4】 特斯拉中国建厂案例

特斯拉以前在美国造车再卖到中国，受制于关税、成本因素，导致汽车售价过高，在中国市场缺乏价格竞争力，为降低汽车销售成本、扩大市场，有必要将工厂开到中国。

为什么选择在上海开厂呢？难道是上海市政府给的政策优惠多？这只是原因之一。特斯拉的成本精算还基于以下几点：

（1）成熟的物流。上海地处中国沿海经济带的中心，物流极为方便，拥有全球最大的港口码头，出口也很便利。

（2）成熟的市场。上海地处的长江三角洲，是中国经济最发达的地方，也是高端车主要销售地带；中国是全球最大新能源车市场，在上海设厂最贴近消费市场；中国消费者的消费能力，已让世界瞠目，上海有中国新品消费之都称号，其规模效益能够摊薄成本。

（3）成熟的供应链。上海周边拥有上汽、吉利等众多主机厂，配套方便，物流快捷，这些都是低成本因素。

（4）成熟的人才。人力资源效率提升相当于成本下降：上海是外资在中国的总部中心，拥有大量的人才，这对新兴的企业特斯拉来说，太重要了，人才是第一位的，这可能是上海吸引特斯拉的最主要因素之一。

纪录片《美国工厂》讲的是福耀玻璃董事长曹德旺在美国建厂的经历，他克服种种困难，从建厂到达产可谓一波三折。纪录片中比较了福耀玻璃中国工厂和美国工厂的生产效率，发现中国工人的效率明显高于美国工人。

特斯拉就是看到了成熟的中国速度。速度就是效率，从某种意义上就体现了成本优势，因为效率的提升相当于成本的下降。

点滴思维

成本环境的优劣亦是企业成本基因的体现，营商环境的高效率相当于低成本。

8.1.4 隐形冠军的成本思维

大部分隐形冠军是非公经济主导。赫尔曼·西蒙在其《隐形冠军》一书中说：

随着这些全球化中后来的竞争对手产品服务品质的提升，隐形冠军价格溢价空间会不断被压缩，措施之一是通过创新保持或重新拉开产品差距以维持原有溢价。大多数隐形冠军首选捍卫其在高端位市场的领导地位。但是实际情况中，如果新晋企业赶超的速度和力度太快，这一战略就难以奏效。

这时，隐形冠军措施之二是必须想办法削减成本，包括优化产品设计、取消不必要的功能或者将生产转移到低成本地区。

为了能够在全球化背景下保持持续的竞争优势，隐形冠军必须适应与新晋企业在相同竞争条件下的竞争。成本优势不是发展中国家企业的专利。隐形冠军同样有办法在成本方面战胜来自发展中国家的竞争对手，比如将生产转移到成本更低的国家（如印度、孟加拉国或者缅甸）。事实上，过去几年中许多欧美国家的跨国企业正在实践这一战略，在处于成本上升区间的国家有选择性地收缩生产线，而向更低生产成本的国家转移。

我对这段文字的读后感是：隐形冠军是优秀的创新者，创新就是典型的先干再算。很多情况是不用算好成本再去创新的，因为基本都有把握让成本被创新产品有溢价的收入所弥补。如果创新地位受到挑战、产品缺乏竞争力，则需要想办法削减不必要的成本。如果产品一直缺乏竞争力，不断靠削减成本度日，则大概不能再称其为隐形冠军了吧。

8.2 成本的设计、运筹和精算

本节具体介绍成本的设计、运筹和精算的理论与案例。

8.2.1 始于设计的成本规划

某500强企业曾提出“成本是设计出来的，成本尽在精算中”的思维，在其投建和扩建的过程中，也充分运用了这一思维。

【例8-5】 舍近求远的成本改善案例

这是一个有关地理位置与成本设计的500强企业真实案例。

宝钢位于长江口，在20世纪80年代初投建初期，由于长江口存在咸水倒灌的瓶颈问题，当时上海还尚未有大规模开发长江口淡水资源的先例。因此宝钢生产用的淡水，被设计成从72公里外的淀山湖取水，且工程已经启动。然而长江具有丰富的上游过境淡水量，舍近求远，成本不经济，始终让宝钢的规划设计者心有不甘。中科院的水利专家和工程师经过反复论证，科学严谨的对比，对长江水文、水情、水质进行全面分析，分别测算和比较两个取水方案的取水成本；与此同时，提出12个长江取水方案。他们发现利用宝钢河段咸潮入侵的规律是最佳方案，即：在水库前沿水体中的氯离子浓度低于200毫克/升时进行取水；当氯离子浓度超过200毫克/升时则停止取水的方案。这个精算的过程长达两年。

两年后，最终宝钢把水库引水方案从淀山湖饮水，调整为从长江引水。相比淀山湖取水工程，长江引水可以节约投资5 000多万元，每年节约运行费用400多万元，同时可以将有限的淀山湖水留下以满足上海市民的饮用水需求。

这个案例说明决策的背后要有成本设计和精算因素的考虑。成本设计依托于成本精算，这个成本精算的最佳控制点，即为200毫克/升。

点滴思维

成本是设计出来的，成本的后天体质始于先天的孕育阶段。

8.2.2 乐观的CEO需要悲观的CFO

业财融合不仅体现在领导需要了解财务，也体现在财务有时候也要站在领导的角度思考问题。因为财务先天的属性、职业习惯，决定财务擅长扮演刹车的角色。所以业财融合以后，就对财务提出新的要求，既不能不扮演刹车角色，也不能总扮演刹车角色。财务人员如果不扮演刹车角色或总扮演激进的角色，就会加大企业的经营和财务风险。

一个企业的经营决策太乐观或太悲观都存在不利因素。为什么乐观和悲观都会造成影响？因为它们是影响人们思考和行动的认知特征。乐观主义者倾向于关注积极的、有助于目标实现的信息，忽视不利信息。而悲观主义者对负面的、阻碍目标实现的信息较为敏感，他们更加审慎和警觉，专注于避免潜在的危机。

这些特点尤其在涉及企业的投资决策时，表现得最为突出。

投资是企业的大事情，有时候甚至攸关性命，因此不可不谨慎。例如很多国有企业盲目投资造成投资损失，这样的案例比比皆是。投资损失是最大的成本浪费，有时甚至要企业省吃俭用几十年才能弥补回来。

从这个角度看，乐观的 CEO 需要悲观的 CFO 扮演刹车角色。当然，CEO 听不听劝是另外一回事。

从另一个方面来讲，CFO 也要站在 CEO 的角度思考问题。

我们有很多公司的 CFO 成了数字、人员和流程的领导者，对 CFO 来说，做业务的合作伙伴是基础要求。

✓ 华为：不懂业务的财务只能提供低价值的会计服务；

✓ 强生公司：愿景报告定义为促进正确的业务决策，引导财务人员参与业务单元；

✓ 通用电气公司：通过工作培训和跨部门轮岗，帮助财务人员掌握业务知识，敏锐感触客户需求；

✓ 美国 Olin 公司：财务人员从业务人员中挑选。

【例 8-6】 海南航空两任 CEO 多元扩张案例

海南航空公司（以下简称海航）投资很多非主业行业，搞多元化，把钱败光，最终于 2021 年宣告破产。

海航的原董事长陈峰领导的海航除了经营航空主业，还涉及多个行业。航空公司的运输业务只是一个表面现象，海航通过资本运作，不断进行投资收购，以金融控股为核心的多元化扩张才是其真正目的。

中国的企业普遍存在多元化发展，只做某个领域坚持做深做透的不多。《隐形冠军》[1]一书中，就列举很多只专注于某一个领域，甚至只是某一个零件，并有精深造诣和技术的生产企业。书中这样描述德国的隐形冠军企业及产品：“隐形冠军的产品范围涵盖整个工业产品、消费产品和技术服务等各个领域，其中不知道有多少是我们每天都在使用的产品。隐形冠军的产品及企业有：按钮、装订材料、金属网、无损检测、咖啡生豆贸易、缝纫针、育种、绳游乐设备、香精香料、花卉土、养鸡场设备、酒店软件、捕蝇纸、温度控制技术或大型活树移栽。”

中国隐形冠军的部分企业及产品有：手机和平板电脑显示器件（京东方科技集团股份有限公司）、电子穿戴设备（深圳市爱都科技有限公司）、大疆无人机（深圳市大疆创新科技有限公司）、轮式起重机（徐州重型机械有限公司）、双针床经编机（五洋纺机有限公司）、智能家居（深圳市海曼科技股份有限公司）……

仅从专注的角度看，国内只专注于主业比较有名的企业有：

✓ 华为坚持不搞地产，专注高科技与电子产品；

✓ 格力电器专注空调制造；

✓ 福耀玻璃聚焦汽车专用的玻璃，等等。

再回过头来看海航，在陈峰则悄然隐退，暂居二线后，海航的接任者王健更是带领海航在其愈加激进扩张理念下一路狂奔，海航举债加杠杆迅速扩张的模式、高负债率、复杂的融资策略以及将杠杆用到极致等做法甚至让同样也是胆大激进的陈峰都感到担心害怕。

海航史上扩张最为快速的时间段是2015年到2017年，得益于当时的政策，其资产规模从5 000亿元增加到1.5万亿元，2017年超过1.5万亿元，这段时间的快速扩张，使海航的资产规模过于庞大。在遭遇2017年的监管风暴以及2018年推行的去杠杆政策之后，海航的形势便急转直下，之后的几年随着经营环境的恶化，出现亏损。尽管海航进行了一系列闪展腾挪的操作，变卖资产清偿债务，但已无力回天，直到2021年海航宣布破产。

有道是“看着他起高楼，看着他宴宾客，看着他楼塌了”。

---

① 《隐形冠军》是德国著名的管理学家，有着“隐形冠军之父”之称的赫尔曼·西蒙教授所著，是一位颇负盛名的世界级管理大师。

点滴思维

没有刹车的CEO容易翻车。

有句话说“老板喜欢干了再算，财务喜欢算了再干”，站在各自的角度看，似乎都没有问题，无可厚非。但如果盲目去干，则可能会出现风险隐患。继续列举案例：

【例8-7】某服装集团案例

某服装集团在成功模仿某运动品牌模式后，开始有声有色经营，赚取利润的同时积攒大量的资金。

后来，该集团不淡定了，看矿热就去投资矿；看房地产热就去投资房地产……投资了很多项目。最后，基本都失败了，还把本集团资金都抽走了，直至现在仍未恢复元气，无声无息地存在着。

投资动辄举身家之力、一掷千金地豪赌，一旦失败，企业要省吃俭用、节省成本数年甚至数十年才能收回投资损失。

该集团本来发展得挺好，盲目投资使其败落。

点滴思维

盲目扩张容易成为企业经营中最大的成本浪费。

盲目投资可能带来失败，然而不盲目的投资也可能失败；换句话说，经过深思熟虑、严格论证后的投资，也存在失败风险。我们对于经过深思熟虑后的投资失败，有时理解为就当交了学费。继续列举案例：

【例8-8】投资失败就当交了学费

某国外钢铁厂投建一条新生产线，当时应用一个理论上非常领先的技术，世界上还没有其他钢铁厂按此先进技术进行量产。这个还停留在理论阶段的先进技术，就是把铁元素从铁矿石中分离还原出来的新技术。

这家钢铁厂经过慎重的技术论证、可研报告、专家评审等环节，投资方案被股东会和董事会决议通过，大家对此投资很乐观。

这条新生产线项目是百亿美元级别的投资。

路遥知马力，投产以后的几年里，钢铁厂在生产中发现一个问题：虽然这个新技术是领先的，但是对原材料和生产的要求都非常苛刻。投产以后发现设备娇气、挑食，对生产控制的要求很高，结果是成本耗费非常大，导致连年亏损。

因为这条新生产线只能吃高品位的“细粮（铁矿石精矿）”，一般的“粗粮（铁矿石普通矿）”难以下咽，容易造成产品不合格，结果是产量不高，成本很高。

该钢铁厂的铁矿石精矿原料，大多从巴西、澳大利亚进口。压倒骆驼的最后一根稻草，是当时原产地的铁矿石精矿价格持续上涨。因成本倒挂[①]，最终该钢铁厂的生产线被变卖并废弃了。

难道是盲目投资么？好像不是。当时认为乐观的投资，无从知晓、无法预测投资以后将会发生的事情。

投资决策的前期论证可研报告、理论技术工艺、项目盈亏分析、成本设计精算等都没有问题。管理人员及生产人员的素质也没有问题。

看似谁都没有错，但为什么最终结果是投资损失，带来成本的浪费呢？因为：有时候投资如豪赌，需要运气；有时候难免要支付摸着石头过河的学费；有时候难免要花钱买教训。

点滴思维

过去已发生的事情是无法假设的。如果有假设就是：当时乐观的决策者被一个悲观的 CFO 说服而否决投资方案。——有时候投资损失、成本浪费可能不以人的意志为转移。

管理者在做投资决策之前，需要风险评估，需要成本精算。

曹德旺曾说过一句话：“不是不投资，而是要投资能赚钱的，需要做很多方案。对方的问题在哪里？能不能解决；能解决的方案是什么？可行性报告就要很多；然后再投资。投资需要慎重、慎重再慎重。”

8.2.3 博弈需要运气

很多时候，博弈是需要运气的，运气可能来源于策划。

---

① 成本倒挂是会计学术语，意思是成本大于收入。

【例 8-9】 某 500 强钢铁企业案例

500 强钢铁企业的经营过程中，市场出现不利因素是常态。管理者则一直在想方设法对冲这些不利因素。都说事在人为，然而企业经营也存在所谓运气的成分。事在人为体现为未雨绸缪，事先布局，创造有利因素。运气成分体现为市场环境等非人为因素也变得对企业经营有利。

例如：2008 年金融危机，500 强钢铁企业销售端受到市场不景气的影响，不得不采取降价措施。与此同时，幸运的是采购端的原材料市场也在跌价，从而使采购成本大大降低，不利因素被对冲。

2009 年，钢铁销售依然不景气，采购端也趋于饱和，材料出现高库存，上述这些都属于不利因素影响。而此时运气出现了，国家推出 4 万亿元经济刺激计划，促进消化企业的积压库存和过剩产能，企业一下子又活了过来。

2010 年该企业的营业利润预亏，此时运气又出现：该企业旗下金融板块很给力，很多金融产品大额盈利，使得整体利润转亏为盈。

2011 年该企业关停并转几家落后产能的分公司，利润预亏，此时运气再次出现，企业靠卖地又大赚一笔，整体利润转亏为盈。

2012 年，当过剩钢铁产能消化完了以后，此时很多钢铁企业又出现产品滞销。但幸运的是此时汽车市场又火了，随之而来的是钢铁企业主打产品之一的汽车板产品卖火了，这一年企业利润中的近 80% 都是汽车板产品的贡献。

不难看出，每当遇到困难不景气，运气眷顾、化险为夷，好事接二连三地出现，从而造成了一种假象：每次出现危机，似乎总出现有利因素，这些有利因素，有些是人为因素，有些是运气成分，都在化解或对冲危机。我理解这也是大企业大而不倒的真谛所在。

点滴思维

企业屡次经营危机的化险为夷、大而不倒真的是运气么？其实不尽然，这里面有的是靠运气，有的是管理者未雨绸缪、事先布局谋划的结果……

8.2.4 跟随战略

跟随战略是 2016 年在《管理科学技术名词》第一版公布的。我感觉有时跟随战略大概是比较节省成本的方案。直接看案例：

【例 8-10】 芯片竞赛

一位家长经常对女儿说不要总考第一名，这次第一名，下次呢？就容易因无新的目标而放松。所以就考第二名、第三名，既不领先，也不落后，下次就有一个明确的目标。

奥运会 1 万米长跑决赛抑或是马拉松比赛经常看到之前排在第二及以后的选手，在最后几圈或快到终点前，依靠之前积累的力量，赶超排在第一的选手成为冠军。这大概是一种聪明的做法，叫作跟随战略，既不领先但也不落后，借助已知成功的领先产品，搭上其顺风车。从成本精算后得出的结论看，跟随战略很多是比较经济的。

从 1998 年起英特尔公司和 AMD 公司开始 CPU 芯片升级大战。2008 年 11 月，英特尔发布酷睿 i5 处理器。自此，英特尔甩开 AMD，这一架构为英特尔后来的发展奠定了基石。因为没有了 AMD 这个竞争对手，英特尔开始垄断处理器市场。对消费者来说，这并不是好事，其中一个结果就是，英特尔降低了处理器升级的速度。同时，英特尔对其工艺的研发也放慢脚步。大家给英特尔取了一个形象的名字“牙膏厂”。但是不久，AMD 的跟随策略使其推出性能优于英特尔的产品，于是又开始新一轮的竞争。

NVIDIA 公司（NVIDIA Corporation，以下简称 NVIDIA）和 ATI 公司（Array Technology Industry Technologies Inc.，以下简称 ATI）的显卡芯片升级之战始于 1998 年。2000 年，NVIDIA 胜出；2001 年，ATI 雄起；2002 年，ATI 胜出；2003 年，NVIDIA 赶上；2004 年，NVIDIA 胜出；2005 年，市场平淡；2006 年，NVIDIA 新品胜出；2007 年，ATI（被 AMD 收购）新品市场乏力；2008 年，因为 AMD 的乏力，所以 NVIDIA 减慢了升级速度……2009 年，AMD 新品推出，重获市场青睐；2010 年，NVIDIA 新品缺陷，AMD 胜出……一直到今天，两家依然还在升级竞赛。

我国的制造业发展也存在跟随战略，总体来看中国制造业仍是粗放式发展，一些重点行业的关键技术、核心技术如芯片成品制造等，与国外相比仍有差距。尽管中国制造业面临诸多问题，但是在领导人眼中看到的是机会，作为采取跟随战略的国家，实际上我们已经在很多工业领域成为国际领先者。因此在某些情况下跟随战略实为明智之举。

点滴思维

芯片竞赛有点类似于龟兔赛跑的故事，领先优势过大以后容易怠慢，被后者赶超；落后者亦会激发战斗力，因此跟随战略可能是最经济的策略。

8.2.5 高筑墙、广积粮、缓称王

张磊在其《价值》一书中对资本的建议是：“高筑墙、广积粮、缓称王。”我理解对企业管理来说亦是如此，即企业闷声低调赚钱，不当老大或为明智之举。直接看案例：

【例 8-11】 政策会防止企业窜到天上去

企业的自发动力总是有限的，靠开始的热情和新鲜感终会淡去。一个行业的阶段性进步与后劲激发，很多是被市场和竞争对手倒逼出来的结果，很少有一直领先的。企业一般是阶段性超前之后，都要缓一缓，让市场消化，赚取技术转化红利。

如果一家公司保持一骑绝尘，最终在某个行业形成垄断，这时候政府干预就会如期而至。原因很简单，因为一家独大形成垄断，不利于经济发展，国家不可能让企业窜到天上去。

因此，你可以看到市场的格局往往没有一家独大的现象，但经常有三足鼎立的态势，即三条大鱼加上 N 条小鱼的格局。如电信行业、石化行业、金融行业、互联网行业等。

这使我隐隐领悟到中国古人的大智慧，即被定义为不偏不倚、稳定制衡的中庸之道才是长远之道，才是促进创新的倒逼发展之道。

点滴思维

企业在市场环境中应该也存在“木秀于林，风必摧之”的规律。例如，国家出台的反垄断法，防止某些企业形成垄断。管理者需要评判环境，因为在某些大环境下，闷声发财且不做出头鸟，或许是一个明智选择。

8.2.6 成本精算与成本竞争力

从某种角度看，成本精算的能力就是成本竞争力的一种体现。成本精算就是

企业成本的运筹帷幄。成本精算不同于成本算计，成本算计更多基于当下的成本筹划；成本精算会兼顾预期，而且更趋向于综合考虑。例如，辞退员工后虽然成本降低了，但是造成人才流失也要算进综合成本。当然，有时成本算计也会不经意间达到成本精算的效果。

成本算计和成本精算都不只是成本核算。成本精算相比成本核算，更贴近战略维度。一项决策一旦上升到战略高度，就要考虑未来的预期谋划与布局（即成本的运筹帷幄），考虑未来成本风险的递延。当然基层执行人员开始就谈成本战略太虚，有时需要高层定调，基层执行。

有人说成本不透明，市场价格也是波动的，基本没办法精算。所以这里的成本精算更多偏向于成本的初期设计阶段，如何把整体成本设计策略、思路考虑周全，甚至运用数学模型，进行成本筹划。还是那句话：成本是设计出来的，不是控制出来的。

▶▶ 8.3　价值导向的成本竞争力

传统的成本管理导向是对成本进行事后反馈和控制。而标准成本法却能实现成本的事前、事中和事后控制。

【例 8-12】 十字形定位实现价值导向

我们来看看价值导向、成本竞争力这些高大上的词，是如何与成本管理扯上关系的。

以某 500 强钢铁企业的成本核算为例，该企业实行标准成本核算制度，即成本核算是对“标准成本＋差异分摊”的核算，实现成本核算向两端的延伸——前端跟预算挂钩，后端跟利益挂钩，并实现事前、事中和事后的成本控制。

有的企业存在这种情况：老总喜欢先干再算，财务习惯先算再干，两个角色不是站在同一个平台考虑问题的。而标准成本制度就标志着先干再算的成本核算模式被先算再干的成本核算模式所代替，形成制度，使成本的控制从事后发展到事前。

如图 8-2 所示，钢铁企业的成本是基于价值导向的设计：

横向看：先有目标价格倒逼出的目标成本指标→再有成本预算标准；先有成本预算标准→再有成本实绩（摸清成本底细）的匹配；有了成本实绩的匹配→分析评价

和绩效考核就有了依据。

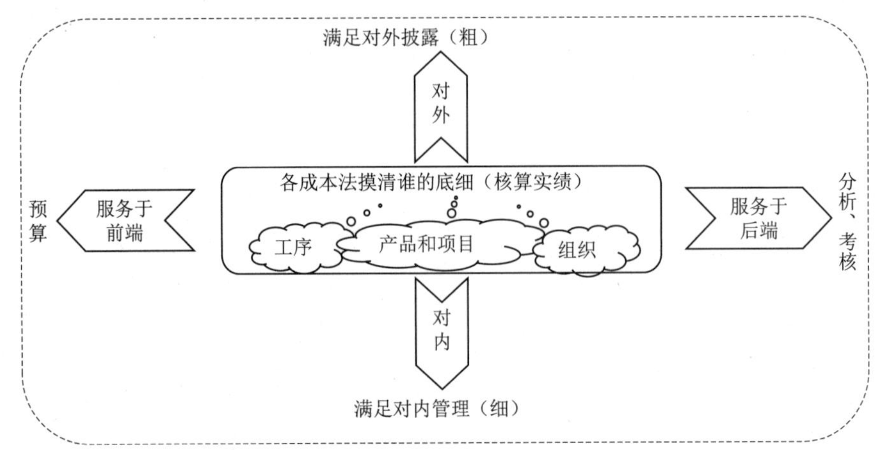

图 8–2　价值导向的成本竞争力：十字形定位

纵向看：成本实绩对外满足报表披露需求；对内满足明细产品成本管理需求。

向前端延伸：跟预算挂钩，服务于预算，适度匹配预算指标，并为后端最终评价考核预留进一步细化的接口。

向后端延伸：服务于分析评价和绩效考核，跟利益挂钩。

成本能与价值导向挂钩，能与成本竞争力扯上关系，主要体现在如图 8–3 所指的纵向和横向，形状类似十字形，因此我称之为 500 强企业成本的十字形定位概念，即：兼顾内外、建“两套账”——满足对外报表披露（粗）和满足对内精细化成本管理（细）；延伸两端、承前启后——成本实绩向前端延伸跟预算挂钩，向后端延伸跟利益挂钩。

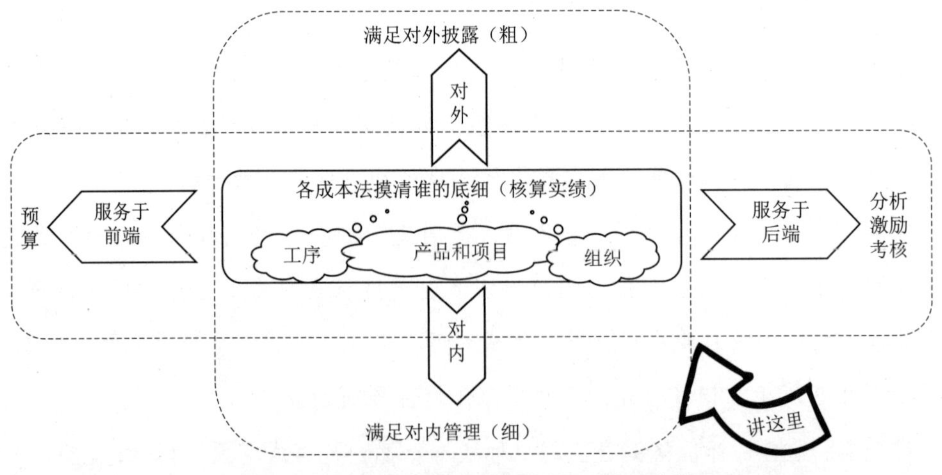

图 8–3　价值导向的成本竞争力：十字形定位

点滴思维

钢铁企业的成本价值导向，在成本上体现的较为典型，即：从纵向看，用所谓两套账兼顾对外和对内；从横向看，用成本预算、实绩挂钩利益实现向两端的服务延伸。

8.3.1　兼顾内外，建“两套账”

500强企业为了对外满足报表披露的需要，成本核算只到成本中心层面，并通过一体化财务信息系统实现，这一级对应使用成本中心层级的标准成本法核算（形象理解即滚雪球的存货折腾控制法）。

对内满足明细产品管理，成本核算从成本中心进一步细化到明细产品层面，并通过数据仓库（SAS系统）实现细化，这一级对应使用“末梢成本触发点”指标（如单耗指标等）以及明细产品的品种法核算。

500强企业的成本核算做到了内外有别：对外粗，对内细，目的不一样。从这个角度上看，企业成本核算对内、对外做的是“两套账”，这里“两套账”并不是虚假做账的意思。

成本中心核算维度用于披露，并指导细化明细产品核算维度；而明细产品核算维度用于管理，又服务于成本中心核算维度的标准成本，如图8-4所示。

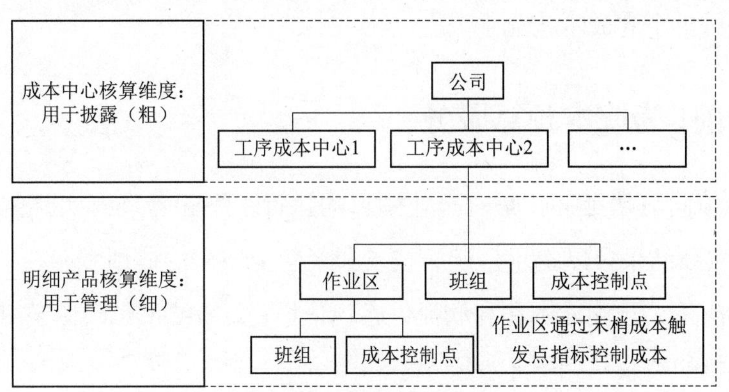

图8-4　500强企业成本的“两套账”体系

图中的明细产品通过“末梢成本触发点”控制成本，“末梢成本触发点”又被称为计划值。为什么叫计划值呢？因为计划告诉我们干什么活，预算告诉我们花什么钱；正因为业务触发成本，业务必须先量化，财务才能价值化。所以计划值就是业务的量化指标标准，我称之为业务活动的末梢成本触发点标准，如单耗、产能、收得率、效率等指标的标准。

在图 8-4 中，成本中心核算维度满足对外报表披露需求，成本核算的内容相对可以较粗；明细产品成本核算维度满足对内成本控制管理的需求，成本核算的内容相对较细。对外粗、对内细，如何界定粗与细呢？为什么要做两套账呢？到底细要细到什么程度呢？根据成本核算十字形定位（见前图 8-3）中的兼顾内外，做两套账的概念：

如果要满足对外披露需求，成本核算只到成本中心（分摊一次），可以生成成本报表。这时需要成本核算的凭证分录明细账，在年报审计时提供给会计师事务所。

如果要满足内部管理需求的话，还需要继续从成本中心，核算到明细产品（再分摊一次），生成其成本报表。这时的成本核算，不一定需要凭证分录明细账，可以使用成本核算的凭证作为联合凭证覆盖明细产品核算，之后系统后台将内部成本核算过程、细化依据留底备查。

实践中，很多企业是将管理与核算分开的，成本核算只做到能满足对外披露需求就结束了。管理先进的企业会通过信息化等手段，继续在后台对明细产品进行成本核算。500 强企业就是采用企业核算与管理分开的方式，用“两套账”，即：对外核算较粗以满足披露需求；对内核算较细以满足管理需求。

正所谓成本核算与成本管理分离但不分家，脱离而不脱节，从这个角度看，“两套账”是一种折中的成本核算手段。

8.3.2 承前：为成本预算服务

成本实绩向前端延伸，是对企业预算的执行水平起着动态实时监督、反馈和控制作用；实绩结果可以揭示生产、技术和经营中取得的成绩和存在的问题；同时为生产经营决策、预测成本和利润提供客观依据；实绩结果也同诸多重要的成本控制工作有直接的关系，如图 8-5 所示。

成本实绩是事后的反馈，成本预算是事前的预测。

成本实绩是算账维度，成本预算是管理维度，两者时点、维度均不相同。这两者看似毫不相关，但在标准成本制度下就可以实现两者的动态结合以达到成本事中控制的效果。

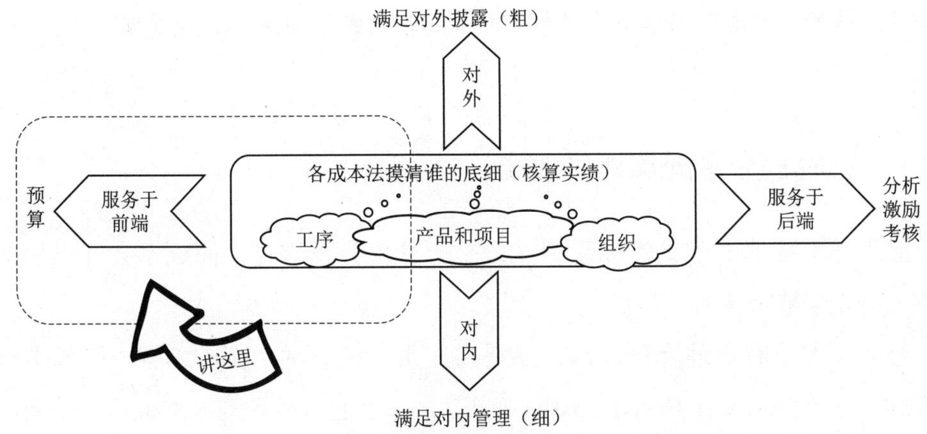

图 8-5　价值导向的成本竞争力：十字形定位

有的企业成本实绩归成本实绩，成本预算归成本预算，两者没有连接形成对应关系。

管理相对超前的企业，在制定预算时会考虑成本实绩的细化程度以便匹配兼顾，使得实绩口径与预算口径的适度匹配。成本实绩信息的对外披露口径无法满足对内管理需求，但是成本实绩口径是可以被设计成满足特定预算管理维度的。

【例 8-13】 粗与细的辩证管理

某企业设定了产品盈利能力指标，如边际贡献等，边际贡献需要计算固定成本和变动成本，那么成本核算就可以设计成区分固定成本和变动成本的核算科目，让核算口径可以满足与企业边际贡献预算口径的同步。所谓同步匹配，就是指边际贡献实际计算的基础数据可以满足分析产品盈利能力预算指标。

前面提及要把成本核算和成本控制（管理活动）分离。成本核算是按照科目大类、按照会计周期算成本账，满足对外披露的要求。而成本控制（预算、评价、考核）用另外一套体系满足内部管理要求，用的是业务数据体系，如数据仓库（SAS 系统）等信息化手段把业务数据串起来。

这种方法是当一些企业针对成本核算细化程度无法匹配（当然能匹配最好）控制维度时的做法；也就是说，不是不匹配，也不是绝对匹配，这就叫作成本核算与成本控制口径的适度匹配。

点滴思维

企业精益成本管控在某些管理对象上可能不必用到十成功力，有的用六成功力

就够了，根据实际情况辩证使用粗与细的管理，则更容易实现适合管理。

8.3.3 启后：为分析及评价服务

因为成本核算的理论性和复杂性远高于其他会计核算，而成本会计作为核心业务，也渐渐被企业所重视。

企业想要更有效地降低成本，就需要成本分析。举个例子，有一个成本方法叫 ABC，就是 Activity Based Cost，意思就是基于业务活动的成本，有一个新的名字叫作业成本法，这个方法把成本与业务联系在一起，用作业成本法进行成本管理的企业，可以说清楚成本这个“锅里到底炖的是什么肉”。

原理并不高深，关键看成本核算能力和分析能力。

成本核算的目的，除了成本优化和改善，核清成本家底、计算产品单位成本以便于定价、分析和绩效考核以外，还有一个重要目的：成本核算结果有了比较和分析才谈得上成本管控。成本核算为成本分析服务，而成本分析为成本优化和改善服务、为绩效考核服务，这样，才能把企业的整个成本管理价值链连接起来。

无论是本期实绩与上期实绩相比，还是本期实绩与本期预算相比，都需要用到成本分析才能找到差异的大小及产生的根本原因，进而采取针对性改进的措施。而成本分析的数据源一个是成本核算（成本实绩），另一个是成本目标（成本标准），两者比较才能说清楚成本动态变化的原因。

成本分析中有一个很重要的分析方法，叫作因素分析法。所谓因素分析法是指根据分析指标与其驱动因素的关系，从数量上确定各因素对分析指标的影响方向及程度的分析方法；简单说就是通过计算，找出根本原因或根本影响因素，从而着手改善。

8.3.4 竞争战略思维

要讲战略，成本不是全部，财务也不是全部。但由于业财融合的要求，管理者应有成本及财务的全局观。例如，平衡计分卡思维中，财务也只是四维中的一个维度。因为管理者考虑问题，是综合考虑的。

迈克尔·波特在其《竞争战略》一书中曾提出：企业竞争战略要解决的核心问

题是如何通过确定顾客需求、竞争者产品和本企业产品这三者之间的关系，奠定本企业产品在市场上的特定地位并维持这一地位。

迈克尔·波特提出三种一般性战略：总成本领先战略、差异化战略和专一化战略。

总成本领先战略要求企业必须建立高效、规模化的生产设施，全力以赴地降低成本，严格控制生产制造、研发、服务、推销、广告及管理等方面的成本，确保总成本低于竞争对手。

差异化战略是将公司提供的产品或服务差异化，树立一些在全产业范围中具有独特性的东西。实现差异化战略可以有许多方式，如设计名牌形象、保持技术性能特点、顾客服务、商业网络及其他方面的独特性，等等。

专一化战略是公司主攻某个特殊的顾客群、某产品线的一个细分区段或某一地区市场，使其盈利的潜力超过产业的平均水平。公司要么通过满足特殊对象的需要而实现差异化，要么在为这一对象服务时实现低成本，或者两者兼得。

这三种一般性战略，都无法尽善尽美。比如，控制总成本有可能影响公司的长期研发投入；追求差异化和专一性，与提高市场份额的目标往往不可兼顾，而且总是伴随着很高的成本代价和交付风险。

▶▶ 8.4　国有企业和民营企业的成本思维

国有企业和非公经济的成本基因（如商业模式）和成本态度（如对成本的重视度）存在不同，成本思维亦有所不同。

8.4.1　成本思维不同

国有企业和非国有企业在成本特点上有所不同。李阳在《国有企业和民营企业运行机制的差异研究》一文中提到国企和民企的不同点有很多，有一个很大的区别是：民企赚了钱的是老板的，老板是谁我们都知道；国企赚了钱是国家的，国家是谁，有时候还真不清楚。

国企进行内控，声势浩大，请人找专家，调研就得大半年，一个采购制度就能编几十或上百页的小册子。有流程有控制，买几百几千的家具都要先询价，要几个部门抽人去现场看，报告要有七八个领导签字。国企内耗成本大，政策折腾成本小。

民企内耗成本小，国企折腾成本大。民企采购员买就行了，但老板会不定期地过问，找同行、找网上信息，一对比什么都清楚了，比上千页的内部控制文字管用。所以民企决策很快，说干就干；国企决策很慢，想干也不一定干得了。

经济下行期，商业银行出于风险偏好的本能反应，会减少或不愿给民企尤其是中小企业贷款，这也可能导致民企加大其他途径的财务杠杆风险。

实际上，民企的问题主要不在于资金风险，而在于营商环境和营商成本：从高税负、高房租到高人力成本（五险一金），还有各种额外的行政成本。从这个角度来说，提供融资便利不如减少税收负担等营商成本，这也是目前政府正在全力并有效解决的问题之一。

国企的营销环境相对民企具有优势，国企一般需要高层定调基层才能执行。国企付出的成本是国家的钱而不是管理者自己的钱，在成本思维上自然是不同于私企的。

8.4.2　钱不是我的，但我可以花

以前很多国有企业在做投资决策的时候，缺乏对投资项目的一手调研、详细的摸底与精算，从而导致投资损失。因为钱是国家的，投资时的慎重程度可能不如民营企业。国企的慎重体现为班子成员集体讨论通过。

现在随着国家对国有资产的进一步重视，有些草率投资的情形得到遏制。职业经理人普遍拥有这样的权利：钱不是我的，但我说了算。这是常见的，也是正常的经营现象。

在进行投资决策的时候，具有信托责任的职业经理人，会对投资进行一手调研、详细的摸底与精算。

商场如战场，不可儿戏。古语云："兵者，国之大事，死生之地，存亡之道，不可不察。"一个企业的投资决策也是：投资，企业大事，不可不察。

【例 8-14】 投资损失案例

原钢铁企业武汉钢铁集团公司（简称武钢集团）现在已被并入中国宝武钢铁集团有限公司（以下简称宝武集团）。

原钢铁企业宝钢集团有限公司（简称宝钢集团）现在已被并入中国宝武钢铁集团有限公司。宝钢集团吸收合并了武钢集团，武钢集团和宝钢集团现均已改弦更张。

宝钢集团是改革开放以后成立的年轻国企，相对来说理念、人员综合素质、执行力都比较强，产品相对先进。相比之下武钢集团是老牌国企，产品相对落伍一些。合并前存在两家企业市场上互相打价格战，重复投资等弊端。

这里可以理解为国家像“家长”，国企是“子女”。家长都盼着子女好，所以先进带动落后，进行了合并，即国家让相同行业的国企横向一体化进行合并，形象些理解就好比使用了《大富翁》[①]游戏中的均富卡一样。

重组之前，武钢集团和宝钢集团经营均有很多投资损失的项目。

武钢集团在重组之前投资损失的项目有鄂钢项目、柳钢项目、昆钢项目、防城港项目、非钢产业拓展以及到澳大利亚、巴西等地投资低品位矿山项目等，这些投资均以亏损或关停收尾。后来，宝钢集团派了高管去武钢集团进行管理。

宝钢集团在重组之前投资损失的项目有罗泾钢厂项目、不锈钢公司项目、特殊钢公司项目、梅钢公司项目、新疆八一钢厂项目、广东韶钢项目、烟台鲁宝钢厂项目、南通钢厂项目。几百亿元砸下去，投资损失体现为以亏损或关停收尾。

这些损失，企业要省吃俭用、开源节流、增收节支多少年才能抵补？投资损失可能是最大的成本浪费。

虽然国有企业投资损失有些是非主观的经营结果，但也确实存在不是自己的钱，但有决策权去花钱的现象，这些都被理解为正常的经营，但却导致损失的结局。

点滴思维

国企领导“不是我的钱但我可以决定怎么花”，与“老板自己的钱自己决定怎么花”相比，内心压力和感受是不一样的。

8.4.3 企业的成本觉悟

企业的市场口碑是一种竞争力。我们可以看到无论是国企，还是私企，在我

---

① 《大富翁》是一款知名的电脑桌面游戏，游戏中钱不是万能的，卡片是万能的。如：请神卡（请来财神）、陷害卡（陷害竞争对手）、均富卡（财富或资源平分）等，使用卡片好比现实中利用所谓的社会人脉资源。

国灾情期间因为无偿无私的捐赠，从而树立良好口碑，这种无私捐赠得到良好口碑的案例不胜枚举。

其结果是，这些企业所付出的无私成本，在被媒体放大之后，迅速得到市场用户及消费群体的补偿，有的获取了异乎寻常的高额回报。

有舍有得的成本意识，可以理解为现在的义举是着眼于未来的策略，是为了未来能够得到订单份额的一项智谋。这里说的只是成本意识方面，不可否认这些企业在灾害面前的责任和担当是出于无私的爱心和社会责任心。

【例 8-15】 资本市场大多无义可言

美国在新冠肺炎疫情防控期间发生的得克萨斯州雪灾，造成此州电费上涨 200 多倍，也就是 1 度电折合人民币 300 多元，对于穷人来说用不起。

我国也发生过严重雪灾，例如 2008 年，南方就发生过比美国得克萨斯州还严重的雪灾。但是只要电网还有电，一分钱电费都没有涨。1 度电五六毛钱，穷人、富人都用得起。

据新闻报道，美国在新冠肺炎疫情防控期间还发生了罕见高温，温度高达 50 摄氏度，由于其电力基础设施老化，发生故障，导致大面积停电，致使百人因炎热死亡。

美国电力公司多为私人企业，基于成本考虑，逐利性致使这些企业不会主动耗费资金去改善美国的电力基础设施，哪有什么义可言！

传统经济学重商主义等告诉我们，经济个体的天生基因就是追逐自身成本最小化，利润最大化而无视他人死活。美国私人电力公司的案例就说明了这个经济学理论。

点滴思维

资本市场大多无义可言，本质是无视大局的逐利。政府依赖资本家可能靠不住，有时会造成无视民生的结果。

这时，如果有适当的政府干预，其实是能够解决这些难题的。中国特色社会主义政治经济学的核心是处理政府与市场关系。

在某些情况下，适当地把经济问题政治化，两者有机统一反而能促进发展。例如：在集中力量办大事上，在整治官员和国企领导贪腐的经济问题上，经济问题政治化反而效果颇佳。

一个经济体内部，如果有一定的政治觉悟，能够促进经济体内部目标经济的实现，这个政治觉悟主要体现在实现经济目标的执行力上，体现在一切命令听指挥，不计较个人得失上。

因此不难看出：政治基础是左膀，经济规律是右臂，两者有机结合，才能更有效实现经济目标。

新冠肺炎疫情在我国得到有效控制，恰恰体现了组织动员能力的强大，体现了通过政治觉悟快速摆脱危机，恢复经济运行，体现了集中力量办大事。

【例 8-16】 集中力量办大事

我国的国有企业在特定情况下还承担服务人民、服从国家整体发展战略的任务；也就是说，为了国家的整体发展和公平，国有企业有时可以不计成本。

中国的电信运营商在西部的边远山村，哪怕只有几十户人家，也要有信号；国家电网要给通上电；当地的政府要把路给修通。中国的电信企业在偏远地区拉一根网线，就只为那几十户人家，投资额巨大，很难收回成本。

而欧美的这些企业都是私营的，你想让他们到边远地区拉根网线有些痴人说梦，让这些公司自己出钱在边远地区建基站是不可能的事情。边远地区老百姓没有信号，根本不关他的事情。

如果你去西藏经过可可西里，会看到被称颂为“天路”的一条铁路。这条铁路2016年刚修好，这是一项伟大的人类工程。如果没有党的领导，没有国家的统一调度和安排，哪个企业愿意自己承担成本造这条铁路？

我国的国情决定了国企、央企在抗疫、扶贫、救灾等情况下皆是如此：一声令下，服从组织，全员行动。

我们的文化环境也支持义举。例如2021年郑州洪灾发生后，某国潮运动品牌在自身经营状况欠佳的情况下宣布捐赠5 000万元物资赈灾，该义举引起广大网友好感，其网络带货直播间全部爆棚，网友们疯狂下单导致其没货可卖。与此同时，某业绩平平的奶茶品牌向郑州洪灾捐款2 200万元，该义举使得大众纷纷前来消费，导致其销量暴增。

点滴思维

为了国家的整体发展和公平，国有企业有时可以不计成本。很多案例都说明在企业的“义”字上，暂时性的不计成本，可能得到意想不到的回报和机会。

8.4.4 不计个人得失

国有企业和非公经济中，都有很多不计个人得失的管理者，例如很多拿 1 元名义年薪的管理者有着壮士断腕的决心、破釜沉舟的勇气经营企业。

【例 8-17】 一切命令听指挥就是一种竞争力

中国针对新冠肺炎疫情的抗疫执行力在于“一切命令听党指挥”，在于“服从命令，听从指挥，团结一致”。一个人干得好不算好，一个组织干得好不好，才代表执行能力的好与坏。

“一切命令听党指挥”这句话，让我想起以前春游的时候，做的一个游戏。我们几个伙伴坐在地上，想要一起起身站立，由于使的劲不同步，不往一起使劲，站了好几次都没有站立起来。后来，我们大家听从班长的指挥，一起喊口号，才同时站立起来。

所以，服从命令，听从指挥，心往一处想，劲往一处使，使得中国快速抗疫成功，迅速恢复经济建设。世界为之赞佩。

王某是 500 强国企集团的副总经理，拿着百万元的年薪。因为国有资产监督管理委员会限定这家国企集团高管年薪不能超过 80 万元，王某的年薪被限制在 80 万元以下。而这家 500 强国企旗下二级子公司是家上市公司，股份制企业的高管年薪不受限制，国企全资控股的上市公司高管平均年薪超 200 万元。王某在限薪的集团总部干了两年以后，被降职调往上市公司做副总经理，年薪超 200 万元。

刘某原是上市公司副总，年薪超 200 万元，由于工作突出，提拔调到国企集团总部当集团副总，年薪变为 80 万元。

一切命令听指挥，不计较个人得失。中层领导被公司领导调动工作，公司领导也被上级母公司的领导调动工作，母公司的领导又被集团领导调动工作，集团领导被国资委或中组部调动工作……

“党需要我到哪里建设，我就到哪里建设。”中国的企业管理者，价值取向在于奉献强国的个人价值和愿景实现，不太计较个人得失。国有经济体的竞争力，核心的资源在于人力资源的有效高效流动，这个扎根在管理者脑海中的政治觉悟，就是国有经济体具有强大竞争力的政治基础。

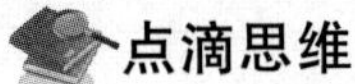

点滴思维

一切命令听指挥就是一种竞争力。上到国家领导，下至企业管理者均不计个人得失，无私奉献，提升了国家竞争力。

第 9 章

成本数字化思维

我认为业务数字化是解决成本不确定性问题的有效手段之一。这里的关键词就是业务。业务细节（模块）触发成本、费用、预算、资金等，源头都在业务，财务只是反映。

因此，成本的不确定性问题就是业务的不确定性问题。

只有说通业务才能说通成本的合理性，当业务模块和业务的合理性需要勾连起来的时候，数字化（数据分析）就是说通合理性的工具。

►► 9.1　成本信息化与数字化

信息化和数字化是有区别的，一般是先有信息化，再有数字化。成本信息化将成本控制的人盯人变成系统盯人；人盯人会讨价还价，系统盯人不会讨价还价。成本数字化将成本控制的不经济环节揭示出来，通过分析将有水分的隐藏环节变得透明，从而实现挤水分。数字化实现将业务的产生放置在阳光下，成本产生的合理性经得起推敲。

信息化解决了勾连业务和财务数据的问题；而数字化则进一步解决了说清楚业务发生合理性的问题。信息化可以使某些业务效率提升；而数字化不仅可以提升效率，还可分析某些业务发生的合理性。信息化重在打通接口；数字化重在数据分析。

9.1.1　信息孤岛

现在很多企业都在大力推行信息化。企业信息化主要是两大软件平台：一是企业管理信息系统（Enterprise Resource Planning，简称 ERP），二是专业的技术支持系统。

这两个系统在西方国家有融合的趋势，也就是说接口做得比较好，各个系统互相之间是连通的。

但是我们很多企业却做不到这一点，我们很多中小企业使用的系统是封闭的，跟外界并没有链接起来，或许是不太想系统公开，所以被称为小 ERP，存在信息孤岛现象。

专业支持系统是一个一个的独立系统，企业如果仅上线这些系统是没有用的，关键要和企业现有的 ERP 系统链接在一起才能发挥作用。

这一点很多企业做得并不乐观，例如 SAP[①] 是全球最优秀的 ERP，在国外叫

① System，Application，Products in Data Processing，简称 SAP。

ERP，但被我们很多企业使用以后变成了小 ERP。

原因在于国外很多企业的物流也好，银行也好，内部和外部的信息系统是链接在一起的。而我们很多企业的 ERP 是内循环，和外部不联系，因此被称为小 ERP。例如，我们很多企业使用的财务信息化系统是在会计软件上加进销存软件，再加上 OA 软件、HR 软件、CRM 软件、供应链软件等多个单独软件系统组合在一起，这些系统各自为政，底层数据的结构没有得到良好的梳理，很多功能没有办法实现。表面看似乎功能都有，但实际上这些功能都没办法实现。

信息孤岛现象的典型表现形式之一就是业务部门数据和财务部门的系统没有实现链接，有的还要靠手工导账，数据要向其他部门催着要，容易相互扯皮。

9.1.2 从信息化到中心化

很多企业财务的日常工作主要围绕两件事：一是算账，二是管钱。而管理先进的企业既不算账，也不管钱，要么计算机把会计的活干了，要么外包把会计的活干了。

【例 9-1】 美国某 500 强跨国 B 汽车公司的案例

欧美很多企业的财务体系被设计成没有一个会计。

B 汽车公司，算账外包给会计师事务所；管钱外包给银行。企业就留下资金预算业务。关于资金的日常活动，现金流量的日常活动，还有管理活动，全部交给银行。像投资、融资的管理：股权投资找投行，债权融资找银行。国外公司跟银行连接起来解决资金管理问题，也就是委托银行完成一系列资金业务。

像 B 汽车公司，报销也好，发工资也好，往来款也好，均在银行实现，而不是在企业里，这就是海外公司的财务业务外包模式。

欧美很多企业普遍将会计干的活外包给会计师事务所；管钱的业务外包给银行；税务方面的业务也外包给税务师事务所。

点滴思维

我认为外包的本质类似于去中心化。国外企业在去中心化方面做得比较透明，即不太隐藏企业内部信息，敢于外包。

但是我们企业却学不了这样的一种外包模式。为什么呢？就拿税务方面来说，因为我们国家的税法是严税法、宽征收、多优惠，税法制定得很严，征收很宽，优惠很多，这么繁琐的、针对性的税务专业化业务，企业如果外包给会计师事务所去管税，一是管理成本大，二是很难做到税收政策的精准对应。要做到税收优惠的应享尽享、不交冤枉税，难度较大。

一旦出了税务问题，税务师事务所也难以承担处罚责任。所以我们的国情是有的财税业务没有办法实现整体外包。

但是我们的企业有智慧，没有办法外包，那么就想办法内包：即一个集团就一个共享中心。做不到去中心化的外包，那么做到钱出一门、数出一门[①]的内包，也算是一种优化，这也是很多企业成立共享中心的目的之一。

【例 9-2】 一个集团就一个共享中心

C 公司在上海的张江高科技园区开发股份有限公司，信息化做得可圈可点，有近 5 000 人在 C 公司的信息中心工作。

公司旗下所有的行业，无论是银行业态、保险业态、证券业态都没有会计，全部都集中在张江高科的信息中心进行核算。当然不只是财务人员，也包括信息化体系的人员，大家集中在这里专门做信息化。

我们国内高科技类企业做得挺好的是中兴通讯，中兴通讯在西安中心有几千人工作，企业也是没有报销会计的岗位。

所以，一个集团就在旗下的一个共享中心集中办公，企业的报销、发工资、往来款等业务都在网上进行。

点滴思维

只有业务和财务实现数字化信息共享，才能避免部门间的信息孤岛现象；才能支持决策；才能对企业内部的各种资源进行高度集中的管控和配置。而共享中心的集中办公恰恰实现了这种要求。

① 钱出一门，数出一门：指钱的来源和数据的来源，集中由一个部门提供，可以有效提升效率和准确性；避免来源于多个部门的低效、混乱和数据失真。

9.1.3 全员报销到底谁忙

我们知道，管理超前的一些企业，现在都实行网上报销，而且是与银行挂钩的网上报销。中小企业虽然使用了信息化的报销软件，但报销时，凭证附件粘贴单据等这类简单重复的劳动可能仍然需要一名财务人员去做。

与之不同的是，大企业很多已经开始全员报销。全员报销时，凭证附件粘贴单据等这类简单重复的劳动，则由发生费用报销的人员自行完成。财务人员不再做凭证附件粘贴单据的工作，从而大大减少财务人员的工作量。

【例 9–3】 某集团全员报销案例

某集团实行全员报销操作。在集团的"供产销一体化信息化系统"中，有一个子系统叫作数字化财务信息系统，这个系统中有一个全员报销模块。

如果某业务人员发生报销费用，则需要自行录入到网页版的全员报销模块，也就是需要自己上网，登录电脑浏览器到公司开发的全员电子报销单模块页面，按照页面的录入格式，将报销信息自行录入电子报销单里。

当然，之前公司会统一对业务人员进行全员培训，并要求每个业务部门安排一名业务人员作为报销业务辅导员。

业务人员将报销信息录入完成之后，还需要按照要求将附件连同以 A4 纸打印出来的报销信息表，一同粘贴好，并放入安置在其业务部门的报销单回收箱中，定期会有财务共享中心的人员收取。业务人员把原来财务的活给干了，财务人员干什么呢？主要就是审核了。

数字化财务信息系统上线后，简单重复的财务基础工作被信息化系统替代。于是，财务共享中心聚集很多来自各个子公司被精简下来的原财务人员，其中：一批人被安排专门负责将各个业务部门报销单回收箱中的报销资料回收；一批人被安排将报销附件按信息表顺序电子扫描到全员报销模块的网上数据库；一批人被安排将纸质报销附件和报销信息表连同会计凭证装订成册。

系统后台建立了较为完善的、自动检测校验的审核审批流程，走完一个流程，没有费用超标、单据不全、粘贴有误等问题后，报销的钱就自动打入报销人员的银行卡里。整个过程，业务人员与财务人员根本不用见面。

如果出现费用超标、单据不全、粘贴有误等问题，则会被退回到业务人员的电脑网页画面中，提醒其进行补充或更正；如果缺少审核审批则不会流转到付款阶段。这时，急的不是财务人员，而是业务人员，因为业务人员不按要求操作则拿不到报销的钱。

这就是全员报销带来的报销改革，用信息化手段实现隐性倒逼机制，即业务人员自己发生报销费用，并承担了原来由财务人员干的活。自行粘贴凭证后，如果拿不到自己的钱，急的是业务人员自己。

如果内部审计或相关财务人员需要调阅原始发票，单据等，直接上网在电子凭证库中调阅即可，不需要翻阅装订好的纸质凭证。

点滴思维

信息化具有倒逼管理的效果，全员报销就是典型的倒逼管理案例。全员报销多在大企业中实行，中小企业考虑投入产出比不经济，故暂无法实现全员报销。

9.2　成本业务数字化分析系统

业务数字化亦可用在成本管理上，解决成本发生的不确定性问题。很多不确定性体现在成本信息的失真上面，而数字化分析可以有效解决成本数据说不清楚的情况。

9.2.1　数字化分析全景地图

某500强企业数字化分析系统，实现数据源的全覆盖。直接看案例：

【例9-4】 巧妙的数字化系统设计

某500强企业的一体化销售系统、一体化采购系统、人事系统的业务数据都可以直接和SAS[①]数字化分析系统连接，如图9-1所示。

生产线的产品核算系统也和SAS数字化分析系统连接，生产线的产品核算系统就是前面第二章所说的存货折腾过程，因此可以与本书的第二章进行串联。

业务触发会计和成本。图中销售系统、采购系统、人事系统、生产系统等业

① Statistics Analysis System，简称SAS。

务系统，通过各自的会计核算系统和成本核算系统，和SAS数字化分析系统连接。SAS数字化分析系统汇集大量的业务和财务数据之后，就为数字化分析提供了足够的支撑。

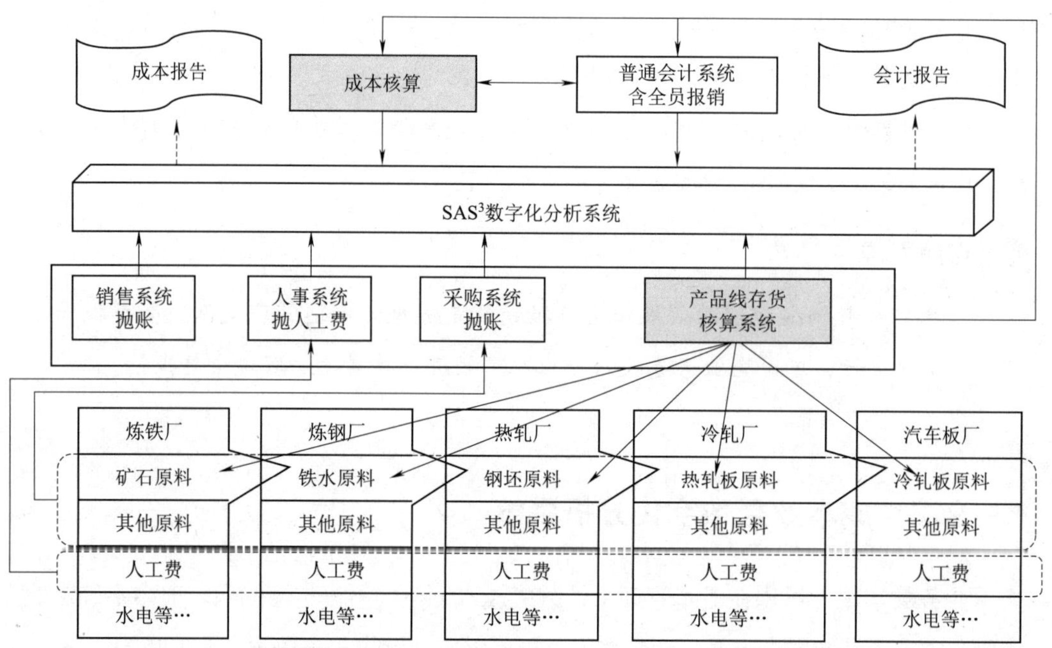

图9-1　某500强企业数字化分析系统全景地图

前面曾说过，当业务模块和业务合理性需要勾连的时候，数字化分析就是桥梁和工具，这张图就体现某500强企业依靠SAS数字化分析系统搭起了这座桥梁。

点滴思维

数字化的前提是先要将业务数据和财务数据打通，才能进一步地进行分析。500强企业搭建了强大的链接系统。

数据仓库（SAS系统）的强大作用，就在于其将业务数字化以后，减少了人的不确定性。因为企业越大，成本越不容易说清楚，成本数据源的不确定性就越大，要完成PDCA管理循环，就要搜集很多诸如业务成本计划、预算、核算实绩等数据，自然就需要有可靠的来源。而数据仓库（SAS系统）恰恰就充当了这一角色，继续列举案例：

【例 9–5】 投建成本数据仓库（SAS 系统）的缘起

某 500 强企业在 20 世纪末成功投入运行整体产销信息系统后，财会成本系统实现 95% 以上数据自动采集，经过不断的数据推进和系统完善，外围系统相继投入运行，进一步提高了财会成本系统的运作效能。

市场竞争的加剧，对财会成本系统提出更高层次的要求。如何利用在财会成本等系统中积累的丰富数据为公司经营管理服务，进入信息技术的最新数据挖掘阶段就显得迫在眉睫。

某 500 强企业数据仓库（SAS 系统）的主要数据来源是其整体产销信息系统。数据仓库的处理结果，采用网页技术通过公司主干网和工作流（网站）系统可以传递到公司的各级管理人员和科研人员。数据仓库系统与企业 ERP 系统、企业工作流系统一起，构成公司的三大主流信息系统，如图 9–2 所示。

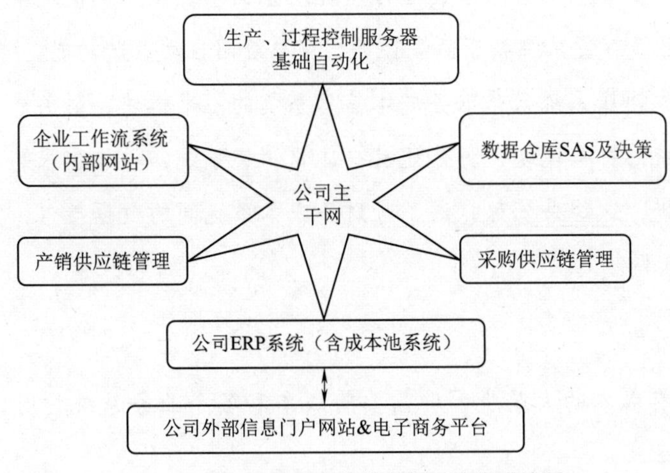

图 9–2　某 500 强企业信息化系统构成简图

财务成本数据仓库作为数据仓库的一个子系统，是以企业内部完备的基础自动化和整体产销信息系统为基础，服从于企业的经营管理决策，促成企业内部大数据向企业管理有用的信息和知识转化，从而提高企业的经营管理水平，提升核心竞争能力。

点滴思维

企业越大成本摸底越需要系统支撑。

成本管理数据源（SAS 系统）的问题解决以后，财务系统就需要和业务系统连通，实现业务流、数据流的无缝连接。我们依旧以 500 强企业为例：

【例 9-6】 500 强企业数据仓库实例

某 500 强企业数据仓库（SAS 系统）财务成本模块，如图 9-3 所示，该系统模块对发生的成本实绩进行统计。

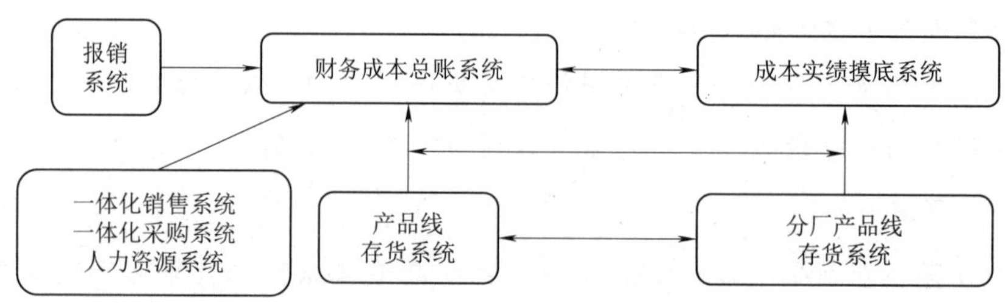

图 9-3　某 500 强企业成本自动抛账系统流转简图

这个成本系统数据已经打通和其他信息系统之间的接口，实现了无人化自动做账的功能，包括财务成本总账系统（打通费用报销系统数据）向成本摸底系统自动做账、分厂产品线存货系统和产品线存货核算系统间自动做账功能。

这里，成本摸底系统只是财务成本信息系统的一个模块，财务成本信息系统只是企业信息系统的一个模块，另外还有一体化销售系统、一体化采购系统、人力资源系统等子系统，这些系统都打通了与财务成本系统间的数据接口，实现企业自动核算的数字化天网。

点滴思维

管理者要有成本的大局观，即需要将成本和各个业务系统打通，实现成本数据穿透和无缝连接。

9.2.2　数据仓库是数字化的最佳实践

我感到数据仓库（SAS 系统）似乎和资金池有相似之处，都是先将数据（资金）进行归集输入数据仓库（资金池），再根据需要输出。500 强企业数据仓库在输出的时候，可以根据个性化需求，满足不同维度的需求。直接看案例：

【例 9-7】 某 500 强企业数据仓库案例

数字化财务信息系统和成本数据仓库（SAS 系统）的关系，如图 9-4 所示。该企业有两大涉及财务的信息系统：数字化财务信息系统和成本数据仓库系统，其中：数字化财务信息系统中，又包括成本核算系统模块、费用报支系统模块等子模块（成本池），核算成本对象为工序成本中心，最终形成工序成本中心成本明细报表，目的主要是满足外部信息披露的需求。

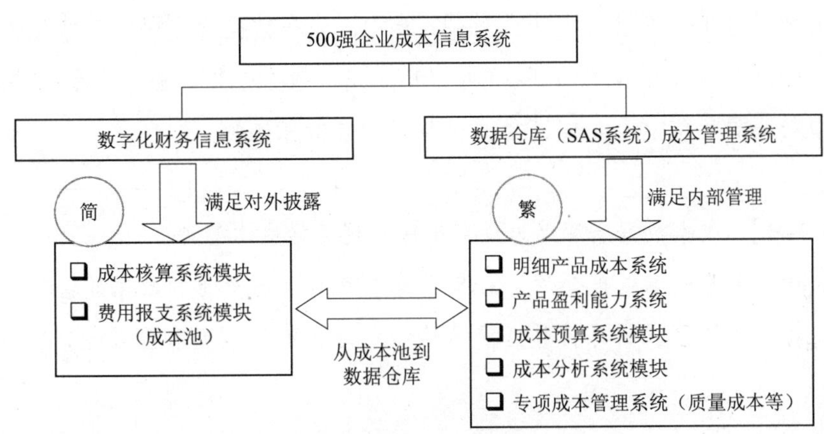

图 9-4　500 强企业成本核算的内外有别

成本数据仓库（SAS 系统）中，基础成本数据引入数字化财务信息系统成本核算系统模块的成本数据，并进一步计算、细化到明细产品成本，最终生成以明细产品为成本核算对象的成本报表，目的主要是满足内部成本管理的需求。

点滴思维

数字化系统可满足对外一套账用于披露需求，对内一套账用于内部管理需求，这里所谓的两套账是正常的管理结果。

9.2.3　成本数字化摸底

成本数据仓库和数据挖掘技术是当今国际上流行的成本数据集成管理和分析技术。所谓成本数据仓库，是一个面向历史、面向主题的数据结构，具有集成性、归纳性、稳定性、时变性特点，目的是为支持成本管理决策分析提供基础数据依据。成本数据仓库的建立，可以把专业技术分析从在线的事务处理系统中剥离，从而大大减轻在线系统的负荷。

成本数据仓库主要有三方面的作用：首先，成本数据仓库提供标准的报表和图表功能，其中的成本数据来源于不同的多个事务处理系统，因此，成本数据仓库的报表和图表是关于整个企业集成信息的报表和图表；其次，成本数据仓库支持多维分析，让用户能方便地汇总数据集，简化成本数据的分析处理逻辑，并能对不同维度值的数据进行不同阶段的成本数据纵向或横向比较，维度表示对信息的不同理解角度，这在决策过程中非常有用；最后，成本数据仓库是成本数据挖掘技术的关键基础，在成本数据仓库的基础上进行成本数据挖掘，就可以针对整个企业的状况和未来发展作出较完整、合理、准确的分析和预测。

【例 9–8】 成本数据仓库助力局部工序实现目标成本管理

某 500 强企业成本数据仓库（SAS 系统）具有动态及时的数据处理、分析和反馈功能，其动态预警机制可将数据反馈给作业单元进行调整和指导生产，如图 9–5 所示。

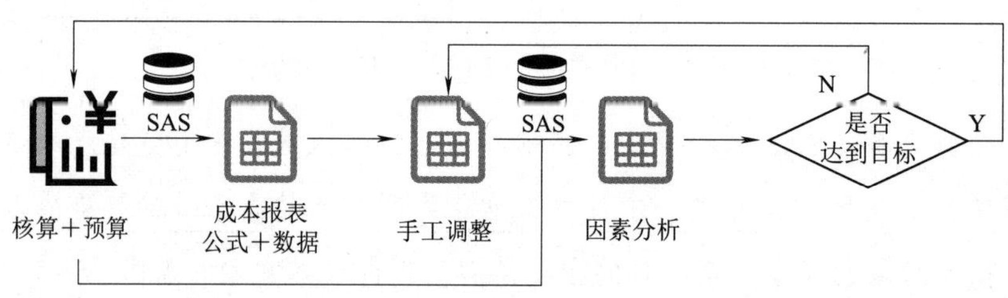

图 9–5　数据仓库系统实现 500 强企业成本管控流程图

除了标准成本管理，某 500 强企业内部分工序还实现了目标成本管理：通过成本数据仓库系统的动态实时数据处理、分析、监控和反馈，实现局部工序产品目标成本管理。

先从数字化财务信息系统的成本核算系统模块，将成本中心（工序）单元的成本数据导入成本数据仓库（SAS 系统），形成明细产品的成本报表；再通成本数据仓库的预算系统模块，对产品成本差异因素分析，找到差异产生的根本原因，及时反馈给作业单元，作为生产调整的参数依据，可以更精确地控制实际生产，更好实现目标。

点滴思维

因素分析的取数要求高、维度多、范围广，依托数据仓库的强大数据源及数字化功能方能更好地实现。

9.2.4　数字化基因序列附带遗传信息

成本分析源于和业务的紧密结合。

在开发世界500强企业数字化财务信息系统时，我曾提出一个取数原则要求：减少数据的多头收集环节，因此，在信息系统前端录入数据环节就考虑了后端的数据接口问题。从这个角度看，会计系统附带成本信息，就有点类似于基因序列附带遗传信息的意思。

【例9-9】 成本的基因序列附带遗传信息

图9-6“某500强企业数字化分析系统全景地图”中，普通会计系统（含全员报销系统）做账环节，就考虑成本数据接口。以报销系统支付供应商的原料成本为例，系统在网页版的报支输入界面，就能将收益成本中心代码、成本科目、专项成本类别归属选项等信息，甚至成本基础分摊依据信息，整合在此报销录入画面了。

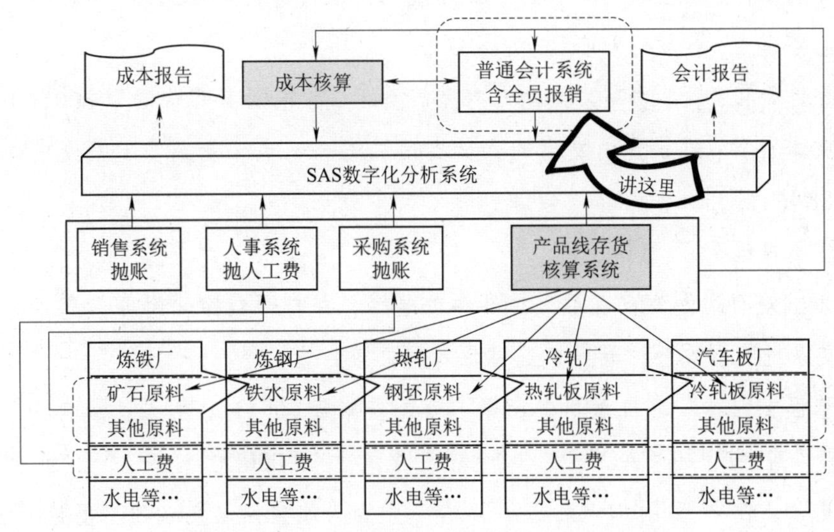

图9-6　某500强企业数字化分析系统全景地图

◎会计分录（普通会计＋附加成本信息）：

借：原材料（会计科目）——成本中心及科目代码（后台附带）＋专项成本类别归属选项（后台附带）等

贷：应付账款——原料供应商名称

这些附加成本信息，是以追加附加识别字段的形式，在系统中实现成本信息存储的。当普通会计系统收集好成本数据后，后台通过对照表就可以一一对应地实现会计系统向成本系统的自动识别、自动做账、自动生成系统凭证的功能。

财务总账系统包含费用报支系统的数据，财务总账之所以能够实现向成本核算系统的自动做账，核心思想就是利用会计系统附带成本信息，并通过“附带信息附加识别字段＋对照表”的手段实现翻译器功能的，说得形象些，这有点类似于DNA基因序列附带遗传信息。原因很简单，系统与系统之间的关键科目代码设置规则是不一样的，互相不认识，就需要翻译器对应解读。之前已经埋下伏笔，即：财务总账系统的会计科目后面会跟着一串成本信息的附加字段标识；之后系统利用“附加识别字段＋对照表”翻译器实现会计系统和成本系统的对应识别。

为了更好地理解，这里举一个从费用报支系统自动做账到成本核算系统的例子，即某生产厂工程师张某出差发生的差旅费，信息如下：

◎人员：张某；

◎职位：首席工程师；

◎归属单位：某生产厂（假设主工序成本中心代码：CCAC）；

◎出差事由：参加行业研讨会；

◎会计科目：机票费用发生的市外差旅费（假设会计科目代码为60011）；

◎成本科目：机票费用发生的直接支用成本——市外差旅费（假设成本科目代码为8088）；

◎费用报销金额：2 000元。

张某出差回到办公室以后，打开办公电脑，并打开数字化财务信息系统的员工费用报支系统的网页版，开始把信息录入网页版的输入界面。

在“报支内容”下拉菜单中选择“市外差旅费60011”；在“归属单位”下拉菜单中选择“某生产厂CCAC”；在“金额栏”里填上“2 000元”；在“是否为研发活动”选项里复选“否”（为附加识别字段）；在“是否为质量活动”选项里复选“否”（为附加识别字段）；在“是否为安全生产活动”选项里复选“否”（为附加识别字段）……系统一看附加识别字段为“否”，就将此费用定义为工序生产成本。

填完以后，提交本单位领导电子审核网络签字，并进入下一步审核流程。之后，张某在员工费用报支系统的网页版打印出A4纸大小的报支单并将机票、发票等原始单据贴在报支单背后，放入报支单回收箱等待财务服务中心人员定期回收并审核原始单据。

各项审批和审核流程都在系统里进行，全部通过后，系统打款2 000元至张某个人银行账户。系统后台对照表为：CCAC 60011 ↔ CCAC 8088，并根据此对照表自动完成数字化结转，如图 9–7 所示。

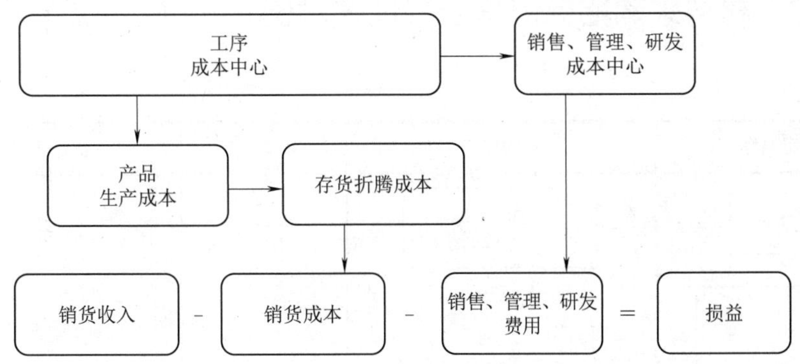

图 9–7　某 500 强企业成本中心数字化结转程序

点滴思维

成本系统源于业务系统，使用附加字段取数对主系统编程的变化影响最小，可有效减少信息化开发成本和维护成本。

▶▶附件　材料采购招标流程全景地图举例

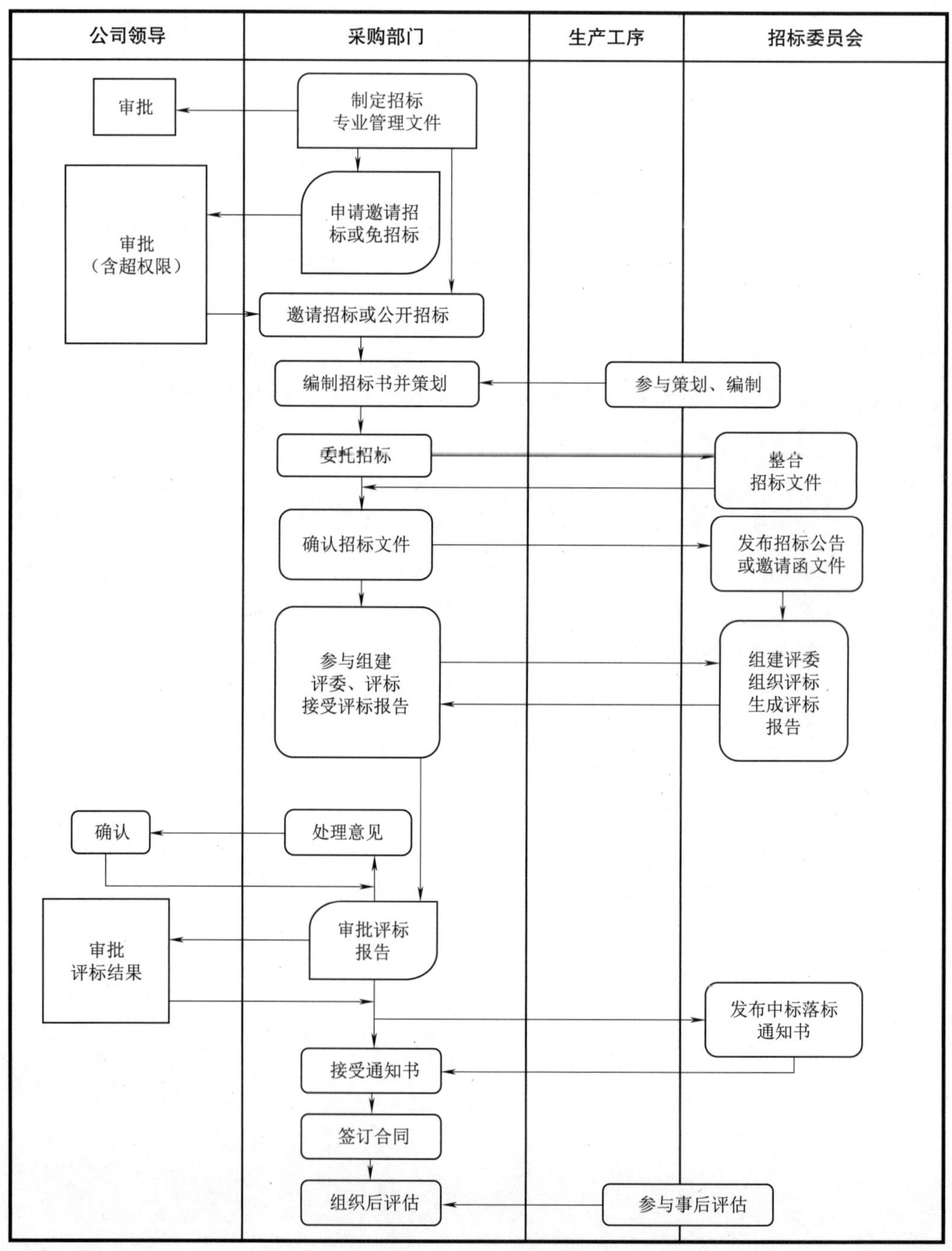

▶▶参考文献

[1] 张磊 . 价值 [M]. 杭州：浙江教育出版社，2020.

[2] 范晓东 .500 强企业成本核算实务 [M]. 北京：机械工业出版社，2020.

[3] 傅国林 . 跨企业研发合作、研发人力资本对企业创新绩效的影响研究 [J]. 预测，2020（1）：43-50.

[4] 西蒙，杨一安 . 隐形冠军（第 2 版）[M]. 张帆等 . 北京：机械工业出版社，2019.

[5] 德鲁克 . 卓有成效的管理者 [M]. 许是祥，译 . 北京：机械工业出版社，2018.

[6] 段华超 . 我国企业环境成本核算：研究方法综述 [J]. 管理会计，2017（2）：78-80.

[7] 邹宁 . 刍议制造业企业成本核算与管理 [J]. 财会经济，2016（12）：129-130.

[8] 薛兆丰 . 经济学通识 [M]. 2 版 . 北京：北京大学出版社，2015.

[9] 波特 . 竞争战略 [M]. 陈丽芳，译 . 北京：中信出版社，2014.

[10] 周桦 . 褚时健传 [M]. 北京：中信出版社，2014.

[11] 克里斯坦森 . 创新者的窘境 [M]. 胡建桥，译 . 北京：中信出版社，2014.

[12] 赵华赛，滕奎秀 . 作业成本法在我国电信企业的应用分析 [J]. 管理会计，2014（19）：63-65.

[13] 吴晓波 . 大败局 [M]. 杭州：浙江大学出版社，2013.

[14] 司春林，段秉乾，钱桂生 . 供应链上下游企业合作研发模式选择 [J]. 研究与发展管理，2005（2）：77-82.

[15] 高德拉特 . 目标 [M]. 齐若兰，译 . 北京：电子工业出版社，2006.

[16] 任月君 . 质量成本核算探讨 [J]. 东北财经大学学报，2008（4）：25-28.

[17] 李阳 . 国有企业和民营企业运行机制的差异研究 [J]. 湖南商学院学报，2004（5）：60-62.

[18] 柯林斯 . 基业长青 [M]. 真如，译 . 北京：中信出版社，2009.